农村经济综合管理示范特色专业及实训基地建设项目课程系列教材

农业企业会计核算

主　审　张声勇

主　编　雷秀明　张　新　黄尚举

副主编　黄静闽　周宇夏　罗冬梅

　　　　刘炳君　刘　汉　何　时

参　编　叶爱红　黄丽华　张晓静

　　　　蒋月萍　岑传华　陈华升

　　　　龙船妹　徐夏颖　梁维清

　　　　莫长怀

辽宁大学出版社

图书在版编目(CIP)数据

农业企业会计核算 / 雷秀明,张新,黄尚举主编
. — 沈阳：辽宁大学出版社，2021.12
ISBN 978-7-5698-0490-4

Ⅰ. ①农… Ⅱ. ①雷…②张…③黄… Ⅲ. ①农业企
业管理－会计 Ⅳ. ①F302.6

中国版本图书馆 CIP 数据核字(2021)第 157850 号

农业企业会计核算

NONGYE QIYE KUAIJI HESUAN

出　版　者：辽宁大学出版社有限责任公司
　　　　　　（地址：沈阳市皇姑区崇山中路 66 号　　邮政编码：110036）
印　刷　者：沈阳海世达印务有限公司
发　行　者：辽宁大学出版社有限责任公司
幅面尺寸：170mm×240mm
印　　　张：18.25
字　　　数：287 千字
出版时间：2021 年 12 月第 1 版
印刷时间：2021 年 12 月第 1 次印刷
责任编辑：张宛初
封面设计：徐澄明
责任校对：郭　玲

书　　　号：ISBN 978-7-5698-0490-4
定　　　价：45.00 元

联系电话：024－86864613
邮购热线：024－86830665
网　　　址：http://www.lnupshop.com
电子邮件：lnupress@vip.163.com

前　言

在人类历史的发展过程中,会计是社会生产活动发展到一定阶段的必然产物,也是人们为适应组织和管理生产的需要而产生并不断发展完善起来的。而作为规范会计行为的会计制度,则是伴随着会计的产生和发展而不断发展与演变的。随着对外改革开放政策的实施,我国的经济体制经历了从高度集中的计划经济向有计划的商品经济,进而向社会主义市场经济的转变过程。在这一转变过程中,会计工作作为经济管理的重要组成部分,也发生了一系列深刻的变化。农业企业会计核算作为农业企业的一部分,必须随着社会经济的发展而不断完善,才能真实、准确地反映农业企业生产活动的实际情况,对内对外提供系统、完整、真实的农业会计信息资料,这是目前会计理论界正在探讨的热点之一。

本文顺应会计制度改革的客观要求,在运用与会计制度相关学科的理论资料与实践素材的基础上,对会计制度、尤其是农业企业会计制度和核算问题作了全面、系统的探讨研究。全文共分为七大部分,包括:"农业企业会计概述"、"生物资产"、"我国农业企业会计制度的设计"、"我国农业企业会计制度变迁的动因研究"、"完善我国农业企业会计制度的保障措施"、"农业产品成本核算体系研究"、以及结语。

总之,近十多年来我国会计领域的改革,已经在国际上得到了广泛的认可,会计制度与会计准则并存是我国会计体现结构中的一个重要特征,这意味着我国会计核算制度的改革,是坚持"两条腿,走路方针的,建立和完善农业企业的会计核算制度,不仅可以提高农业企业的会计信息质量,而且对整个社会经济统计质量都有着重大影响。但是,由于农业生产活动的特殊性与复杂性,农业企业会计核算过程中仍然面临着需要进一步探讨研究的问题,尤其是特殊农业会计事项的具体计量问题,如土地、产役畜、农用人工费用等。笔者今后将会继续对其进行更深入的探讨与研究，为我国的农业企业会计制度改革做贡献。

本书由广西梧州农业学校下列人员编写：雷秀明、张新、黄尚举担任主编，黄静闽、周宇夏、罗冬梅、刘炳君、刘汉、何时担任副主编。其中第一章，第七章由雷秀明负责编写，第二章，第五章由张新负责编写，第三章，第四章由黄尚举负责编写，第六章，第八章，第九章，第十章由黄静闽、周宇夏、罗冬梅、刘炳君、刘汉、何时担负责编写在编写过程中，得到广西贺州市正丰现代农业股份有限公司梁维清同志及贺州市中壹财税服务有限公司莫长怀同志帮助，从教材内容的筛选、各税种工作任务的选择等方面都给予了指导，并提出了宝贵的意见，在此一并表示衷心的感谢！

编者们虽然为编写本书付出了艰辛的努力，但毕竟学识、经验都比较有限，本书难免会有错误之处，恳请读者朋友批评指正。

目 录

第一章 概 论

第一节 农业企业范围界定及特点

一、农业企业范围界定

(一)农业及农业企业

农业通常分为种植业、畜牧养殖业、林业、渔业和副业,而畜牧养殖业和种植业是世界上基本的主要农业类型。随着农业生产力水平的提高和农村商品经济的发展,农业企业出现了多种形式。

农业企业(agricultural enterprise)是农业生产力水平和商品经济有了较大发展,资本主义生产关系进入农村以后的产物。早在 14 世纪,英、法等国已出现了最早的资本主义性质的农业企业——租地农场。产业革命以后,各种形式的资本主义农业企业,如家庭农场、合作农场、公司农场、联合农业企业等大量发展,成为农业生产的基本经济单位。1949 年以前,中国的农业企业数量很少,中华人民共和国成立以后才迅速发展起来。1979 年以后,随着改革开放和农村商品经济的发展,农业企业出现了多种形式。按所有制性质不同,有国有农业企业、集体所有制的合作企业、股份制合作企业、联营企业、私营企业、中外合资企业、中外合作经营企业等。按经营内容不同,有农作物种植企业,林业企业,畜牧业企业,副业企业,渔业企业以及生产、加工、销售紧密结合的联合企业等。

各种版本的教材、著作对"农业企业"的概念作过不同的表述,如《简明农业经济词典》(1983 年版)中指出,农业企业是以经营农业生产为主的、实行独立核算的经济单位。按经营业务范围的不同,可分为若干类型,如以生产农产品为主的各种专业化和综合性企业,农产品生产、加工、运输、销售结合在一起的农工商联合企业,以及其他直接为农业生产服务的服务性企业等。

中国农业大学的杨秋林教授在《会计研究》"关于制定农业专业会计核算办法的思考"一文中指出,我国的农业企业很大一部分是农垦企业,其经济活动内容比较复杂,既有统一经营活动,也有农业生产承包——家庭农场的生产经营部分,还有非统一经营的工商企业部分和社区事业部分(如学校、公检法机构、医院、农场、小城镇里的市政),以及环卫、水电、农场职工及其家属在生产经营以外的自营经济部分(包括职工自留地、菜园、养鸡养鸭等的收入)。

1993年7月2日,中华人民共和国第八届全国人民代表大会常务委员会第二次会议通过了《中华人民共和国农业法》(以下简称《农业法》),并于2002年12月28日第九届全国人民代表大会常务委员会第三十一次会议上又进行了修订。本法所称的农业,"是指种植业、林业、畜牧业和渔业等产业,包括与其直接相关的产前、产中、产后服务",而且本法所称的农业生产经营组织,"是指农村集体经济组织、农民专业合作经济组织、农业企业和其他从事农业生产经营的组织",但《农业法》并没有对农业企业的概念作出具体的界定。

1992年12月22日,我国颁布实施的《农业企业财务制度》中第一章总则第二条称,"农业企业(以下简称企业)是从事种植业、养殖业或以其为依托,农、工、商综合经营,实行独立核算和具有法人地位的农业社会经济组织单位。包括:全民所有制、集体所有制、私营、外商投资等各类经济性质的企业;有限责任公司、股份有限公司等各类组织形式的企业。"

为了便于研究,本书中的"农业企业"是指从事农、林、牧、副、渔业等生产经营活动,或以其为依托,农工商综合经营,具有较高的商品率,实行自主经营、独立核算,具有法人地位的农业社会经济组织单位。具体包括:全民所有制、集体所有制、私营、外商投资等各类经济性质的企业,有限责任公司、股份有限公司等各类组织形式中涉及农业生产活动的企业,本书中的农业企业会计制度问题也主要是针对农业活动会计核算而言的,以便与其他行业区分开,体现农业生产活动的特点。

(二)相关概念的界定

1.制度的含义

什么是制度？对于这个问题,国内外经济学界的专家有过多种解释,早期的制度经济学家康芒斯将制度定义为"集体行为控制个人行为",集体行为包括从无组织的习俗到有组织的机构以至国家,它们对个人行为的控制是通过利益诱导或禁例的方式进行的。换言之,制度可以决定个人行为。

著名经济学家舒尔茨(T. Schultz)认为,制度是行为规则,它们涉及社会、政治以及经济行为。例如,它们包括管束结婚与离婚的规则、支配政治权力的配置与使用宪法中所内含的规则,以及确立由市场资本主义或政府来分配资源与收入的规则。而作为制度决定论者,诺斯对制度也先后有过多次描述与界定,他在《制度、制度变迁与经济绩效》一书中将制度抽象为"……是一个社会的游戏规则,或者,更规范地说,是人为设计的约束,用于界定人与人之间的交往"。

山东财政学院綦好东教授在《中国会计制度变迁:特征及解释》(《当代财经》,2000年第8期)一文中指出,广义的制度包括正规制约和非正规制约,即"是由当时在社会通行或被社会所采纳的习惯、道德、戒律、法律(包括宪法和各种具体法律)、规章(包括政府制订的条例)等构成的一组约束个人社会行为,因而调节人与人之间的社会关系的规则(樊刚,1996)"。

《辞海》对"制度"的解释有三种:一是要求成员共同遵守的、按一定程序办事的规程,如工作制度、学习制度;二是在一定历史条件下形成的政治、经济、文化等各方面的体系,如社会主义制度、资本主义制度;三是指旧时政治上的规模法度,《汉书·元帝纪》:"汉家自有制度,本以霸、王道杂之"。

2.会计制度

《会计辞海》(侯文铿主编,1990年版)中指出:"会计制度是会计工作的统一规程,包括准则、方法、程序和规定,是会计工作必须遵循的准绳。其主要内容有:会计工作通则,会计科目和说明,会计事项处理程序,成本计算规程,会计报表格式和编制说明,会计档案管理规定等。广义的会计制度还包括会计机构的设置,会计人员的分工及其职责(岗位责任制),会计监督和检查办法,财产清查办法,会计分析办法,财务情况说明书的编制,会计报表的审批程序,会计内部控制,电子计算机在会计上的应用等等。"。

会计制度可以是由政府制订的行政法规,也可以是由企业制订的主要规范财务会计账务处理程序和各项业务处理等的规定。因此,广义的会计制度既包括会计准则和会计制度,也包括各种有关的会计法律法规,其主要特点为:它的制订权如果属于政府,则具有行政上的强制性,并强调高度统一,因而没有多大的选择余地,而且由政府制订的会计制度常常会变成统一的会计制度,如我国的《企业会计制度》。由于各国的会计环境不同,形成了各有特色的会计制度,有些国家只采用会计准则,而有些国家如法国和改革前的中国只采用会计制度,来规范各自的会计工作。既然制度是调节人与人之间社会关系的一系列法律、法规与规章,那么会计制度就可以认为是调节人与人之间经济关系、与会计信息有关的会计法律、会计准则、会计惯例以及企业内部会计制度的总和。而农业企业会计制度,则是用以调节人与人之间经济关系、与农业企业会计信息有关的会计法律、会计准则、会计管理以及农业企业内部会计制度的总和。本书中如不加特殊说明,均指一般的企业会计制度。

3.会计准则

会计准则无非是对各会计要素进行确认、计量、记录和报告的依据和准绳,只不过有的会计标准原则一些,有的会计标准具体一些,但是它们都可以反映各自运用的会计政策。魏明海等在《会计理论》(东北财经大学出版社,2001年11月)中指出,会计准则是一个常与会计原则等混合使用的术语,但作为会计准则,在形式上要求由一定权威的机构(或组织)来颁布,并应当具有成文(即书面)的内容,而且会计准则一般不具有法律或行政上的强制性,但会计界却负有遵守的义务。换句话说,会计准则不太强调一统到底,规定的内容比较灵活,各企业在运用时可选择的余地比较大。目前,美国、英国和日本等大多数发达国家都采用会计准则的形式,国际会计准则委员会也定期发布会计准则。在我国,自1992年11月30日发布了企业会计基本准则后,1997年以来,又陆续颁布了16个具体的企业会计准则。但到目前为止,我国理论界虽然已经开始出现了探讨农业企业会计制度与农业企业会计准则问题的文章,但财政部仍未制定及颁布新的农业企业会计制度或农业企业的具体会计准则。

4.农业会计

农业会计是以货币为主要计量单位,以国家有关法律法规为依据,运用会计的专门方法,对农业企业的经济活动进行系统、连续、全面、综合的反映和监督,以加强农业企业经济管理、提高经济效益的一种经济管理活动。农业会计是一种专业会计,其研究对象是农业企业的资金活动,主要分为以下五个部分:资金的筹集、资金的运用、资金的耗费、资金的收回、资金的分配。

二、农业会计核算的特点

农业生产的生产周期长、单位价值低、受气候影响大等基本特征,决定了农业企业的生产过程、组织形式和管理体制等与其他行业存在较大的差别,从而决定了农业会计核算具有自身的特点。

(一)核算对象的特殊性

农业活动对土地有着特殊的依赖性。农业活动中,土地是重要的生产资料,是无法替代的基本生产条件,它不仅是单纯的劳动场所,还是维持植物生命活动所必需的水分、养分的主要源泉。另外,农业活动的特殊性还表现在其生产对象是活的、有生命的动物和植物,生物种属繁多,群落类型丰富多样,它们都有其自身的繁育、发育和生长规律,具有生物转化功能。因此农业活动呈现生产周期长,季节性明显,产品储存成本大等特点。

(二)核算内容的综合性

农业企业生产活动的范围很广,往往涉及农、林、牧、副、渔、工、商、运、建、服等多种行业,有的国营农场还设有学校、医院等事业单位。所以农业企业又往往表现为农工商、牧工商、渔工商联合企业的形式,既有纵向联合,又有横向联合,甚至还有与外资合营联合的形式。可见,农业企业会计核算对象包括的内容综合,范围广泛,必须把不同的资金来源分渠道核算清楚,同时还要切实按照联营、合营时签订的协议,搞好生产收益和财务成果分配的会计核算工作。

(三)核算主体的多样性

目前,我国农业实行以家庭承包经营为基础,统分结合的双层经营体制。农垦系统实行家庭农场制,建立大农场套小农场,统分结合的农业双层经营体制。农户和家庭农场与农村集体经济组织、国有农场、股份制企业、新兴专业合作社、"龙头企业农户""龙头企业合作社农户"等多种经营方式并存。我国的农业组织形式经历了从个体农户制、互助组、初级社、高级社、人民公社到统分结合双层经营的集体经济组织、农户承包制以及国有农场、国有家庭承包经营等多种组织形式发展,最终回归到以家庭为基本经营单位的农业组织形式上的过程。新中国成立以来,农村集体经济组织一直是我国主要的农业活动主体,其在普遍推行农户联产承包的同时,也相应建立了统一经营的生产和服务组织。乡镇企业的组织形式更是复杂多样,从产权制度上来说有股份有限公司、有限责任公司、股份合作制企业等,从经营机制上来说有自主经营、租赁经营和承包经营等。另外,农业企业常常兼有履行社会性职能的责任。

(四)核算方式的灵活性

现阶段,我国农业企业的生产组织比较分散,经营形式以集体经济为主,经营管理的自主权较大,生产成果的自给程度较高,会计核算水平与会计工作的管理水平差距较大,农业会计核算方法具有较大的灵活性。

第二节　农业企业会计核算的对象

农业企业会计核算的对象是指农业企业生产过程中能用货币表现的经济活动。农业企业除了有着和一般企业大体相同的经济活动外,还有其自己的特殊业务活动,即农业活动。

农业活动,是指农业企业对将生物资产转化为农产品或其他生物资产的生物转化过程的管理。生物资产是指与农业生产相关的、有生命的动物和植物。农业活动是一项管理活动,是对某一活动或过程的管理。

具体来说,农业生产管理的对象有两个。一是将生物资产转化为农产品的活动,主要是指通过消耗性生物资产的生长和收获而获得农产品的活动过程,以及利用生产性生物资产产出农产品的活动过程。例如,种植业作物的生长和收获而获得稻谷、小麦等农产品的活动过程,畜牧养殖业的饲养和收获而获得仔猪、肉猪、鸡蛋、牛奶等畜(禽)产品的活动过程,水产业的养殖而获得水产品(种鱼养殖除外)的活动过程,都属于将生物资产转化为农产品的活动。二是其他生物资产的生物转化的活动,主要是指除生物资产转化为农产品的活动之外的生物资产的生长和管理。例如,经济林木在达到预定生产经营目的之前的生长和管理,奶牛在第 1 次产奶前的饲养和管理,役畜的饲养和管理等。

农业活动都存在以下共同特点:一是转化能力,不论是动物还是植物都能进行生物转化。生物转化是指导致生物资产质量或数量发生变化的生长、蜕化、生产、繁殖的过程。例如,农作物从种植开始到收获前的过程就属于生长,奶牛产奶能力的不断下降属于蜕化,蛋鸡产蛋、果树结果就属于生产,母猪生小猪就属于繁殖。二是转化的管理,通过增强或者稳定转化所必需的条件,能够促成生物转化的发生,如对营养、温度、湿度、光照、肥力等的管理,这种管理活动使得农业活动与其他活动区分开来。例如,从未经管理的资源中收获的活动,就不是农业活动,包括海洋渔业的捕捞、原始森林的采伐及野生草药果实的采摘等。三是转化的计量,对生物转化带来的质量(遗传价值、密度、成熟期、脂肪层、纤维强度)变化和数量(产果量、重量、体积、长度或直径)变化的计量和监控成为管理的日常职能。

第三节 农业企业会计核算的框架及会计科目的设置

一、农业企业会计核算框架

农业企业会计核算的框架可以分为三个部分,即一般农业企业共同业务核算、一般农业企业特殊业务核算及农业企业特殊实体会计核算。

(一)一般农业企业共同业务核算

农业企业的总体会计核算流程与一般企业并无差异,即经济业务发生→编制凭证或分录→将凭证录入会计软件系统→自动生成会计信息。具体包括农业企业筹资活动的核算,投资活动的核算,生产运营的核算,收入、费用和利润的核算,财务报告与信息披露。

（二）一般农业企业特殊业务核算

与其他行业差别最大的农业会计核算为生物资产的核算，包括生物资产会计科目的设置、分类、计量、收获与处置等。

（三）农业企业特殊实体会计核算

农业企业特殊实体会计核算包括家庭农场、农业合作社及村集体经济组织的核算。

二、农业企业会计科目的设置

2006年，企业会计准则体系下的会计科目已与国际趋同，基本满足了当前我国的现实需要。新准则体系下，一般农业企业使用的会计科目分为五大类，如表1-1所示。同时，允许农业企业根据自身的需要增设明细科目，如可以在农业生产成本一级科目下设置种植业生产成本、畜牧养殖业生产成本、林业生产成本等，充分体现了适用性和灵活性的特点。

表1-1　农业企业一般会计科目表

顺序号	编号	会计科目名称	顺序号	编号	会计科目名称
一、资产类			51	2101	交易性金融负债
1	1001	库存现金	52	2201	应付票据
2	1002	银行存款	53	2202	应付债款
3	1012	其他货币资金	54	2203	预收账款
4	1101	交易性金融资产	55	2211	应付员工薪酬
5	1121	应收票据	56	2221	应交税费
6	1122	应收账款	57	2231	应付利息
7	1123	预付账款	58	2232	应付股利
8	1131	应收股权	59	2241	其他应付款
9	1132	应收利息	60	2501	长期借款
10	1221	其他应收款	61	2502	应付债券
11	1231	坏账准备	62	2701	长期应付款
12	1401	材料采购	63	2702	未确认融资费用

顺序号	编号	会计科目名称	顺序号	编号	会计科目名称
13	1402	在途物资	64	2711	专项应付款
14	1403	原材料	65	2801	预计负债
15	1404	材料成本差异	66	2901	递延所得税负债
16	1405	农产品		三、所有者权益类	
17	1406	发出商品	67	4001	实收资本
18	1408	委托加工物资	68	4002	资本公积
19	1411	周转材料	69	4101	盈余公积
20	1421	消耗性生物资产	70	4103	本年利润
21	1422	消耗性生物资产跌价准备	71	4104	利润分配
22	1461	融资租赁资产	72	4201	库存股
23	1471	存货跌价准备		四、成本类	
24	1501	持有至到期投资	73	5001	农业生产成本
25	1502	持有至到期投资减值准备	74	5101	制造费用
26	1503	可供出售金融资产		五、损益类	
27	1511	长期股权投资	75	6001	主营业务收入
28	1512	长期股权投资减值准备	76	6051	其他业务收入
29	1521	投资性房地产	77	6061	汇总损益
30	1531	长期应收款	78	6101	公允价值变动损益
31	1532	未实现融资收益	79	6111	投资收益
32	1601	固定资产	80	6301	营业外收入
33	1602	累计折旧	81	6401	主营业务成本
34	1603	固定资产减值准备	82	6402	其他业务成本
35	1604	在建工程	83	6403	营业税金及附加
36	1605	工程物资	84	6601	销售费用
37	1606	固定资产清理	85	6602	管理费用
38	1611	未担保余值	86	6603	财务费用
39	1421	生活性生物资产	87	6701	资产减值损失

续表

顺序号	编号	会计科目名称	顺序号	编号	会计科目名称
40	1622	生活性生物资产累计折旧	88	6711	营业外支出
41	1623	生活性生物资产减值准备	89	6801	所得税费用
42	1624	公益性生物资产	90	6901	以前年度损益调整
43	1701	无形资产			
44	1702	累计摊销			
45	1703	无形资产减值准备			
46	1711	商誉			
47	1801	长期待摊费用			
48	1811	递延所得税资产			
49	1901	待处理财产损益			
		二、负载类			
50	2001	短期借款			

注:第三类为"共同类"科目,因农业企业较少涉及故略去。

第四节　课后训练

(1)农业的概念是什么?

(2)简述农业会计核算的特点。

(3)概述农业活动的概念、农业生产管理的对象及目的。

第二章 生物资产

第一节 生物资产概述

一、生物资产的概念及概述

生物资产是指与农业生产活动相关的有生命的动物和植物，一旦原有的动植物停止生命活动，就不能再算作生物资产。

生物资产的特殊性表现为生物资产是有生命的动物和植物。有生命的动物和植物具有生物转化的能力，生物转化是指导致生物资产质量或数量发生变化，通常表现为生长、蜕化、生产和繁殖的过程。其中，生长是指动植物体积、重量增加或质量提高，如农作物从种植开始到收获前的过程；蜕化是指动植物产出量的减少或质量的蜕化，如蛋鸡产蛋量不断减少；生产是指动植物本身产出农产品，如蛋鸡产蛋、奶牛产奶、果树产水果等；繁殖是指产生新的动植物，如奶牛产牛犊、母猪生小猪等。这种生物转化能力是其他资产（如存货、固定资产、无形资产等）所没有的。因此，生物资产的形态、价值以及产生经济利益的方式，随其出生、成长、衰老、死亡等自然规律和生产经营活动的变化而变化。

（一）生物资产与农产品

生物资产是"有生命"的动植物，一旦停止生命活动就不再是生物资产，与农产品有本质区别。农产品附着在生物资产上时，作为生物资产的一部分，不需要单独进行会计处理；当其从生物资产上收获，离开母体，不再具有生命和生物转化能力，或其转化能力受限时，应作为存货处理。如奶牛产出的牛奶、绵羊产出的羊毛、肉猪宰杀后的猪肉、收获后的蔬菜、从果树上采摘下的水果等。

（二）生物资产与农业生产

农业生产管理的对象包括将生物资产转化为农产品的活动及其他生物资产转化的活动。农业生产与收获时点的农产品相关,但必须与对收获后的农产品进行加工的活动(以下简称"加工活动")严格区分。农业生产活动针对的是有生命的生物资产,而加工活动针对的是收获后的农产品,加工活动并不包含在生物资产准则所指的农业生产范畴之内。

二、生物资产的分类

根据生物资产的用途可将生物资产分为消耗性生物资产、生产性生物资产和公益性生物资产。

（一）消耗性生物资产

消耗性生物资产是指为出售而持有的或在将来收获为农产品的生物资产,一般而言,要经过培育、长成、处置等阶段。通常是一次性消耗并终止其服务能力或未来经济利益,在一定程度上具有存货的特征。如生长中的大田作物、蔬菜、用材林以及存栏待售的牲畜等。

（二）生产性生物资产

生产性生物资产是指为产出农产品、提供劳务或出租等目的而持有的生物资产,具有自我生长性,能够在持续的基础上予以消耗,并在未来的一段时间内保持其服务能力或未来经济利益,属于有生命的劳动手段,包括经济林、薪炭林、产畜和役畜等。生产性生物资产在一定程度上具有固定资产特征。

一般而言,生产性生物资产通常需要生长到一定阶段才开始具备生产的能力。根据其是否具备生产能力,即是否达到预定生产经营目的(生产性生物资产进入正常生产期,可以多年连续稳定产出农产品、提供劳务或出租),生产性生物资产可以划分为未成熟和成熟两类。前者指尚未达到预定生产经营目的,还不能够多年连续稳定产出农产品、提供劳务或出租的生产性生物资产,如尚未开始挂果的果树、尚未开始产奶的奶牛等;后者则指已经达到预定生产经营目的的生产性生物资产,如已经挂果并能多年产出果子的果树、已经开始产奶的奶牛等。

消耗性生物资产只是劳动对象，而生产性生物资产同时又具有生产手段的属性。从经济学意义上理解，它们具有不同的经济性质和功能。

（三）公益性生物资产

公益性生物资产是指以防护、环保为目的的生物资产，包括防风固沙林、水土保持林和水源涵养林等。尽管公益性生物资产不能直接给企业带来经济利益，但具有服务潜能，有助于企业从其他相关资产中获得经济利益。

第二节　生物资产的确认与计量

一、生物资产的确认

确认一项生物资产首先需要符合生物资产的定义，其次还要满足下列条件：

第一，企业因过去的交易或者事项而拥有或者控制该资产。

第二，该资产所包含的经济利益或服务潜能很可能流入企业。

第三，该资产的成本能够可靠地计量。

二、生物资产的初始计量

生物资产取得方式不同，其成本确定和会计处理也有所不同，总的原则是按照历史成本进行初始计量。

（一）外购的生物资产

外购生物资产成本包括购买价款、相关税费、运输费、保险费及可直接归属于购买该项资产的其他支出。其中，一次性购入多项生物资产时，购买过程中发生的相关税费、运输费、保险费等可归属于购买该资产的其他支出。

按各项生物资产的价款比例进行分配，分别确定各项生物资产的成本。

【例2-1】　春光农业公司购买10头未成年奶牛，支付价款10000元，发生运费800元，装卸费500元，以银行存款支付。

借：生产性生物资产——未成熟生产性生物资产　　　　　　　　　　11300

　　贷：银行贷款　　　　　　　　　　　　　　　　　　　　　　　11300

【例2-2】 2020年5月,春光农业公司从市场上一次性购买了6头种牛、15头种猪和600头猪苗,单价分别为4000元、1400元和250元,支付的价款共计195000元。此外,发生运输费4500元,保险费3000元,装卸费2250元,款项全部以银行存款支付。

(1)有关计算如下。

①确定应分摊的运输费、保险费和装卸费。

分摊比例＝(4500＋3000＋2250)÷195000＝5％

6头种牛应分摊:6×4000×5％＝1200(元)

15头种猪应分摊:15×1400×5％＝1050(元)

600头猪苗应分摊:600×250×5％＝7500(元)

②确定种牛、种猪和猪苗的入账价值。

6头种牛的入账价值:6×4000＋1200＝25200(元)

15头种猪的入账价值:15×1400＋1050＝22050(元)

600头猪苗的入账价值:600×250＋7500＝157500(元)

(2)账务处理如下。

借:生产性生物资产——成熟生产性生物资产(种牛)　　　　25200

　　　　　　——成熟生产性生物资产(种猪)　　　　22050

　　消耗性生物资产——猪苗　　　　157500

　贷:银行存款　　　　204750

【例2-3】 某林业公司购入农户已郁闭成林的杨树100亩(1亩＝1/15公顷,下同)作为造纸原料林,共支付价款300000元,以银行存款支付。

借:消耗性生物资产——杨树林　　　　300000

　贷:银行存款　　　　300000

(二)自行繁殖、营造的生物资产

1.自行繁殖、营造的消耗性生物资产

自行栽培、营造、繁殖或养殖的消耗性生物资产的成本一般按其自行繁殖、营造过程中发生的必要支出确定。具体应当按照下列规定确定。

2.各类消耗性生物资产的成本

(1)自行栽培的大田作物和蔬菜的成本,包括在收获前耗用的种子、肥料、农药等材料费,人工费和应分摊的间接费用等必要支出。

（2）自行营造的林木类消耗性生物资产的成本,包括郁闭前发生的造林费、抚育费、营林设施费、良种试验费、调查设计费和应分摊的间接费用等必要支出。

（3）自行繁殖的育肥畜的成本,包括出售前发生的饲料费、人工费和应分摊的间接费用等必要支出。

（4）水产养殖的动物和植物的成本,包括在出售或入库前耗用的苗木、饲料、肥料等材料费,人工费和应分摊的间接费用等必要支出。

【例2-4】 2020年3月,春光农业公司使用一台拖拉机翻耕土地100公顷用于大豆和玉米的种植,其中,60公顷种植玉米,40公顷种植大豆。该拖拉机原值为60300元,预计净残值为300元,按照工作量法计提折旧,预计可翻耕土地6000公顷。

①计算如下。

应计提的拖拉机折旧＝（60300－300）÷6000×100＝1000 元

玉米应分配的机械作业费＝1000÷（60＋40）×60＝600 元

大豆应分配的机械作业费＝1000÷（60＋40）×40＝400 元

②账务处理如下。

借:消耗性生物资产——玉米		600
——大豆		400
贷:累计折旧		1000

【例2-5】 某养牛厂自行繁殖的肉牛10头,出售前共计发生饲料费6200元,防疫药品费12000元。

借:消耗性生物资产	18200
贷:原材料——饲料	6200
——药品	12000

3. 自行繁殖、营造的生产性生物资产

自行繁殖、营造的生产性生物资产,应按达到预定生产经营目的前发生的必要支出确定其初始成本,包括直接材料、直接人工、其他直接费和应分摊的间接费用。具体应当按照下列规定确定。

（1）自行营造的林木类生产性生物资产的成本，包括达到预定生产经营目的前发生的造林费、抚育费、营林设施费、良种试验费、调查设计费和应分摊的间接费用等必要支出。

（2）自行繁殖的产畜和役畜的成本，包括达到预定生产经营目的（成龄）前发生的饲料费、人工费和应分摊的间接费用等必要支出。如企业自己繁育的奶牛、种猪，自行营造的橡胶树、果树、茶树等。

借记"生产性生物资产——未成熟生产性生物资产"科目，贷记"银行存款"等科目。未成熟生产性生物资产达到预定生产经营目的时，按其账面余额，借记"生产性生物资产——成熟生产性生物资产"，贷记"生产性生物资产——未成熟生产性生物资产"。已计提减值准备的，还应同时结转减值准备。

达到预定生产经营目的，是指生产性生物资产进入正常生产期，可以多年连续稳定产出农产品、提供劳务或出租。生产性生物资产通常需要生长到一定阶段才开始具备生产能力，即达到预定生产经营目的。达到预定生产经营目的是区分生产性生物资产成熟和未成熟的分界点，同时也是判断其相关费用停止资本化的时点，也是区分其是否具备生产能力，从而是否计提折旧的分界点。生物资产在达到预定生产经营目的后发生的管护、饲养费用等后续支出，应当计入当期损益。

生产性生物资产在达到预定生产经营目的之前，其用途一般已经确定，但是，如果其用途尚未确定，应当先作为消耗性生物资产核算和管理，待确定用途后再转为生产性生物资产进行处理。

【例 2-6】 某农业企业自 2015 年开始自行营造 100 公顷橡胶树，当年发生种苗费 189000 元，平整土地和定植所需的机械作业费 55500 元，定植当年抚育发生肥料及农药费 250500 元，人员工资等 450000 元。该橡胶树达到正常生产期为 6 年，从定植后至 2021 年每年发生管护费用 402500 元，以银行存款支付。

（1）营造当年。

借：生产性生物资产——未成熟生产性生物资产（橡胶树）　　　945000

　　贷：原材料——种苗　　　　　　　　　　　　　　　　　　　189000

——肥料及农药	250500
应付职工薪酬	450000
累计折旧	55500

（2）以后 6 年每年的管护费用支出。

借：生产性生物资产——未成熟生产性生物资产（橡胶树）　402500

　贷：银行存款　402500

因此，2021 年末该 100 公顷橡胶树的成本为

$189000＋55500＋250500＋450000＋402500×6＝3360000$（元）

（3）进入正常生产期时。

借：生产性生物资产——成熟生产性生物资产（橡胶树）　3360000

　贷：生产性生物资产——未成熟生产性生物资产（橡胶树）　3360000

4. 自行营造的公益性生物资产

根据企业会计准则的规定，自行营造的公益性生物资产的成本，应当按照郁闭前发生的造林费、抚育费、森林保护费、营林设施费、良种试验费、调查设计费和应分摊的间接费用等必要支出确定。

注：应计入生物资产成本的借款费用，按照《企业会计准则第 17 号——借款费用》处理，消耗性林木类生物资产发生的借款费用，应当在郁闭时停止资本化。

投资者投入生物资产的成本，应当按照投资合同或协议约定的价值确定，但合同或协议约定价值不公允的除外。

（三）天然起源的生物资产

1. 天然起源的生物资产的确认

天然林等天然起源的生物资源，仅在企业有确凿证据表明能够拥有或者控制该生物资产时，才能予以确认。

企业拥有或控制的天然起源的生物资产，通常企业并未进行相关的农业生产，主要通过政府补助的方式获得，如政府向企业直接无偿划拨天然林等，或者政府向企业无偿划拨土地、河流湖泊从而企业间接取得其天然生长的天然林、水生动植物等。

2.天然起源的生物资产的初始计量

对于天然起源的生物资产,企业通常几乎没有投入,因此,其成本难以按照外购、自行营造方式下发生的必要支出,或者是非货币性资产交换、债务重组和企业合并方式下确定的对价来确定。在我国,天然起源的生物资产应按名义金额确定生物资产的成本,同时计入当期损益,名义金额为 1 元人民币,即借记"消耗性生物资产""生产性生物资产"或"公益性生物资产"科目,贷记"营业外收入"科目。

【例 2-7】 某农场取得天然起源的草场 20 公顷。

借:公益性生物资产　　　　　　　　　　　　　　　　　　　　　　1

　　贷:营业外收入　　　　　　　　　　　　　　　　　　　　　　　1

三、生物资产的后续计量

在我国,处于不同生长阶段的各类生物资产尚缺乏成熟的市场,公允价值有时难以取得。因此,生物资产准则规定一般应当采用历史成本对生物资产进行后续计量,但有确凿证据表明其公允价值能够持续可靠取得的除外。

具体而言,消耗性生物资产按成本减累计跌价准备计量,未成熟的生产性生物资产按成本减累计减值准备计量,成熟的生产性生物资产按成本减累计折旧及累计减值准备计量,公益性生物资产按成本计量。

(一)生产性生物资产的折旧

生产性生物资产的折旧,是指在生产性生物资产的使用寿命内,按照确定的方法对应计折旧额进行系统分摊。其中,应计折旧额是指应当计提折旧的生产性生物资产的原价扣除预计净残值后的余额。如果已经计提减值准备,还应当扣除已计提的生产性生物资产减值准备累计金额。预计净残值是指预计生产性生物资产使用寿命结束时,在处置过程中所发生的处置收入扣除处置费用后的余额。企业应当根据生产性生物资产的性质、使用情况和有关经济利益的预期实现方式,合理确定其使用寿命、预计净残值和折旧方法。

1.需要计提折旧的生产性生物资产的范围

当月增加的成熟生产性生物资产,当月不提折旧,从下月起计提折旧;当月减少的成熟生产性生物资产,当月照提折旧,从下月起不提折旧。成熟生产性生物资产提足折旧后,不管能否继续使用,均不再提取折旧;提前报废的成熟生产性生物资产,也不再补提折旧。

需要注意的是,以融资租赁租入的生产性生物资产和以经营租赁方式租出的生产性生物资产,应当计提折旧;以融资租赁租出的生产性生物资产和以经营租赁方式租入的生产性生物资产,不应计提折旧。生产性生物资产计提折旧的原则与固定资产相同。

2. 预计生产性生物资产的使用寿命

企业确定生产性生物资产的使用寿命,应当考虑下列因素。

(1)该资产的预计产出能力或实物产量。

(2)该资产的预计有形损耗,如产畜和役畜衰老、经济林老化等。

(3)该资产的预计无形损耗,如因新品种的出现而使现有的生产性生物资产的产出能力和产出农产品的质量等方面相对下降、市场需求的变化使生产性生物资产产出的农产品相对过时等。

对于生产性生物资产计算折旧的最低年限,林木类生产性生物资产,为10年;畜类生产性生物资产,为3年。

在具体实务中,企业应在考虑这些因素的基础上,结合不同生产性生物资产的具体情况做出判断。例如,在考虑林木类生产性生物资产的使用寿命时,可以考虑诸如温度、湿度和降雨量等生物特征,溜溉特征,嫁接和修剪程序,植物的种类和分类,植物的株间距,所使用初生主根的类型,采摘或收割的方法,所生产产品的预计市场需求等。在相同的环境下,同样的生产性生物资产的预计使用寿命应该基本相同。

3. 生产性生物资产的折旧方法

生产性生物资产的计提折旧方法有很多种,生物资产准则规定了企业可根据生产性生物资产的性质、使用情况和有关经济利益的预期实现方式等,合理确定生产性生物资产的折旧方法。可选用的折旧方法包括年限平均法(直线法)、工作量法、产量法等。生产性生物资产的折旧方法一经确定不得随意变更。在企业所得税税法中提到"生产性生物资产按照直线法计算的折旧,准予扣除。"也就是说,允许税前扣除的折旧,只能是生产性生物资产按照直线法计提的折旧。但是,这并不意味着企业不可以采取其他折旧方法。在会计上,企业根据自身的特殊情况,仍可以采用其他折旧方法,只是采用其他折旧方法计提的所谓折旧,在涉及交纳企业所得税时,是得不到税务机关承认的。

直线法又称年限平均法,它是指按生产性生物资产使用年限平均计算折旧的一种方法。采用这种方法计算的每期折旧额均相等,其计算公式为:

年折旧额＝(生产性生物资产原值－预计净残值)÷预计使用年限

采用这种方法,最大优点是计算简便,有利于税收征管。

此外,生物资产准则规定,企业至少应当于每年年终对生产性生物资产的使用寿命、预计净残值和折旧方法进行复核。如果生产性生物资产的使用寿命或预计净残值的预期数与原先估计数有差异,或者有关经济利益预期实现方式有重大改变,企业应当作为会计估计变更,按照《企业会计准则第28号——会计政策、会计估计变更和差错更正》的规定进行会计处理,调整生产性生物资产的使用寿命或预计净残值或者改变折旧方法。

4.生产性生物资产计提折旧的账务处理

企业应当按期对达到预定生产经营目的的生产性生物资产计提折旧,并根据受益对象分别计入农产品成本、劳务成本、出租费用等。对成熟生产性生物资产按期计提折旧时,借记农业生产成本、管理费用等科目,贷记生产性生物资产累计折旧科目。

【例2-8】 2020年5月,甲企业5头奶牛成熟,开始产奶,奶牛账面余额为36000元。甲企业按照3年对奶牛计提折旧。

(1)2020年5月,奶牛由未成熟转为成熟。

借:生产性生物资产——成熟生产性生物资产　　　　36000
　　贷:生产性生物资产——未成熟生产性生物资产　　　36000

(2)2020年6月及以后各月计提折旧

借:管理费用　　　　1000
　　贷:生产性生物资产累计折旧　　　　1000

(二)生物资产减值

生物资产准则规定,企业至少应当于每年年终对消耗性生物资产和生产性生物资产进行检查,有确凿证据表明上述生物资产发生减值的,应当计提生物资产跌价准备或减值准备。企业首先应当注意消耗性生物资产和生产性生物资产是否有发生减值的迹象,如有,在此基础上计算确定消耗性生物资产的可变现净值或生产性生物资产的可收回金额。

1. 判断消耗性生物资产和生产性生物资产减值的主要迹象

对生物资产减值的会计处理,生物资产准则的规定较《企业会计准则第8号——资产减值》中根据有关减值迹象的判断等进行减值测试的方法有所简化,这主要是考虑到生物资产与其他资产相比具有显著的特点,即生物资产本身具有自我生长性,有时短暂的减值可能会通过以后的自我生长而得以恢复其价值,特别是林木资产生长周期短则几十年,长则上百年。因此,生物资产准则对消耗性生物资产和生产性生物资产的减值采取了易于判断的方式,即企业至少应当于每年年终对消耗性生物资产和生产性生物资产进行检查,有确凿证据表明由于遭受自然灾害、病虫害、动物疫病侵袭或市场需求变化等原因的情况下,上述生物资产才可能存在减值迹象。具体来说,消耗性生物资产和生产性生物资产存在下列情形之一的,通常表明可变现净值或可收回金额低于其账面价值。

(1)因遭受火灾、旱灾、水灾、冻灾、台风、冰雹等自然灾害,造成消耗性生物资产或生产性生物资产发生实体损坏,影响该资产的进步生长或生产,从而降低其产生经济利益的能力。

(2)因遭受病虫害或者疯牛病、禽流感、口蹄疫等动物疫病侵袭,造成消耗性生物资产或生产性生物资产的市场价格大幅度持续下跌,并且在可预见的未来无回升的希望。

(3)因消费者偏好改变而使企业的消耗性生物资产或生产性生物资产收获的农产品的市场需求发生变化,导致市场价格逐渐下跌。与工业产品不同,一般情况下技术进步不会对生物资产的价值产生明显的影响。

(4)因企业所处经营环境,如动植物检验检疫标准等发生重大变化,从而对企业产生不利影响,导致消耗性生物资产或生产性生物资产的市场价格逐渐下跌。

(5)其他足以证明消耗性生物资产或生产性生物资产实质上已经发生减值的情形。

2.计提减值准备

消耗性生物资产的可变现净值或生产性生物资产的可收回金额低于其账面价值时,企业应当按照可变现净值或可收回金额低于账面价值的差额,计提生物资产跌价准备或减值准备,借记"资产减值损失"科目,贷记"消耗性生物资产跌价准备"或"生产性生物资产减值准备"科目。

消耗性生物资产的可变现净值是指在日常活动中,消耗性生物资产的估计售价减去至出售时估计将要发生的成本、估计的销售费用以及相关税费后的金额,其确定应当遵循《企业会计准则第1号——存货》。生产性生物资产的可收回金额由其公允价值减去处置费用后的净额与资产预计未来现金流量的现值之间的较高者确定,应当遵循《企业会计准则第8号——资产减值》。

【例2-9】 甲农业企业种植玉米150公顷,已发生成本330000元。2020年7月,该企业遭受冰雹,致使玉米严重受灾,期末玉米的可变现净值估计为300000元。

借:资产减值损失——消耗性生物资产(玉米)　　　　　　30000

　　贷:消耗性生物资产跌价准备(玉米)　　　　　　　　　30000

【例2-10】 2020年8月,甲企业的橡胶园曾遭受过一次台风袭击,12月31日,甲企业对橡胶园进行检查时认为可能发生减值。该橡胶园销售净价总额为1200000元,尚可使用5年,预计在未来5年内产生的现金净流量分别为400000元、360000元、320000元、250000元、200000元(已考虑使用寿命结束时进行处置的现金净流量)。在考虑有关风险的基础上,甲企业决定采用5%的折现率。该橡胶园2020年12月31日的账面价值为1500000元,以前年度没有计提减值准备。有关计算过程如表2-1所示。

表2-1　甲企业资产未来现金流量现值计算表

年度/年	预计未来现金流量/元	折现率/%	折现系数	现值/元
2015	400000	5	0.9524	380960
2016	360000	5	0.9070	326520
2017	320000	5	0.8638	276416

续表

年度/年	预计未来现金流量/元	折现率/%	折现系数	现值/元
2018	250000	5	0.8227	205675
2019	200000	5	0.7835	156700
合计	—	—	—	1346271

未来现金流量现值1346271元＞销售净价120000元，因而该橡胶园的可收回金额1346271元。

$$应计提的减值准备=1500000-1346271=153729（元）$$

甲企业的账务处理如下：

借：资产减值损失——生产性生物资产（橡胶）　　　　　153729

　　贷：生产性生物资产减值准备——橡胶　　　　　　　153729

3.已确认的消耗性生物资产跌价损失的转回

企业在每年年终对消耗性生物资产进行检查时，如果消耗性生物资产减值的影响因素已经消失，减记金额应当予以恢复，并在原已计提的跌价准备金额内转回，转回的金额计入当期损益，借记消耗性生物资产跌价准备科目，贷记资产减值损失科目。

根据《企业会计准则第8号——资产减值》的规定，生产性生物资产减值准备一经计提，不得转回。

4.公益性生物资产不计提减值准备

对于公益性生物资产而言，由于其持有目的与消耗性生物资产和生产性生物资产有本质不同，主要是出于防护、环境保护等特殊公益性目的，具有非经营性的特点，因而生物资产准则规定公益性生物资产不计提减值。

（三）采用公允价值模式计量生物资产

1.采用公允价值计量的条件

根据生物资产准则的规定，生物资产通常按照成本计量，但有确凿证据表明其公允价值能够持续可靠取得的除外。对于采用公允价值计量的生物资产，生物资产准则规定了严格的条件，应当同时满足下列两个条件。

(1)生物资产有活跃的交易市场,即该生物资产能够在交易市场中直接交易。活跃的交易市场,是指同时具有下列特征的市场。

①市场内交易的对象具有同质性。

②可随时找到自愿交易的买方和卖方。

③市场价格信息是公开的。

就我国目前的情况,生长中的生物资产尚不存在活跃市场,可验证的市场价格尚难以取得。因此,企业在对生物资产应用公允价值时应当特别注意。

(2)能够从交易市场上取得同类或类似生物资产的市场价格及其他相关信息,从而对生物资产的公允价值做出科学合理的估计。同类或类似的生物资产,是指品种相同、质量等级相同或类似、生长时间相同或类似、所处气候和地理环境相同或类似的有生命的动物和植物。这一规定表明,企业能够客观而非主观的随意地使用公允价值。

2.公允价值模式下的会计处理

在公允价值模式下,企业不对生物资产计提折旧和计提跌价准备或减值准备,应当根据资产负债表日生物资产的公允价值减去估计销售时所发生的费用调整其账面价值,其与原账面价值之间的差额计入当期损益。一般情况下,企业对生物资产的计量模式一经确定,不得随意变更。

【例 2-11】 2020 年 4 月 30 日,乙农业公司某生产性生物资产账面余额为 23000 元,公允价值为 22000 元;某消耗性生物资产账面余额为 12000 元,公允价值为 14000 元;某公益性生物资产账面余额为 2100 元,公允价值为 2300 元;假定乙农业公司对生物资产采用公允价值计量,不考虑其他因素。乙农业公司的会计处理如下。

借:公允价值变动损益　　　　　　　　　　　　　　　　　1000
　贷:生产性生物资产　　　　　　　　　　　　　　　　　1000
借:消耗性生物资产　　　　　　　　　　　　　　　　　　2000
　　公益性生物资产　　　　　　　　　　　　　　　　　　 200
　贷:公允价值变动损益　　　　　　　　　　　　　　　　2200

第三节 生物资产的收获与处置

一、生物资产的收获

收获,是指消耗性生物资产生长过程的结束,如收割小麦、采伐用材林等,以及农产品从生产性生物资产上分离,如从苹果树上采摘下苹果、奶牛产出牛奶、绵羊产出羊毛等。

(一)收获农产品成本核算的一般要求

农产品按照所处行业,可以分为种植业产品(如小麦、水稻、玉米、棉花、糖料、烟叶等)、畜牧养殖业产品(如牛奶、羊毛、肉类、禽蛋等)、林产品(如苗木、原木、水果等)和水产品(如鱼、虾、贝类等)。企业应当按照成本核算对象(消耗性生物资产、生产性生物资产、公益性生物资产和农产品)设置明细账,并按成本项目设置专栏,进行明细分类核算。

从收获农产品成本核算的截止时点来看,由于种植业产品和林产品一般具有季节性强、生产周期长、经济再生产与自然再生产相交织的特点,种植业产品和林产品成本计算期因不同产品的特点而异。因此,企业在确定收获农产品的成本时,应特别注意成本计算的截止时点,而在收获时点之后的农产品应当适用于《企业会计准则第1号——存货》,按照成本与可变现净值孰低计量。例如,粮豆的成本算至入库或能够销售;棉花算至皮棉;纤维作物、香料作物、人参、啤酒花等算至纤维等初级产品;草算至干草;不入库的鲜活产品算至销售;入库的鲜活产品算至入库;年底尚未脱粒的作物,其产品成本算至预提脱粒费用等。再如,育苗的成本算至出圃;采割阶段,林木采伐算至原木产品;橡胶算至加工成干胶或浓缩胶乳;茶的成本算至各种毛茶;水果等其他收获活动算至产品能够销售等。

(二)收获农产品的会计处理

1.消耗性生物资产收获农产品

从消耗性生物资产上收获农产品后,消耗性生物资产自身完全转为农产品而不复存在,如肉猪宰杀后的猪肉、收获后的蔬菜、用材林采伐后的木材等,企业应当将收获时点消耗性生物资产的账面价值结转为农产品的成本。借记"农产品"科目,贷记"消耗性生物资产"科目,已计提减值准备的,还应同时结转减值准备,借记"消耗性生物资产跌价准备"科目。对于不通过入库直接销售的鲜活产品等,按实际成本,借记"主营业务成本"科目,贷记"消耗性生物资产"科目。

【例2-12】 甲企业于2020年6月入库小麦50吨,成本为30000元。甲企业的账务处理如下。

借:农产品小麦   12000

 贷:消耗性生物资产小麦   12000

2.生产性生物资产收获农产品

生产性生物资产具备自我生长性,能够在生产经营中长期、反复使用,从而不断产出农产品。从生产性生物资产上收获农产品后,生产性生物资产这一母体仍然存在,如奶牛产出牛奶、从果树上采摘下水果等。农业生产过程中发生的各项生产费用,按照经济用途可以分为直接材料、直接人工等直接费用以及间接费用,企业应当区别处理。

(1)农产品收获过程中发生的直接材料、直接人工等直接费用,直接计入相关成本核算对象,借记"农业生产成本——××农产品"科目,贷记"库存现金""银行存款""原材料""应付职工薪酬""生产性生物资产累计折旧"等科目。

【例2-13】 甲奶牛养殖企业2020年1月发生奶牛(已进入产奶期)的饲养费用如下:领用饲料5000千克,计1200元,应付饲养人员工资3000元,以现金支付防疫费500元。甲企业的账务处理如下。

借:农业生产成本——牛奶   4700

 贷:原材料   1200

  应付职工薪酬   3000

  库存现金   500

【例2-14】 某种植企业2020年6月收割小麦,发生机械作业费200元,人员工资1500元。企业的账务处理如下。

借:农业生产成本——小麦   3500

　　贷：累计折旧　　　　　　　　　　　　　　　　　2000

　　　　应付职工薪酬　　　　　　　　　　　　　　　1500

　　（2）农产品收获过程中发生的间接费用，如材料费、人工费、生产性生物资产的折旧费等应分摊的共同费用，应当在生产成本归集，借记农业生产成本共同费用科目，贷记库存现金、银行存款、原材料、应付职工薪酬、生产性生物资产累计折旧等科目。在会计期末按一定的分配标准，分配计入有关的成本核算对象，借记农业生产成本——××农产品科目，贷记农业生产成本——共同费用科目。

　　实务中，常用的间接费用分配方法通常以直接费用或直接人工为基础，直接费用比例法以生物资产或农产品相关的直接费用为分配标准，直接人工比例法以直接从事生产的工人工资为分配标准，其公式为：

　　　　间接费用分配率＝间接费用总额÷分配标准（即直接费用总额或直接人工总额）×100％

　　　　某项生物资产或农产品应分配的间接费用额＝该项资产相关的直接费用或直接人工×间接费用分配率

（三）成本结转方法

　　在收获时点，企业应当将该时点归属于某农产品生产成本的账面价值结转为农产品的成本。对于消耗性生物资产，应当在收获或出售时，按照其账面价值结转成本。结转成本的方法包括加权平均法、个别计价法、蓄积量比例法、轮伐期年限法等。生产性生物资产收获的农产品成本，按照产出或采收过程中发生的材料费、人工费和应分摊的间接费用等必要支出计算确定，并采用加权平均法、个别计价法、蓄积量比例法、轮伐期年限法等方法，将其账面价值结转为农产品成本。借记农产品科目，贷记农业生产成本——××农产品科目。企业可以根据实际情况选用合适的成本结转方法，但是一经确定，不得随意变更。

二、生物资产的处置

（一）生物资产出售

　　生物资产出售时，企业应按实际收到的金额，借记银行存款等科目，贷记主营业务收入等科目;应按其账面余额,借记主营业务成本等科目,贷记生产性生物资产、消耗性生物资产等科目,已计提减值准备或折旧的,还应同时结转减值准备或累计折旧。

【例2-15】 甲畜牧养殖企业于2020年5月月末养殖的肉用羊账面余额为2000元,共计40只;6月6日,花7000元新购入一批羊养殖,共计10只;6月30日,屠宰并出售羊20只,支付临时工屠宰费用100元,出售取得价款1000元;6月共发生饲养费用500元(其中,应付专职饲养员工资300元,铜科200元)。甲企业采用加权平均法结转成本。甲企业的账务处理如下。

(1)成本。

平均单位成本=(24000+7000+500)÷(40+10)=630(元)

出售羊的成本=630×20=12600(元)

(2)6月6日新购入。

借:消耗性生物资产　　　　　　　　　　　　　　　7000

　　贷:银行存款　　　　　　　　　　　　　　　　　7000

(3)6月发生饲养费用。

借:消耗性生物资产——羊　500

　　贷:应付职工薪酬　　　　　　　　　　　　　　　300

　　　　原材料　　　　　　　　　　　　　　　　　200

(4)6月30日屠宰入库。

借:农产品羊肉　　　　　　　　　　　　　　　　12700

　　贷:消耗性生物资产——羊　　　　　　　　　　12600

　　　　库存现金　　　　　　　　　　　　　　　　100

(5)出售取得价款。

借:库存现金　　　　　　　　　　　　　　　　　16000

　　贷:主营业务收入　　　　　　　　　　　　　　16000

借:主营业务成本　　　　　　　　　　　　　　　12700

　　贷:农产品羊肉　　　　　　　　　　　　　　　12700

收获之后的农产品,应当按照《企业会计准则第1号——存货》处理

【例2-16】 甲畜牧养殖企业于2020年10月将育成的40头肉羊出售给

乙食品加工厂,价款总额为20000元,货款尚未收到。出售时肉羊的账面余额为12000元,未计提跌价准备。甲企业的账务处理如下。

借:应收账款乙食品加工厂　　　　　　　　　　　　　　　　20000

　　贷:主营业务收入　　　　　　　　　　　　　　　　　　　　20000

借:主营业务成本　　　　　　　　　　　　　　　　　　　　　12000

　　贷:消耗性生物资产肉——羊12000

(二)生物资产盘亏或死亡、毁损

生物资产盘亏或死亡、毁损时,应将处置收入扣除其账面价值和相关税费后的余额先记入待处理财产损益科目,待查明原因后,根据企业的管理权限,经股东大会、董事会、经理(场长)会议或类似机构批准后,在期末结账前处理完毕。生物资产因盘亏或死亡、毁损造成的损失,在减去过失人或者保险公司等的赔款和残余价值之后,计入当期管理费用;属于自然灾害等非常损失的,计入营业外支出。

【例2-17】　甲企业于2020年8月14日丢失三头种猪,账面原值为16000元,已经计提折旧6000元;8月30日经查实,饲养员赵五应赔偿3000元。甲企业的账务处理如下。

借:待处理财产损益　　　　　　　　　　　　　　　　　　　　10000

　　生产性生物资产累计折旧　　　　　　　　　　　　　　　　6000

　　贷:生产性生物资产种牛——种牛　　　　　　　　　　　　16000

借:其他应收款——赵五　　　　　　　　　　　　　　　　　　3000

　　管理费用　　　　　　　　　　　　　　　　　　　　　　　7000

　　贷:待处理财产损益　　　　　　　　　　　　　　　　　　10000

【例2-18】　因地震猪舍倒塌,甲企业损失育肥猪5头,价值2500元。应由保险公司赔偿1500元。甲企业的账务处理如下。

借:待处理财产损益　　　　　　　　　　　　　　　　　　　　2500

　　贷:消耗性生物资产——育肥猪　　　　　　　　　　　　　2500

借:其他应收款——保险公司　　　　　　　　　　　　　　　　1500

　　营业外支出　　　　　　　　　　　　　　　　　　　　　　1000

　　贷:待处理财产损益　　　　　　　　　　　　　　　　　　2500

（三）生物资产转换

生物资产改变用途后的成本应当按照改变用途时的账面价值确定，也就是说，将转出生物资产的账面价值作为转入资产的实际成本。通常包括如下情况。

（1）产畜或役畜淘汰转为育肥畜或者林木类生产性生物资产转为林木类消耗性生物资产时，按转群或转变用途时的账面价值，借记消耗性生物资产科目，按已计提的累计折旧，借记生产性生物资产累计折旧科目，按其账面余额，贷记生产性生物资产科目。已计提减值准备的，还应同时结转已计提的减值准备。育肥畜转为产畜或役畜或者林木类消耗性生物资产转为林木类生产性生物资产时，应按其账面余额，借记生产性生物资产科目，贷记消耗性生物资产科目。已计提跌价准备的，还应同时结转跌价准备。

【例 2-19】 2020 年 4 月，甲企业自行繁殖的 50 头种牛转为育肥牛，此批种牛的账面原价为 500000 元，已经计提的累计折旧为 200000 元，已经计提的减值准备为 30000 元。甲企业的账务处理如下。

借：消耗性生物资产——育肥牛 270000
　　生产性生物资产累计折旧 200000
　　生产性生物资产减值准备 30000
　　贷：生产性生物资产——成熟生产性生物资产（种牛） 500000

（2）消耗性生物资产、生产性生物资产转为公益性生物资产时，应当按照相关准则规定，考虑其是否发生减值。发生减值时，应首先计提减值准备，并以计提减值准备后的账面价值作为公益性生物资产的入账价值。转换时应按其扣除减值准备后的账面价值，借记公益性生物资产科目，按已计提的生产性生物资产累计折旧，借记生产性生物资产累计折旧科目，按已计提的减值准备，借记消耗性生物资产跌价准备、生产性生物资产减值准备科目，按账面余额，贷记消耗性生物资产、生产性生物资产科目。

【例 2-20】 2020 年 7 月，由于区域生态环境的需要，甲林业有限责任公司的 12 公顷造纸原料林（杨树）被划为防风固沙林，仍由公司负责管理，该林的账面余额 80000 元，已经计提的跌价准备为 5000 元。甲企业的账务处理如下。

借:公益性生物资产防风固沙林(杨树)　　　　　　　　　　75000

　　消耗性生物资产跌价准备杨树　　　　　　　　　　　　　5000

　　贷:消耗性生物资产造纸原料林(杨树)　　　　　　　　　80000

(3)公益性生物资产转为消耗性生物资产或生产性生物资产时,应按其账面余额,借记消耗性生物资产或生产性生物资产科目,贷记公益性生物资产科目。

【例 2-21】 2020 年 9 月,甲林业有限责任公司根据所属区域的林业发展规划相关政策调整,将以马尾松为主的 800 公顷防风固沙林,全部转为以采脂为目的的商品林,该马尾松的账面价值为 2000000 元。其中,已经具备采脂条件的为 600 公顷,账面价值为 1600000 元,其余的尚不具备采脂条件。2020 年 11 月,甲公司根据国家政策规定,将乙林班 100 公顷作为防风固沙林的杨树转为作为造纸原料的商品林,该杨树账面余额为 180000 元。甲企业的账务处理如下。

(1)2020 年 9 月。

借:生产性生物资产——未成熟生产性生物资产(马尾松)　　1600000

　　生产性生物资产——未成熟生产性生物资产(马尾松)　　400000

　　贷:公益性生物资产——防风固沙林(马尾松)　　　　　2000000

(2)2014 年 11 月。

借:消耗性生物资产——造纸原料林(杨树)　　　　　　　180000

　　贷:公益性生物资产——防风固沙林(杨树)　　　　　　180000

第四节　生物资产评估

对生物资产进行再确认是以公允价值为基础的,要取得生物资产的公允价值,必须运用科学的生物资产评估方法。生物资产评估应在现有的资产评估理论基础上,结合生物资产自身特点进行。

一、生物资产评估的基本原则

资产评估的一般原则主要包括:独立性原则、客观性原则、科学性原则、专业性原则、贡献原则、替代原则、预期原则、变化原则、供求原则、最佳利用原则、平衡原则、竞争原则、一致性原则和外部性原则。生物资产评估除应遵循资产评估的一般原则外,由于生物资产本身的特性,评估中还应遵循其自身特殊的原则。

(一)资金的时间价值原则

生物资产的生命周期一般较长,自然增值作用巨大,发挥作用的时间也较长,因此,应对企业在生物资产上各期的投入资金考虑时间价值。

(二)自然因素和市场因素兼顾的原则

对生物资产评估时,要选择合适的参照物,使参照物与被评估生物资产在品种、年龄、生长环境、种群质量等自然因素方面和交易日期、市场条件等市场因素方面相同或相近。

(三)质量系数调整原则

生物资产都是没有规格的资产,它们的价格不但受市场的影响,还受自身的生长状态,甚至所处地理位置的影响。相同或类似的动物,它们的质量差别主要表现在:存活率、平均体重、体重的整齐度、距市场远近、老化程度等。相同或类似的草本植物,它们的质量差别主要表现在:存活率、平均株高、株高的整齐度、立地条件、所处地理位置等。相同或类似的木本植物,它们的质量差别主要表现在:存活率、平均树高、平均胸径、平均蓄积、株高的整齐度、立地条件、所处地理位置等。被评估生物资产与参照物的质量如果不同,在评估时应对被评估生物资产的质量用系数进行调整。

二、生物资产评估的方法

(一)重置成本法

重置成本法是指在评估资产时按被评估资产的现时完全重置成本减去应扣损耗或贬值来确定被评估资产价值的一种评估方法。它假定购买或开发生物资产的成本,与此项资产提供服务的寿命期内创造的经济价值是相当的。重置成本法既不直接考虑生物资产为企业带来的经济利益的大小,也不直接考虑生物资产发挥作用的时间,而是假设经济利益只要真正存在,就可以用足够的支出和持续的时间来重置。

1. 重置成本法的基本公式

生物资产的评估价值 (En)＝重置成本 (C_1)－生物损耗 (C_2)－功能性贬值 (C_3)－经济性贬值 (C_4)。

重置成本 (C_1) 是指按现行市价计算的重新自产或购买相同或类似的全新资产时的成本价格。各期的原始价格即历史成本要按现行物价水平进行调整。

$$C_1 = K \sum_{i=1}^{n} C_i (1+R)^{n-i+1}$$

C_i——按现行物价水平调整后的被评估生物资产第 i 期历史成本；

R——利率；

n——实际投入成本的期数；

K——被评估生物资产质量调整系数。

生物损耗 (C_2) 指生物资产成熟以后将逐渐趋于老化，从而使成熟生物资产随着时间的推移，价值逐渐降低。

$$C_2 = \begin{cases} 0 & t \leqslant t_0 \\ \dfrac{t-t_0}{t_1} C_1 & t > t_0 \end{cases}$$

C_1——被评估生物资产重置成本；

t_1——从成熟到失去效用的时间；

t_0——成熟需经过的时间；

t——生物资产从产生到评估时经过的时间。

功能性贬值 (C_3) 是由于被评估生物资产品种技术等相对落后造成的贬值。

$$C_3 = \sum \frac{C'}{(1+R)^m}$$

C'——较少的持有成本；

R——利率；

m——尚需使用时间。

经济性贬值 (C_4) 是外部原因造成的被评估资产利用率下降或收益降低

引起的贬值。

$$C_4 = \frac{C'}{R}$$

C'——年收益损失额；

R——利率。

（二）收益现值法

收益现值法是通过估算被评估生物资产的预期未来收益并折算成现值，借以评估被评估生物资产价值的一种方法。

$$E_n = k \sum_{i=1}^{n} \frac{A_i}{(1+R)^i}$$

A_i——参照物生物资产的预期未来各期纯收益；

R——利率；

n——参照物生物资产未来能够收益的期数；

k——被评估生物资产质量调整系数。

收益现值法考虑了生物资产未来的收益能力，反映了生物资产的资本化价格，便于分析对生物资产的投资决策。对被估价某种生物资产的参照物的未来预期收益能较为准确地预测时，可以使用该种方法。但预测未来收益难度较大，且未来不可预见的影响因素较多，使预测的主观性较强。

（三）现行市价法

现行市价法是在相同或类似生物资产的现行市场价格比较的基础上，通过调整物价水平及评估生物资产质量系数的基础上，估算被评估生物资产价格的一种方法。

$$En = K \cdot M \cdot P \cdot Bi / B$$

K——被评估生物资产质量调整系数；

M——被评估生物资产包括的评估单位数；

P——参照物生物资产单位的交易价格（元/单位）；

B_i——参照物生物资产交易时的物价指数；

B——评估时日物价指数。

当被评估生物资产存在活跃市场时，使用现行市价法评估生物资产的价值过程较为简单,结果也较为客观。但被评估生物资产的价格受到不同于参照物价格的影响因素,如生产价格、供求关系等的影响时,会使评估值不太准确。

(四)市场价格倒算法

市场价格倒算法是用被评估生物资产的所有收益(包括已实现和预期的)的现值减去所有投入(已经投入和预期投入的)成本的现值及持有被评估生物资产合理利润的差,就是被评估生物资产的价值。

$$E_n = k \sum_{i=1}^{n} \frac{W_i(1+R)^{n-i+1}}{(1+R)^m} - \sum_{i=1}^{n} \frac{C_i(1+R)^{n-i+1}}{(1+R)^m} - \sum_{i=1}^{n} C_i \cdot R$$

K——被评估生物资产质量调整系数;

W_i——各期(包括已实现和预期的)收益;

C_i——各期(包括已投入和预期投入的)成本;

m——评估日以后被评估生物资产的剩余经济寿命;

n——被评估生物资产的经济寿命;

R——利率。

市场价格倒算法是收益现值法的另一种形式,当被评估的生物资产收益主要在评估时日以后时,理论上两者的评估结果相同,但当被评估的生物资产的收益在其经济寿命的整个期间内分布时,用市场价格倒算法则更为科学。

三、生物资产评估参数确定

(一)生物资产质量调整系数的 K 的确定

相同或类似生物资产的质量不一样,其影响因素很多,因此,生物资产的质量调整系数 K 是多个影响因素的调整系数(K_i)的综合。假设有 n 个影响因素,则 $K = f(K_1, K_2, K_3 \cdots \cdots K_n)$,常见的影响因素有以下几种,对应着不同的影响因素的调整系数(K_i)的确定方法。

(1)存活率(K_i)。不论对动物还是植物,存活率(r)都是一个重要的影响生物资产质量的因素。K_1值的确定:$K_1 = r$。

(2)资产整齐度(K_2)。指选定的被评估资产的某种指标整齐程度,可用方差表示。如果某种同年龄生物资产的生物外形特征相差不多,不但可以减少持有成本,还可以在市场上拥有较强的竞争力,相反如果良莠不齐,则会使该种资产的质量下降。K_2 值的确定：

$$K_2 = \sqrt{(V_1 - \overline{V})^2 / n}$$

其中 $\overline{V}$ 为被评估生物资产某指标的平均数，V_i 为该指标的单个数值，n 为被评估的生物资产包括的生物个体数，实际评估时可用抽取样本的方法确定，此时，

$$K_2 = \sqrt{(V_1 - \overline{V})^2 / (n - 1)}$$

对动物类生物资产而言，该指标可以选择体重；对草本植物而言，该指标可以选择株高；对木本植物而言，该指标可以选择树高和胸径。

（3）资产平均数（K_3）。指选定的被评估生物资产的某种指标的平均数与参照生物资产相应数的比值。K_3 的确定：$K_3 =$ 被评估生物资产选定指标的平均数/参照生物资产该指标的相应数值。对动物类生物资产，该指标可以选择平均体重；对草本类植物，该指标可选择平均株高；对木本植物，该指标可以选择为平均树高、平均单位面积蓄积和平均胸径。如果被评估生物资产是为连续获得产品而持有的生产性生物资产，在资产成熟以后，该指标为产品平均收获量。

（4）老化程度（K_4）。生物资产在成熟以后，随着时间的推移，其自身不断老化而使价值不断降低，如奶牛、经济林木等，对于这些生物资产。

K_4 的确定为：$K_4 =$ 被评估生物资产已收获年数/参照生物资产正常可收获总年数。

（5）立地质量（K_5）。对被评估植物类生物资产而言，如果生长条件（立地质量）越好，则将来的质量和产量一般越高，蕴含的经济潜力越大。K_5 的确定：

$$K_5 = \frac{被评估生物资产立地等级的标准收获量或积蓄}{参照生物资产立地等级的标准收获量或积蓄}$$

（6）距市场便利程度（K_6）。企业持有的各种生物资产只有运往市场才能最终实现经济利益的流入。距市场的便利程度不同，其运费不同。K_6 的确定为：

$$K_6 = \frac{被评估生物资产运往市场的单位运费}{参照生物资产运往市场的单位运费}$$

(二)生物资产评估利率 R 的确定

生物资产的经营周期一般都为几个月、几年甚至长达数十年,其投入资金的时间价值增长会非常显著,甚至占经营成本的绝大部分。在生物资产评估中,利率的确定至关重要。生物资产评估中采用的利率应由两部分构成。

(1)无风险利率。采用国家长期存款利率或者国家债券年利率。

(2)风险报酬。在经营生物资产的过程中风险主要有病虫害、火灾、风灾、自然灾害、旱灾、火灾等。例如根据营林生产的实际,商品林经营中的年风险报酬一般不超过 1%。

第五节　生物资产的期末计价

生物资产按历史成本与自然增值之和作为账面价值,会计期末,应按照账面与可变现净值孰低的原则,计提生物资产减值准备。由于生物资产的品种和质量往往差异较大,每种生物资产都有其独特的生物特征,又受市场和自然双重因素的影响,因此,必须对每一生物资产的数量、质量及公允价值认真清查,当生物资产可变现净值低于账面价值时,一般应按照品种、生长地点计提减值准备。企业应增设"消耗性生物资产跌价准备"和"生产性生物资产减值准备"两个科目,分别核算计提的消耗性生物资产跌价准备和计提的生产性生物资产减值准备。"消耗性生物资产跌价准备"和"生产性生物资产减值准备"可以按照成熟与未成熟设置明细账户。

一、消耗性生物资产跌价准备的计提

消耗性生物资产的账面价值等于历史成本与自然增值之和,历史成本是企业的实际支出,自然增值是由市场决定的潜在收益,因此,因为市场原因导致消耗性生物资产可变现净值低于账面价值的,其差额应首先冲减递延收益与消耗性生物资产的自然增值,此时,消耗性生物资产的历史成本仍能收回,只是本期收益减少了。假如递延收益与消耗性生物资产的自然增值不够冲减的,再冲减消耗性生物资产的历史成本,同时增加企业的管理费用。市场原因引起的消耗性生物资产可收回金额高于账面价值时,首先在已计提跌价准备的范围内增加消耗性生物资产的历史成本,若消耗性生物资产价值进一步恢复,再在已冲减的范围内增加生物资产的自然增值和递延收益。

(一)未成熟消耗性生物资产跌价准备的计提

当未成熟消耗性生物资产因市场原因导致可变现净值低于"未成熟消耗性生物资产(历史成本)"和"未成熟消耗性生物资产(自然增值)"之和时,按其差额,首先冲减"未成熟消耗性生物资产(自然增值)"账户和"递延收益(生物资产自然增值)"账户,会计分录为:

借:递延收益(生物资产自然增值)

　贷:未成熟消耗性生物资产(自然增值)

若"未成熟消耗性生物资产(自然增值)"账户和"递延收益(生物资产自然增值)"账户不够冲减,则继续冲减"未成熟消耗性生物资产(历史成本)"账户,会计分录为:

借:管理费用

　贷:消耗性生物资产跌价准备

当已计提跌价准备的未成熟消耗性生物资产的价值以后又得以恢复,会计分录为:

借:消耗性生物资产跌价准备

　贷:管理费用

其冲减的跌价准备金额,应以"消耗性生物资产跌价准备"科目的余额冲减至零为限。若生物资产的价值得以进一步恢复,会计分录为:

借:未成熟消耗性生物资产(自然增值)

　贷:递延收益(生物资产自然增值)

恢复"未成熟消耗性生物资产(自然增值)"账户和"递延收益(生物资产自然增值)"账户的金额应以以前冲减的数额为限。

(二)成熟消耗性生物资产跌价准备的计提

当成熟消耗性生物资产因市场原因导致可变现净值低于"成熟消耗性生物资产(历史成本)"和"成熟消耗性生物资产(自然增值)"之和时,按其差额,首先冲减"成熟消耗性生物资产(自然增值)"账户和"递延收益(生物资产自然增值)"账户,会计分录为:

借：递延收益（生物资产自然增值）

　　贷：成熟消耗性生物资产（自然增值）

若"成熟消耗性生物资产（自然增值）"账户和"递延收益（生物资产自然增值）"账户不够冲减，则继续冲减"成熟消耗性生物资产（历史成本）"账户，会计分录为：

借：管理费用

　　贷：消耗性生物资产跌价准备

当已计提跌价准备的成熟消耗性生物资产的价值又得以恢复，会计分录为：

借：消耗性生物资产跌价准备

　　贷：管理费用

其冲减的跌价准备金额，应以"消耗性生物资产跌价准备"科目的余额冲减至零为限，若生物资产的价值得以进一步恢复，会计分录为：

借：成熟消耗性生物资产（自然增值）

　　贷：递延收益（生物资产自然增值）

恢复"成熟消耗性生物资产（自然增值）"账户和"递延收益（生物资产自然增值）"账户的金额应以以前冲减的数额为限。

二、生产性生物资产减值准备的计提

生产性生物资产的账面价值等于历史成本与自然增值之和，历史成本是企业的实际支出，自然增值是由市场决定的潜在收益，因此，与消耗性生物资产跌价准备的计提一样，因为市场原因导致生产性生物资产可变现净值低于账面价值的，其差额应首先冲减递延收益与生产性生物资产的自然增值，此时，生产性生物资产的历史成本仍能收回，只是本期收益减少了。假如递延收益与生产性生物资产的自然增值不够冲减，再冲减生产性生物资产的历史成本，同时计入企业的营业外支出。市场原因引起的生产性生物资产可收回金额高于账面价值时，首先在已计提减值准备的范围内增加生产性生物资产的历史成本，若生产性生物资产价值进一步恢复，再在已冲减的范围内增加生物资产的自然增值和递延收益。

（一）未成熟生产性生物资产减值准备的计提

当未成熟生产性生物资产因市场原因导致可变现净值低于"未成熟生产性生物资产（历史成本）"和"未成熟生产性生物资产（自然增值）"之和时，按其差额，首先冲减"未成熟生产性生物资产（自然增值）"账户和"递延收益（生物资产自然增值）"账户，会计分录为：

借：递延收益（生物资产自然增值）

　贷：未成熟生产性生物资产（自然增值）

若"未成熟生产性生物资产（自然增值）"账户和"递延收益（生物资产自然增值）"账户不够冲减，则继续冲减"未成熟生产性生物资产（历史成本）"账户，会计分录为：

借：营业外支出

　贷：生产性生物资产减值准备

当已计提减值准备的未成熟生产性生物资产的价值又得以恢复，会计分录为：

借：生产性生物资产减值准备

　贷：营业外支出

其冲减的减值准备金额，应以"生产性生物资产减值准备"科目的余额冲减至零为限，若生物资产的价值得以进一步恢复，会计分录为：

借：未成熟生产性生物资产（自然增值）

　贷：递延收益（生物资产自然增值）

恢复"未成熟生产性生物资产（自然增值）"账户和"递延收益（生物资产自然增值）"账户的金额应以以前冲减的数额为限。

（二）成熟生产性生物资产减值准备的计提

当成熟生产性生物资产因市场原因导致可变现净值低于"成熟生产性生物资产（历史成本）"和"成熟生产性生物资产（自然增值）"之和时，按其差额，首先冲减"成熟生产性生物资产（自然增值）"账户和"递延收益（生物资产自然增值）"账户，会计分录为：

借：递延收益（生物资产自然增值）

　贷：成熟生产性生物资产（自然增值）

　　若"成熟生产性生物资产（自然增值）"账户和"递延收益（生物资产自然增值）"账户不够冲减，则继续冲减"成熟生产性生物资产（历史成本）"账户，会计分录为：

　　借：营业外支出

　　　贷：生产性生物资产减值准备

　　当已计提减值准备的成熟生产性生物资产的价值又得以恢复，会计分录为：

　　借：生产性生物资产减值准备

　　　贷：营业外支出

　　其冲减的减值准备金额，应以"生产性生物资产减值准备"科目的余额冲减至零为限，若生物资产的价值得以进一步恢复，会计分录为：

　　借：成熟生产性生物资产（自然增值）

　　　贷：递延收益（生物资产自然增值）

　　恢复"成熟生产性生物资产（自然增值）"账户和"递延收益（生物资产自然增值）"账户的金额应以以前冲减的数额为限。

三、农产品跌价准备的计提

　　农产品的账面价值是"农产品"和"递延农产品价值"两个会计科目的账面价值之和，当农产品的可变现净值低于账面价值时，说明因生物资产的自然增值而产生的递延农产品价值将不能完全实现，此时，应冲减"递延农产品价值"账户账面价值，若不够冲减，则应冲减历史成本即"农产品"账面价值，此时说明农产品的历史成本已经部分或全部不能得到补偿。当农产品的可变现净值恢复时，应作相反的会计分录。

　　当农产品因市场原因导致可变现净值低于"农产品"和"递延农产品价值"之和时，按其差额，首先冲减"递延农产品价值"账户和"递延收益（生物资产自然增值）"账户，会计分录为：

　　借：递延收益（生物资产自然增值）

　　　贷：递延农产品价值

　　若"递延农产品价值"账户和"递延收益（生物资产自然增值）"账户不够冲减，则继续冲减"农产品"账户，会计分录为：

借:管理费用

　　贷:存货跌价准备(农产品跌价准备)

当已计提跌价准备的农产品的价值又得以恢复,会计分录为:

借:存货跌价准备(农产品跌价准备)

　　贷:管理费用

其冲减的跌价准备金额,应以"存货跌价准备(农产品跌价准备)"科目的余额冲减至零为限,若农产品的价值得以进一步恢复,会计分录为:

借:递延农产品价值

　　贷:递延收益(生物资产自然增值)

恢复"递延农产品价值"账户和"递延收益(生物资产自然增值)"账户的金额应以以前冲减的数额为限。

第六节　生物资产非常损失的会计处理

生物资产的历史成本是企业在各期的实际投入,自然增值是由市场决定的潜在收益,因此,如果生物资产由于遭受病虫害、动物疫病侵袭以及自然灾害等非常原因导致可收回金额低于账面价值(历史成本与自然增值之和)的,应将减值的金额按生物资产历史成本和自然增值的比例,分别冲减生物资产的历史成本和自然增值。将历史成本减少的金额计入当期的营业外支出,将自然增值减少的金额冲减递延收益。

设:生物资产非常损失的金额为 c,因非常损失冲减生物资产的历史成本和营业外支出的数额为 a,因非常损失冲减生物资产的自然增值和递延收益的数额为 b,生物资产历史成本账户冲减以前的账面价值为 d,生物资产自然增值账户冲减以前的账面价值为 e,则 $a=cd/(d+e)$;$b=ce/(d+e)$ 或 $c-a$。

(1)未成熟消耗性生物资产非常损失的会计分录为:

借:营业外支出

　　贷:未成熟消耗性生物资产(历史成本)

借:递延收益(生物资产自然增值)

　　贷:未成熟消耗性生物资产(自然增值)

（2）成熟消耗性生物资产非常损失的会计分录为：

借：营业外支出

　　贷：成熟消耗性生物资产（历史成本）

借：递延收益（生物资产自然增值）

　　贷：成熟消耗性生物资产（自然增值）

（3）未成熟生产性生物资产非常损失的会计分录为：

借：营业外支出

　　贷：未成熟生产性生物资产（历史成本）

借：递延收益（生物资产自然增值）

　　贷：未成熟生产性生物资产（自然增值）

（4）成熟生产性生物资产非常损失的会计分录为：

借：营业外支出

　　贷：成熟生产性生物资产（历史成本）

借：递延收益（生物资产自然增值）

　　贷：成熟生产性生物资产（自然增值）

第七节　课后训练

（1）为降低成本，某农业公司从市场一次性购入 6 头种牛，价 30000 元；4 头肉猪，价 14000 元；11 株橡树苗，价 6000 元。运费 800 元，保险 500 元，装卸 600 元，以银行存款支付。

（2）甲公司有一出租车队，现以部分汽车交换乙公司的消耗性生物资产。汽车原价 150000 元，累计折旧 15000 元，未提减值准备。甲发生运费 2100 元。消耗性生物资产价值 161000 元，甲另付银行 1000 元。

（3）某公司管护一片森林，2020 年 3 月发生森林管护费 40000 元，其中人员工资 20000 元，使用库存肥料 16000 元，管护设备折旧 4000 元。管护总面积为 5000 公顷，其中用材林杨树 4000 公顷，已郁闭的占 75%，其余尚未郁闭；水土保湿林马尾松 1000 公顷，全部郁闭。管护费用按面积比例分配。

（4）夏日农业公司购买 15 头未成年奶牛，支付价款 15000 元，发生运费

1000元,装卸费500元,以银行存款支付。

(5)春光农业公司从市场上一次性购买了8头种牛、12头种猪和550头猪苗,单价分别为4500元、1450元和300元,支付的价款共计218400元。此外,发生运输费5000元,保险费4000元,装卸费3300元,款项全部以银行存款支付。

(6)某林业公司购入农户已郁闭成林的杨树200亩(1亩=1/15公顷,下同)作为造纸原料林,共支付价款650000元,以银行存款支付。

(7)某农业公司使用一台拖拉机翻耕土地150公顷,用于大豆和玉米的种植,其中,80公顷种植玉米,70公顷种植大豆。该拖拉机原值为60300元,预计净残值为300元,按照工作量法计提折旧,预计可翻耕土地6000公顷。

(8)甲企业于2020年6月入库小麦60吨,成本为45000元。甲企业的账务处理。

(9)某种植企业收割小麦发生机械作业费500元,人员工资2500元。企业的账务处理。

(10)甲畜牧养殖企业将育成的45头肉羊出售给乙食品加工厂,价款总额为30000元,货款尚未收到。出售时肉羊的账面余额为15000元,未计提跌价准备。甲企业的账务处理。

第三章 生物资产初始确认时的会计核算

第一节 生物资产会计核算的基本理论

确认就是将某项经济业务涉及的事项作为资产、负债、所有者权益、收入、费用、或其它要素正式列入财务报表的过程。

一、生物资产会计核算的原则

生物资产会计核算应在遵循会计核算四个基本前提和一般原则的基础上,按照其特有的原则进行:

（一）全面性原则

要求生物资产的核算应能反映出发挥经济作用的生物资产在企业的全貌,即将企业中发挥经济作用的各种生物资产全部以价值形式反映出来,不能遗漏。企业生物资产不论是外来的还是自产的,均应确认入账。生物资产的实际成本和生物资产的自然增值也都应确认入账。

（二）时间性原则

未成熟生物资产在发育成熟的过程中,不但实际成本会增加生物资产价值,生物资产的自然增值也会增加其价值。生物资产成熟以前,在正常的生产经营条件下,经过的时间越长,自然增值的作用越大。成熟生物资产也会发生自然增值,只是其增值数额的实际核算方法与未成熟生物资产不同。

（三）两种计量属性原则

用历史成本原则来计量生物资产时,由于生物资产自身的生物转化,使历史成本不能反映生物资产的实际价值,因此,用历史成本计量生物资产结果固然较为可靠,但却对投资者的决策影响较小,相关性很差。同样,以公允价值为基础计量生物资产,相关性强而可靠性差,最终可能使相关性失去意义。所以,在生物资产会计核算中,为了在相关性和可靠性之间找到一个平衡点,既不能单纯以历史成本来计量,也不能单纯以公允价值的方法来计量,而应该以历史成本加自然增值的方法来确定生物资产的账面价值。其中,历史成本以实际发生额入账,是原始成本的计量方法;自然增值采用历史成本时间价值的金额入账,是未来现金流入现值的计量方法。

二、生物资产会计核算的对象

生物资产会计核算的对象是农业企业所持有生物资产的价值运动,生物资产会计核算应能反映生物资产的历史成本、自然增值及其变动情况。生物资产的价值运动如图 3-1 所示。

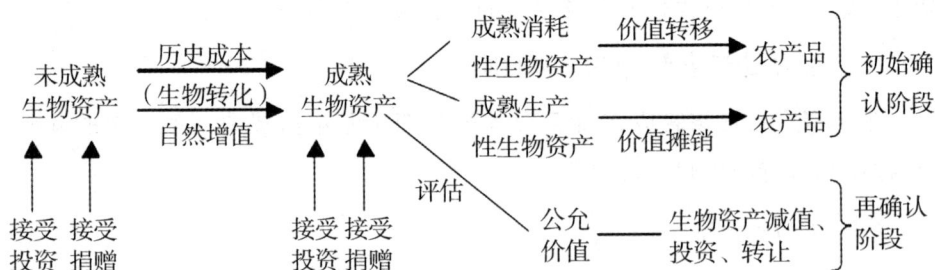

图 3-1　生物资产的价值运动

生物资产的初始确认分为历史成本的初始确认和自然增值的初始确认,这两部分之和构成了生物资产的账面价值。消耗性生物资产在成熟以后,其价值将一次性转移到所收获的农产品中,生产性生物资产在成熟以后,其价值将通过折旧的方式逐渐转移到所连续收获的农产品中。在期末,应对生物资产按可变现净值与账面价值孰低原则计提生物资产减值准备。生物资产也可以通过投资、转让等方式实现所有权的转移,生物资产在进行再确认时需要对生物资产的价值进行评估。

第二节　生物资产会计信息的相关性和可靠性

一、会计信息的相关性和可靠性

(一)会计信息的相关性

相关性要求提供的信息应与企业经营决策、投资者和债权人决策以及经营者管理目标相关。美国财务会计准则委员会认为,一项信息是否具有相关性主要由三个因素所决定:预测价值、反馈价值和及时性。如果一项信息能帮助决策者预测经济事项的未来结果,则此项信息就具有预测价值,决策者可根据预测的未来结果做出最佳决策;反馈价值是衡量会计信息在帮助使用者证实和校正前期预测能力方面的指标;及时性是指信息应在失去影响决策能力之前提供给决策者。

(二)会计信息的可靠性

可靠性是指会计信息能真实地反映企业的财务状况和经营成果,同时信息使用者也能够依据或者能相信所报告的信息。可靠性包括三个因素:反映真实性、可核性和中立性。反映真实性是指一项计量和叙述与其所表述的现象或状况一致或吻合,其目的是为了减少计量方法的偏差,使信息更能表述经济活动的真实情况,从而使其更具可靠性。可核性是指独立的计量人采用相同的计量方法会得出一致的结果。由于相关利益人从各自的立场出发,往往会对业绩的评价持不同的意见,矛盾冲突是难以避免的,因而可核性就成为协调众多利益关系人矛盾冲突的最佳方法。中立性是指在制定或实施各种准则时,应当主要关心所得信息的相关性和可靠性,而不是偏重新规则对特定利益者的影响。

(三)相关性和可靠性的权衡

相关性和可靠性是同等重要的会计信息特征,有用的信息一要可靠,二要相关,早已成为信息使用者和信息提供者的共识。然而,如果说信息的有用性是其相关性和可靠性的函数的话,那么相关性和可靠性之间就不一定互为函数的关系。在某种情况下,有的信息相关性很好,但可靠性很差;有的信息可靠性很好,但相关性较差。相关性与可靠性并非总在同一方向上影响信息的有用性,但是又必须尽可能统一于信息有用性原则之下。如果信息相关性失去了可靠性的支持,那就会降低甚至失去相关性,它们会对信息使用者产生误导作用。如果信息虽然真实可靠,但与使用者的需求相去甚远,也会因不具备相关性而失去可靠性存在的意义。因此,在实际中,要提供高质量的信息,相关性和可靠性应综合考虑,以与经济环境相适应。目前,我国与发达国家的会计环境相差甚远,会计信息失真相当普遍,没有强大的外部投资者的信息需求。在要求会计信息相关性的同时,强调会计信息的可靠性,更具有现实意义。

二、生物资产会计信息的相关性与可靠性

相关性和可靠性是会计信息质量的主要特征,在生物资产的会计核算中也是必须考虑的。目前,计量生物资产的方法主要有两种:历史成本与公允价值。用这两种方法计量生物资产时形成的会计信息的相关性和可靠性是不同的,即提供的会计信息的质量不同。

(一)以历史成本计量生物资产:可靠性较强而相关性较差

历史成本原则,又称实际成本原则,是指企业取得的各种财产物资,形成的各种权益或债务,都应当按照取得或形成当时的实际成本作为核算的依据。以历史成本原则计量生物资产时,所有直接或间接可归入生物资产的历史成本都应计入生物资产的价值,以企业各期实际的投入之和作为生物资产的账面价值。假如企业各期分 n 次对生物资产的投入分别为 A_1,A_2,$\cdots$,A_n,则生物资产的账面价值为 A_1,A_2,$\cdots$,A_n 之和。以历史成本作为生物资产的入账价值,这是大部分理论和实践工作者持有的观点。因为历史成本比较客观,资料容易取得,且具有可验证性,与其他计量属性相比,较少估计,因此,历史成本原则具有较强的可靠性和可操作性,但缺乏相关性是历史成本原则的重要缺陷。生物资产包括的范围极广,生长周期长短不一,总的来说是企业生产生物资产的周期比非生物资产的周期长的多,由于生物资产的自然增值作用显著,仅以账面上的历史成本很难反映生物资产的实际价值。另外,用历史成本计量往往使生物资产账面价值失去可比性,一片生长了 20 年的林木资产和另

一片只生长了 10 年的同面积、同品种的林木资产历史成本可能相差不大,而其实际价值却相差很多。生物资产由于受市场和自然双重因素的影响,以历史成本原则计量时,会计信息的相关性将会更弱,甚至使会计信息失去意义。

(二)以公允价值为基础计量生物资产:相关性较强而可靠性较弱

《国际会计准则 41 号——农业》(IAS41)主张企业用公允价值取代历史成本对生物资产和农产品进行计量。公允价值是在双方自愿的基础上,在非强制清算或销售情况下,一项资产(负债)可以转换的金额。公允价值的定义是有局限性的,只有在简单市场条件下,这样的定义才可以成立,而在复杂市场(现实市场)条件下,它存在着三种可选择的价值形式:买入价、卖出价和在用价值。这三种价值不是必然相等的,因此在许多情况下,公允价值无法计量,存在着估计的问题,需要采用定价模型或未来现金流量模型来解决。与历史成本原则比较,公允价值由于基于市场信息而产生,具有较强的相关性。但是,公允价值的可靠性却是其致命的弱点,因为公允价值需要通过估计来获得,而无论估价技术多么先进,其可靠性都难以令人满意,甚至会发生操纵行为。

公允价值是市场对资产在某一时刻进行的估价,在以公允价值为基础计量生物资产时,在理论上可以反映生物资产的历史成本价值和自然增值,其中自然增值的金额是由市场决定的,这就克服了用历史成本计量生物资产不能反映自然增值的缺点。但在以公允价值为基础计量生物资产时,公允价值缺乏可靠性的缺点也更为明显。生物资产毕竟不同于一般的工业产品,在世界范围内缺乏国际性的通用标准,品种和质量在各地差异很大,也缺乏公开活跃的市场来衡量它们的价值。如果用“现金流量折现”方法来确定它们的公允价值,由于生物资产的产品各年产量变化较大,价格也会发生较大的波动,预期的现金流量与实际情况也会发生较大出入。用公允价值作为生物资产初始确认时的入账价值带有很大的主观性,资料不容易取得,且没有可验证性。另外,用公允价值也往往会与现实情况不符,例如,一个生长周期为 20 年的菠萝在生长的最初几年,其生物特性变化不明显,故此时公允价值与成本相差不大,但最初几年的生长却是菠萝整个生命周期中不可缺少的部分,因此,在这段时间里,虽然菠萝的生物外形变化较小,但却实现了自然增值。我国的国土面积广大,生物资产的数量、质量和品种在各地的差别也很大。我国的农产品市场并不完善,很难确定某种生物资产客观实际的公允价值。以公允价值计量生物资产除了会遇到上面的困难外,有些生物资产缺乏公开活跃的市场来衡量其价值(如鸵鸟养殖企业养殖的鸵鸟)。另外,由于自然条件的差异,位于不同地域的农业企业取得同种生物资产的成本不同,以公允价值作为生物资产账面价值的基础时,成本不同的生物资产也可能具有相同的账面价值,这违背了会计是对会计主体经济活动进行反映和控制的基本职能。因此,目前我国的农业企业采用 IAS41 对生物资产进行计量不太现实。事实上,IAS41 和 AASB1037 早已生效,但由于一些实际问题没有解决而一直未能执行,这个实际问题其实就是公允价值的实际可操作性及缺乏可靠性问题。

(三)生物资产价值计量时相关性和可靠性的权衡

生物资产价值的计量应当在充分考虑相关性和可靠性的基础上进行,在我国目前的会计环境下,仍应侧重于可靠性,但应在可靠性的基础上,使生物资产的账面价值与其实际价值尽可能地接近,即考虑相关性问题。如果只强调可靠性(如以历史成本原则计量生物资产的账面价值),不考虑相关性,就会与使用者的需求相去甚远,也会因不具备相关性而失去可靠性存在的意义。如果只强调相关性(如以公允价值为基础计量生物资产的账面价值),不考虑可靠性,则相关性就会降低,甚至失去相关性,它们会对信息使用者产生误导作用。因此,在生物资产的历史成本与自然增值的初始确认中,都应当以企业的实际成本作为基础,其中历史成本以实际发生额作为入账价值,采用原始成本计量属性;自然增值对未成熟生物资产来说,以实际发生额的时间价值入账,采用未来现金流入现值计量属性,自然增值对成熟生物资产来说,根据重要性原则,以估计的金额入账。总的说来,农业企业生物资产的账面价值由两部分构成,即历史成本和自然增值。历史成本是企业各时期的各种实际投入,自然增值对于成熟生物资产来说,根据重要性原则,可以按当时市场价格估计的金额作为计量自然增值的依据;对于未成熟生物资产来说,自然增值则为企业各时期的各种实际投入资金按一定的投资回报率计算的时间价值。确定了生物资产的账面价值以后,在会计期末,就可以根据账面与可变现净值孰低原则对已经发生减值的生物资产计提减值准备。

第三节 未成熟生物资产历史成本的初始确认

农业企业生物资产可以通过自产或外购两种途径取得,生物资产的账面价值包括历史成本和自然增值两部分。在生物资产达到预定使用状态前,生物资产的账面价值应是在该生物资产上各个时期的各种投入加上生物资产的自然转化增值。

生物资产账面价值＝在该生物资产上的各个时期的各种投入＋生物资产的自然转化增值

其中,"在该生物资产上的各个时期的各种投入"就是历史成本。本节考虑的就是生物资产初始确认时对历史成本进行的核算。生物资产历史成本的计量应按原始成本计量属性,在实际发生时按实际发生额入账。如工业企业原材料成本、人工成本及分配的制造费用等构成工业产品的价值一样,农业企业在生物资产上的各个时期的各种投入也构成生物资产价值的重要组成部分。

企业自产生物资产的历史成本一般应包括以下成本项目。

(1)直接材料,指生产中耗用的自产或外购的种子、种苗、肥料、饲料等。

(2)直接人工,指直接从事生产人员的工资、工资性津贴、奖金、福利费等。

(3)直接机械作业费,指生产过程中进行播种、施肥、喷药等机械作业所发生的费用支出。

(4)其他直接费,指除直接材料、直接人工和机械作业费以外的其他直接费用。

(5)制造费用,指应摊销、分配计入各生物资产价值的间接生产费用。如林木资产在林木资产成熟以前,历史成本包括购买种子费用或幼苗费用、人工培育管护费用、化肥农药费以及按一定方法分配的制造费用等,水电费等不可直接归属于某一种生物资产价值的成本费用应先在制造费用中归集,然后按一定方法进行分配。对于外购的生物资产,历史成本包括买价、运输费、保险费、检验费等费用。

与工业产品的历史成本不同的是,企业对生物资产的人工投入,受生物资产自身生长周期和生长特点的影响,可能会分布在一段很长的时间内,各时期的投入也会相差很大。

为了核算未成熟生物资产的价值,需设置"未成熟消耗性生物资产"和"未成熟生产性生物资产"两个资产类会计科目。在"未成熟消耗性生物资产"科目下,设置"历史成本"二级科目,核算未成熟消耗性生物资产的历史成本;在"未成熟生产性生物资产"科目下,设置"历史成本"二级科目,核算未成熟生产性生物资产的历史成本。这几个科目都是资产类科目,借方记录资产的增加,贷方记录资产的减少。未成熟生物资产的历史成本应按实际发生额入账。

企业在未成熟生物资产上实际投入发生时的会计分录为:

借:未成熟消耗性生物资产(历史成本)

　贷:银行存款、应付工资、原材料等

或者,借:未成熟生产性生物资产(历史成本)

　贷:银行存款、应付工资、原材料等

在将制造费用按一定方法分配计入生物资产的历史成本时,会计分录为:

借:未成熟消耗性生物资产(历史成本)

　贷:制造费用

或者,借:未成熟生产性生物资产(历史成本)

　贷:制造费用

企业在核算未成熟生物资产的历史成本时,应按未成熟生物资产类别、所属部门进行明细分类核算。未成熟生物资产的历史成本一直核算至生物资产成熟时为止。

【例3-1】 某农业企业于2020年3月种植100亩果树,准备在果树成熟以后的年份销售果品获得收益,发生的种苗费、运输费、保险费等共计200000元,应付工人工资50000元,企业应作的会计分录为:

借:未成熟生产性生物资产(历史成本)　　　　　　　　　250000

　贷:银行存款　　　　　　　　　　　　　　　　　　　200000

　　应付工资　　　　　　　　　　　　　　　　　　　 50000

此时,"未成熟生产性生物资产(历史成本)"的账面余额为250000元,至这100亩果树成熟以前,每当有实际成本发生时,都应作类似的会计处理。

第四节　未成熟生物资产自然增值的初始确认

　　生物资产是企业的经济资源,虽然生物资产和非生物资产的形式不同,价值转化的机理也不一样,但从本质上来说,不论企业经营管理生物资产还是非生物资产,都是谋求资金增值的手段,使收回投资时的资金大于原始投入,生物资产的自然增值是对较长时间占用资金的补偿。

　　对于未成熟生物资产,企业持有生物资产的目的是利用生物资产的转化功能,使生物资产在成熟时可以变现的价值大于原始投入,实现投入资金的增值。在达到预定使用状态前,企业对这些生物资产的各个时期的各种投入都在为生物资产的生物转化创造条件。因此,在生物资产达到预定使用状态前,生物资产的价值应是投入在该生物资产上的各个时期的各种投入加上生物的自然转化增值,即,生物资产账面金额＝在该生物资产上的各个时期的各种投入＋生物资产的自然转化增值。其中,"在该生物资产上的各个时期的各种投入"就是历史成本;"生物资产的自然转化增值"就是自然增值,等于历史成本的时间价值。

　　未成熟生物资产在成熟以前的任何时点上,下列等式成立。

　　(1)企业在任何时点上出售任何资产(包括生物资产),都有:

$$可变现价值＝投入资金＋资金增值$$

　　(2)生物资产的价值包括历史成本和自然增值:

$$生物资产价值＝历史成本 ＋自然增值$$

　　(3)理论上,企业持有的生物资产变现时,其价值应与可变现净值相等:

$$生物资产价值＝可变现价值$$

　　(4)生物资产的历史成本就是企业在该生物资产上投入的资金:

$$历史成本＝投入资金$$
$$自然增值＝资金增值$$

生物资产的自然增值的数额在本质上等于投入资金即历史成本的时间价值。如果知道了生物资产的投入资金、投资报酬率、投入资金经过的时间就可以计量未成熟生物资产在各个时点上的自然增值。

理论上的公式如下（假如资金只在开始时一次投入）：

$$B = A(1+R)^T - A$$

A——生物资产的初始投入（历史成本）；

B——生物资产的自然增值额；

R——该生物资产的投资报酬率；

T——投入资金经过的时间。

实际上，企业的投入大部分是分次投入的，假如分 n 期投入，分别为 A_1，$A_2 \cdots$，An，令各期投入之和 $A = A_1 + A_2, \cdots, A_n$，则公式变为：

$$B = A_1(1+R)^T + A_2(1+R)^{T-1} + \cdots + A_n(1+R)^{T-n+1} - A$$

若每年的投资报酬率不同，假如分别为 $R_1, R_2, \cdots, R_n$，则公式变为：

$$B = A_1(1+R_1)(1+R_2)\cdots(1+R_T) + A_2(1+R_2)\cdots(1+R_T) + $$
$$An(1+R_n)\cdots(1+R_T) - A$$

以上公式从理论上来说是生物资产从未成熟至成熟这段时间内自然增值的总额，即各期历史成本的复利终值。但在实际中，假如只在生物资产成熟时一次计算生物资产的自然增值数额，不但计算十分复杂，而且不能及时反映生物资产的真实价值。因此，应在生物资产从未成熟到成熟的过程中，分时间段计算生物资产的自然增值。自然增值数额即为企业实际投入资金（历史成本）的时间价值，也是企业持有该未成熟生物资产的收益，这种收益只有在企业从该种生物资产上收获产品出售或将该生物资产出售时才能实现，因此，是一种未实现的收益，应记入"递延收益"账户，待现实时，再从"递延收益"账户转出。

在理论上应按复利方法计算生物资产的自然增值，但按复利方法计算生物资产的自然增值很麻烦，可以将复利按公式转换为单利，按单利的方法计算。设某年单利利率为 r_i，复利利率为 R_i，一年分 m 段计算复利，则在第 i 年，有下列公式成立：

$$A_i + A_i r_i m = A_i(1+R_i)^m$$

所以：

$$r_i = \frac{(1+R_i)^m - 1}{m}$$

在第 i 个时间段内，生物资产的自然增值为 $A_i r_i$，即 $A_i \dfrac{(1+R_i)^m - 1}{m}$。

A_i 为每次计算利息时期初的数值，是生物资产的历史成本，即"未成熟消耗性生物资产（历史成本）"或"未成熟生产性生物资产（历史成本）"的账面价值。在每一个计算生物资产的时间段内，都可能有实际成本发生，为了计算的方便及使会计核算符合谨慎性要求，可以规定本期的实际成本不计入本期的期初数而记入下期的期初数，即在计算生物资产自然增值 $A_i r_i$ 时，第 i 期的实际成本不计入 A_i 中，而记入第 $i+1$ 期的 A_{i+1} 中。如以一个月为期限计算生物资产的自然增值时，$r_i = \dfrac{(1+R_i)^{12} - 1}{12}$，假如某月的期初数为 A_i，本月发生的实际成本为 a，则本月生物资产的自然增值额为 $A_i r_i$，下月生物资产的自然增值额为 $A_{i+1} \cdot r_i$，且：

$$A_i + 1 r_i = (A_i + a) r_i$$

为了核算未成熟生物资产的自然增值，企业应在"未成熟消耗性生物资产"和"未成熟生产性生物资产"两个科目下分别设置"自然增值"二级科目。借方核算生物资产自然增值的增加额，贷方核算生物资产自然增值的减少额，同时，借记或贷记"递延收益（生物资产自然增值）"科目。

在计算生物资产自然增值的公式中，各期的实际成本 $A_1, A_2, \cdots, A_n$ 都可以从账面上得到，关键是确定 $R_1, R_2, \cdots, R_n$。按马克思政治经济学中平均利润率原理，在一个自然经济条件大致相同的区域内，在各农业大类如种植业、林业、畜牧业、渔业内部，投资利润率是相同的，如种植业内部的粮、棉、油等投资回报率相同，因此，财政部门可以根据一定的统计数据测定各地区的种植业、林业、畜牧业、渔业四大类的投资回报率。科学预测一个较长时间内的投资回报率，分地区时应注意社会及自然条件在各地区内部应大致相同。这项工作也可以授权各个地方财政部门进行，并报中央财政部门备案，以适应我国自然条件千差万别的现实，还可以减少测定成本，增加实际会计核算中的可操作性。测定的投资回报率即为生物资产自然增值额计算公式中的 R_i 或 r_i。

有关生物资产自然增值,还需要说明以下一些问题。

(1)从理论上说,历史成本的时间价值等于未成熟生物资产的自然增值。计算历史成本的时间价值时使用的投资报酬率不可能完全等于生物资产未来现金流量的折现率,因为未来现金流量只能用预测的办法获得。因此,用此方法计算的账面价值只是对生物资产在某个时点上实际价值的一种逼近。由于各企业都是以历史成本及统一的投资报酬率来计算生物资产的账面价值,这就在各企业的生物资产之间建立了可比性,克服了仅以历史成本入账与生物资产实际价值相差甚远的缺点,也减少了各企业以公允价值计量生物资产时的主观性,增强了可比性。确定了生物资产的账面价值以后,在会计期末,就可以根据账面与可变现净值孰低原则对生物资产的账面价值进行调整。

(2)农业中的许多生物资产是一年生的,当年即可收获农产品,生物资产的自然增值很小。因此,根据重要性原则,可以不计算一年生生物资产的自然增值数额,即按照上面的方法计算的自然增值仅适用于多年生生物资产,对一年生生物资产按历史成本原则核算。

(3)从生物资产自然增值的计算公式可以看出,生物资产的自然增值与生物资产的外形没有必然的联系。有些生物资产在其生命周期的某一段时间内可能生长较为缓慢,甚至在生物外形上没有变化,如为期20年的菠萝在生长地的最初几年。但这并不能否认该种生物资产在这段时间内也发生了自然增值,因为在这段时间内虽然生物资产的外形变化较小,但却是该种生物资产的生命周期中不可缺少的部分,生物资产不会因其持有人不同而延长或越过这个阶段。因此,对任何企业来说,生物资产在这段时间内都会发生自然增值。

(4)劳动生产率较低的企业,同类生物资产的账面价值较高。效率低的工业企业,其同种产品的生产成本较高,故该种产品的账面价值也较高,在会计期末,需要根据账面与可变现净值孰低原则对已经发生减值的资产计提减值准备。与工业企业一样,效率低的农业企业,生物资产的历史成本较高,在相同的时间内,生物资产自然增值的数额也会较大,生物资产的账面价值也就越高,这是不同的企业都按统一的投资回报率计算的原因。这种情况也与现实情况相符,持有相同生物资产的企业(尤其这些企业处在自然经济条件大致相同的同一区域时),它们对持有该种生物资产的预期投资回报率从总体上来说是相同的,相同的资金占用在相同的时间内应该有相同的投资回报。生物资产的账面价值等于历史成本与自然增值之和,需要在期末根据账面与可变现净值孰低原则进行调整,即过多的自然增值额将在期末时调低,从而使账实相符。

(5)用历史成本的时间价值方法计算生物资产自然增值与用未来现金流量折现的方法计算生物资产的公允价值不同。在用未来现金流量折现的方法计算生物资产的公允价值时,其未来收益、时间与折现利率三因素都是估计得来的。因此,假如用这种方法确定的公允价值作为生物资产的账面价值,会计主体存在很大的人为操纵空间,主观性是其致命弱点,在企业的实际工作中也不具有可操作性。而用历史成本的时间价值方法计算生物资产的自然增值时,计算的基础即历史成本是客观的,生物资产在未成熟以前,于某一期计算自然增值时,时间便是确定的,投资回报率由权威部门用科学的方法测定,各企业都遵照执行,也是确定的。因此,用这种方法确定生物资产的账面价值是可靠的,企业基本上无法进行人为操纵,在期末需要根据账面与可变现净值孰低原则对生物资产的账面价值进行调整。生物资产的账面价值是对生物资产在某一时点实际价值的一种最大限度的逼近,具有相关性;各企业生物资产的账面价值由于确定的基础相同,核算的方法一致,具有可比性。

【例3-2】 某农业企业按规定每月核算一次生物资产的自然增值,其持有的未成熟的一百亩苹果树2020年4月初累计实际成本发生额即未成熟生产性生物资产(历史成本)的账面价值为300000元,未成熟生产性生物资产(自然增值)的账面价值为150000元,4月份发生的实际成本为10000元,5月份实际成本为8000元,地方财政部门规定林业的利润率(r_i)是每月1%。计算自然增值的会计处理如下。

(1)4月份。

由于本月实际成本发生额在计算自然增值时计入5月份,故本月自然增值数额等于$300000 \times 1\% = 3000$元,会计分录为:

借:未成熟生产性生物资产(历史成本)　　　　　　　　　10000

　　贷:银行存款　　　　　　　　　　　　　　　　　　　10000

借:未成熟生产性生物资产(自然增值)　　　　　　　　　　3000

　　贷:递延收益(生物资产自然增值)　　　　　　　　　　3000

4月末,未成熟生产性生物资产(历史成本)的账面价值为310000元,未成熟生产性生物资产(自然增值)的账面价值为153000元。未成熟生产性生物资产账面价值就为历史成本与自然增值之和,即未成熟生产性生物资产的账面价值是310000+153000=463000元。

(2)5月份。

本月计算生物资产自然增值的基础是4月末未成熟生产性生物资产(历史成本)的账面价值,5月份发生的实际成本将记入6月计算自然增值的基数,故5月自然增值数额等于310000×1‰ = 3100元,会计分录为:

借:未成熟生产性生物资产(历史成本)　　　　　　　　8000

　　贷:银行存款　　　　　　　　　　　　　　　　　　8000

借:未成熟生产性生物资产(自然增值)　　　　　　　　3100

　　贷:递延收益(生物资产自然增值)　　　　　　　　3100

4月末,未成熟生产性生物资产(历史成本)的账面价值为318000元,未成熟生产性生物资产(自然增值)的账面价值为156100元。未成熟生产性生物资产账面价值就为历史成本与自然增值之和,即未成熟生产性生物资产的账面价值是318000+156100=474100元。

未成熟消耗性生物资产的账面价值等于未成熟消耗性生物资产(历史成本)的账面价值和未成熟消耗性生物资产(自然增值)的账面价值之和;未成熟生产性生物资产的账面价值等于未成熟生产性生物资产(历史成本)的账面价值和未成熟生产性生物资产(自然增值)的账面价值之和。

第五节　成熟生物资产的初始确认

一、成熟消耗性生物资产的初始确认

为了核算成熟消耗性生物资产的账面价值,应增设成熟消耗性生物资产科目,同时在此科目下,增设历史成本和自然增值两个二级科目。未成熟消耗性生物资产在成熟时,应将其账面价值转入成熟消耗性生物资产账户,相应的会计处理为:按未成熟消耗性生物资产(历史成本)的账面价值,借记成熟消耗性生物资产(历史成本)科目,按计提的消耗性生物资产跌价准备,借记消耗性生物资产跌价准备,贷记未成熟消耗性生物资产(历史成本);按未成熟消耗性生物资产(自然增值)的账面价值,借记成熟消耗性生物资产(自然增值)科目,贷记未成熟消耗性生物资产(自然增值)。

为维持成熟消耗性生物资产的生命而发生的实际成本,应记入营业费用账户,而不应记入成熟消耗性生物资产(历史成本)账户。对于成熟消耗性生物资产而言,由于已经达到了企业的预定使用状态,企业对这些生物资产的后续投入只是对它们进行管护,或者企业的投入是延长生物资产的生命所必需的,此时企业的投入相当于工业企业产成品的仓储保管费用,不应计入生物资产的账面价值,而应当计入当期损益。自然增值(如个别新牲畜的出生等)由于并不是企业持有生物资产最终目的,应计入递延收益账户,同时增加生物资产账面金额。会计处理为借记成熟消耗性生物资产(自然增值)科目,贷记递延收益(生物资产自然增值)。

(1)将消耗性生物资产直接出售,记录销售收入时,会计分录为:

借:银行存款等

　　贷:主营业务收入

(2)结转成本时,会计分录为:

借:主营业务成本

　　贷:成熟消耗性生物资产(历史成本)

(3)由生物资产自然增值而确定的未实现的递延收益已经实现,会计分录为:

借:递延收益(生物资产自然增值)

　　贷:成熟消耗性生物资产(自然增值)

(4)从消耗性生物资产收获开始到农产品形成入库这段时间,为获得农产品而发生的实际成本(直接人工、直接材料、机械作业费、其他直接费、分摊的制造费用),应先记入农产品生产成本科目,待农产品形成时,再转入农产品账户,企业将农产品检查验收入库时,会计分录为:

借:农产品

　　贷:成熟消耗性生物资产(历史成本)

借:农产品

　　贷:农产品生产成本

(5)此时,消耗性生物资产已经不存在了,对于消耗性生物资产的自然增值,已经转移到了所生产出的农产品中,可增设递延农产品价值科目,核算转入农产品的自然增值,会计分录为:

借:递延农产品价值

　　贷:成熟消耗性生物资产(自然增值)

(6)企业库存农产品价值等于农产品账面价值和递延农产品价值账面价值之和。企业将库存农产品出售,记录销售收入,结转产品成本时,会计分录如下:

借:银行存款等

　　贷:主营业务收入

借:主营业务成本

　　贷:农产品

(7)同时,递延农产品价值和递延收益都得以实现,会计分录为:

借:递延收益(生物资产自然增值)

　　贷:递延农产品价值

二、成熟生产性生物资产的初始确认

为了核算成熟生产性生物资产的账面价值,应增设成熟生产性生物资产科目,并同时设立历史成本和自然增值两个二级科目。未成熟生产性生物资产在成熟时,应将其账面价值转入成熟生产性生物资产账户,相应的会计处理为:按未成熟生产性生物资产(历史成本)的账面价值,借记成熟生产性生物资产(历史成本),按已经计提的减值准备,借记生产性生物资产减值准备,贷记未成熟生产性生物资产(历史成本)。按未成熟生产性生物资产(自然增值)的账面价值,借记成熟生产性生物资产(自然增值)科目,贷记未成熟生产性生物资产(自然增值)。

为维持成熟生产性生物资产的生命而发生的实际成本,应记入农产品生产成本科目,待收获农产品时,将农产品生产成本科目账面价值一次转入农产品科目。若发生的实际成本使以后的多次收获活动受益,则应将农产品生产成本科目账面价值多次分配转入农产品科目。成熟生物资产的自然增值(如企业以生产牛奶为目的养殖的奶牛,在成熟以后产下的新生奶牛等),由于此时生物资产的自然增值不是企业持有生物资产的目的,且相对于成熟生物资产而言价值通常较小,根据重要性原则,可以按当时市场价格估计的金额作为计量自然增值的依据,此时,应借记成熟生产性生物资产(自然增值),贷记递延收益(生物资产自然增值)。

(1)生产性生物资产的历史成本应按期计提折旧,计提的折旧额计入生物资产累计折旧科目。将生产性生物资产出售时,应先将成熟生产性生物资产(历史成本)科目的账面价值转入固定资产清理(生物资产):

借:固定资产清理(生物资产)

  生物资产折旧

  贷:成熟生产性生物资产(历史成本)

(2)清理过程中发生的相关税费,也计入固定资产清理(生物资产)科目。将出售价款与固定资产清理(生物资产)账面价值的差额,计入营业外支出或营业外收入科目。由于此时以生物资产自然增值为基础的递延收益已经实现,应做的会计分录为:

借:递延收益(生物资产自然增值)

  贷:成熟生产性生物资产(自然增值)

(3)按月计提生物资产折旧时,应将该生产性生物资产的折旧计入收获农产品的成本费用中,会计分录为:

借:农产品生产成本

  贷:生物资产累计折旧

(4)此后,企业收获农产品时,应做的会计分录为:

借:农产品

  贷:农产品生产成本

(5)按照本月生物资产累计折旧与生产性生物资产的历史成本的比例,转销成熟生产性生物资产(自然增值)的账面价值。转销的数额 $=ac/b$(a 为本月生物资产累计折旧;b 为生产性生物资产的历史成本,即成熟生产性生物资产(历史成本)的账面价值;c 为生产性生物资产的自然增值,即成熟生产性生

物资产(自然增值)的账面价值)。转销时的会计分录为:

借:递延农产品价值

　贷:成熟生产性生物资产(自然增值)

(6)企业将收获的农产品销售,取得销售收入,结转销售成本时的会计分录为:

借:银行存款等

　贷:主营业务收入

借:主营业务成本

　贷:农产品

(7)同时,递延农产品价值和递延收益都部分或全部得以实现,应作的会计分录为:

借:递延收益(生物资产自然增值)

　贷:递延农产品价值

三、农业企业生产成本的核算

企业从成熟的生物资产上收获农产品,从收获至农产品形成期间发生的实际成本应记入农产品生产成本科目,然后一次或多次转入农产品科目,即计入库存农产品的成本中。此后,农产品进一步加工时的会计核算应依照存货的会计核算方法进行,不属于生物资产会计核算的范围。因此,有必要对从生物资产上收获的农产品的成本进行限定,即对计入农产品生产成本科目的费用进行限定,以正确计算从生物资产上收获的农产品的价值。财政部新发布的《农业企业会计核算办法——生物资产和农产品》附录中对农业企业生产成本的核算进行了以下详细地说明。

(一)种植业生产成本的核算

1.成本核算对象

企业应根据种植业生产特点和成本管理要求,按照"主要从细,次要从简"的原则确定种植业成本核算对象。主要产品确定为小麦、水稻、大豆、玉米、棉花、糖料、烟叶、草、剑麻纤维等。对主要农产品,应单独核算其生产成本,对其他农产品可合并核算其生产成本。

2.成本计算期

企业应与其生产周期相一致,在产品产出的月份计算成本。种植业产品成本计算的截止时间因农作物产品特点而异。粮豆的成本算至入库或在场上能够销售;棉花算至皮棉;纤维作物、香料作物、人参、啤酒花等算至纤维等初级产品;草成本算至干草;不入库的鲜活产品算至销售;入库的鲜活产品算至入库;年底尚未脱粒的作物,其产品成本算至预提脱粒费用。下年度实际发生的脱粒费用与预提费用的差额,由下年同一产品负担。

3.成本项目

企业应根据具体情况设置成本项目,一般情况下可设置以下成本项目:直接材料,指生产中耗用的自产或外购的各种材料等;直接人工,指直接从事生产人员的工资、工资性津贴、奖金、福利费等;直接机械作业费,指生产过程中进行机械作业所发生的费用支出;其他直接费,指除直接材料、直接人工和机械作业费以外的其他直接费用;制造费用,指应摊销、分配计入各产品的间接生产费用。

(1)畜牧养殖业生产成本的核算。

①成本核算对象。畜牧养殖业成本核算对象是畜(禽)及其产品。主要畜(禽)产品有牛奶、羊毛、肉类、禽蛋、蚕茧等。畜禽饲养可实行分群饲养,也可实行混群饲养。实行分群饲养的主要畜(禽)群别如下:

A.养猪业:基本猪群(包括母猪、种公猪、检定母猪、2个月以内的未断奶仔猪);2~4月幼猪;4个月以上幼猪和育肥猪。

B.养牛业:基本牛群(包括母牛和公牛);6个月以内的犊牛;6个月以上的幼牛。

C.养马业:基本马群(包括母马、种公马、未断奶的马驹);二年生幼马;三年生幼马。

D.养羊业:基本羊群(包括母羊、种公羊、未断奶的羔羊);当年生幼羊;去势羊和非种用公羊。

E.养禽业:基本禽群(包括成龄禽);幼禽和育肥禽;人工孵化群。

②成本项目。直接材料,指生产中耗用的自产或外购的各种材料等;直接人工,指直接从事生产人员的工资、工资性津贴、奖金、福利费等;直接机械作

业费,指生产过程中进行机械作业所发生的费用支出;其他直接费,指除直接材料、直接人工和机械作业费以外的其他直接费用;制造费用,指应摊销、分配计入各群别的间接生产费用。

(二)林业生产成本的核算

1.成本核算对象

林业生产包括种子、苗木、木材生产等,主要产品有种子、苗木、原竹、水果、干果、干胶(或浓缩胶乳)、茶叶、竹笋等。

2.成本计算期

各阶段林木及林产品的生产成本计算:育苗阶段算至出圃时;造林抚育阶段,消耗性林木资产算至郁闭成林前;采割阶段,林木采伐算至原木产品;橡胶算至干胶或浓缩乳胶;茶算至各种毛茶;其他收获活动算至其他林产品入库。

3.成本项目

林业企业的成本项目可按照种植业企业的生产成本项目设置,也可根据管理需要自行设置。

(三)水产业生产成本的核算

1.成本核算对象

水产业一般以水产品品种为成本核算对象,水产养殖的主要产品有鱼、虾、贝类、藻类、鱼种、鱼苗等。

2.成本项目

直接材料,指直接用于养殖生产的饲料、肥料、材料等;直接人工,指直接从事生产人员的工资、工资性津贴、奖金、福利费等;其他直接费,指除直接材料、直接人工以外的其他直接费用;制造费用,指应摊销、分配计入各产品的间接生产费用。

第六节 生物资产成熟与未成熟的区分

生物资产成熟与否是生物资产自然增值采用不同会计核算方法的重要分界点。未成熟生物资产不断地通过自我生长发育而实现自然增值,自然增值是企业持有未成熟生物资产的主要目的。成熟生物资产也可实现自我增值,但其自然增值不是企业持有生物资产的主要目的。生物资产成熟以后,企业可以通过收获或连续收获而收回前期资金。大部分成熟生物资产在成熟以后将渐趋老化而使其价值逐渐降低,可见,对生物资产成熟与否进行区分是非常重要的。

一、当生物资产满足下列条件之一时,即应当认为生物资产已经成熟

(1)生物资产在生理上已经成熟。如植物等已经开始开花结果,动物等已经开始产卵、繁育后代。

(2)生物资产个体的外形特征不再发生变化或变化很小。企业对生物资产的投入基本上只是维持生物资产生命所必需的。这里的"外形特征不再发生变化或变化很小"主要指植物的高度、胸径、蓄积等外形特征不再发生变化或变化很小,或动物的体积、体重等不再发生变化或变化很小,致使以利用生物资产的自然生长发育获利为目的持有该种生物资产在经济上已不合算。

(3)在正常生长环境下,一定种类的生物资产都有达到成熟所预定的时间,该种生物资产拥有这种正常的生长环境,且已达到该品种生物资产成熟时所需要生长的时间。

二、生物资产成熟的模糊评价方法

在实际中,生物资产成熟与否的界线难以准确确定,这种模糊性决定了生物资产的成熟与否可以采用模糊数学的模糊综合评判方法来判别,具体步骤如下。

(一)确定论域

从经济学上对生物资产成熟与否进行判定,主要依据"以利用生物资产的自然生长发育获利为目的持有该种生物资产在经济上已不合算",即生物资产

个体的外形特征不再发生变化或变化很小。因此,模糊评判的主要标志应是生物资产的年龄和外形特征(如植物的高度、胸径、蓄积;动物的体积、体重等)。从而论域 U 定义为:

$$U = (a,b)$$

a 表示生物资产年龄的隶属度

b 表示生物资产主要外形特征参数的隶属度

其中:

a＝生物资产年龄/标准的该种生物资产成熟时需要经过的时间

b＝生物资产生物特征外形参数/标准的该种生物资产成熟时应具有的特征参数"生物特征外形参数"指的是生物资产的体重、株高、胸径、蓄积等的具体数值。

（二）确定评语集

生物资产成熟与否只有两种可能:成熟与不成熟。因此,评语集 V＝(成熟,不成熟)a,b 的隶属函数设为:

$$V(a) = \begin{cases} a & a \geqslant 0.85 \\ 0 & a < 0.85 \end{cases} \qquad V(b) = \begin{cases} b & b \geqslant 0.85 \\ 0 & b < 0.85 \end{cases}$$

当 a 的值在 0.85 以上时,a 的值为 a,否则为零,表示若生物资产的年龄已经达到标准年龄的 0.85 以上时,该生物资产成熟的隶属度为 a,否则为零。当 b 的值在 0.85 以上时,b 的值为 b,否则为零,表示若生物资产的特征参数已经达到标准参数的 0.85 以上时,该生物资产成熟的隶属度为 b,否则为零。

（三）确定模糊关系矩阵

对 a、b 构造模糊关系矩阵 B,设在模糊综合评判中,a、b 的权重分别为 k、$1-k$,则:

$$B = (k,1-k) \begin{Bmatrix} a,1-a \\ b,1-b \end{Bmatrix}$$

$$= \{([k \wedge a] \vee (1-k) \wedge b],[k \vee (1-a)(1-k) \wedge (1-b)]\}$$

其中 $\vee$、$\wedge$ 分别表示求最大、最小运算。

设 $C = [(k \wedge a) \vee (1-k) \wedge b]$,$d = [k \wedge (1-a) \vee (1-k) \wedge (1-b)]$,则 B

$=(c,d)$，对 B 做归一化处理，$B=[c/(c+d),d/(c+d)]$。

由模糊关系矩阵 B 即可定性地判别生物资产的成熟与否。如在某次评判中，设 $k=0.8,a=0.85,b=0.7$，则 $B=(0.44,0.56)$，$0.44<0.56$，因此，此次评判的结果是该生物资产未成熟。k 的数值、a、b 的隶属函数都可以根据实际情况设置。

第七节　生物资产累计折旧

生产性生物资产成熟以后，其价值将逐渐转移到以后收获的产品中去，而企业一般可以多次从成熟的生产性生物资产上收获产品。因此，应该对成熟的生产性生物资产计提折旧，增设"生物资产累计折旧"会计科目，用于核算企业成熟生产性生物资产的累计折旧。企业应该对成熟生产性生物资产的历史成本计提折旧。生物资产的自然增值表示的是生物转化带来的还未实现的收益，在数额上等于历史成本的时间价值，企业并没有为此实际支付费用，因此对生物资产的自然增值不能提取折旧。"生物资产累计折旧"是"成熟生产性生物资产（历史成本）"的备抵科目，期末贷方余额，反映企业提取的成熟生产性生物资产折旧的累计数。按月计提生物资产折旧时，应将该生产性生物资产的折旧计入收获农产品的成本费用中，会计分录为：

借：农产品生产成本

　贷：生物资产累计折旧

按照本月生物资产累计折旧与生产性生物资产的历史成本的比例，转销"成熟生产性生物资产（自然增值）"的账面价值：

$$转销的数额 = ac/b$$

其中：

a 为本月生物资产累计折旧；

b 为生产性生物资产的历史成本，即"成熟生产性生物资产（历史成本）"的账面价值；

c 为生产性生物资产的自然增值，即"成熟生产性生物资产（自然增值）"

的账面价值。

转销时的会计分录为：

借：递延农产品价值

贷：成熟生产性生物资产（自然增值）

在对生物资产计提折旧时，要预计成熟生产性生物资产的折旧年限。生物资产的预计折旧年限是指生物资产从开始折旧起至不能再经济地收获产品为止所经过的时间，主要是根据生物资产的自然生长周期以及生物资产最佳利用时间来确定。以前的《农业企业会计制度》曾规定经济林木及产役畜的折旧年限如下。

(1)经济林木：橡胶树等 15～30 年，果、桑、茶树等 5～15 年。

(2)产役畜：按生产周期确定。

一、年限平均法

年限平均法又称直线法，是将生物资产的折旧均衡地分摊到各期的一种方法。采用这种方法计算的每期折旧额是相等的。计算公式如下：

$$年折旧率 = \frac{1 - 预计净残值率}{预计使用年限} \times 100\%$$

$$月折旧率 = 月折旧率 \div 2$$

$$月折旧额 = 生物资产历史成本 \times 月折旧率$$

二、工作量法

工作量法是根据生物资产实际工作量计提折旧额的一种方法。这种方法弥补平均年限法只重视使用时间，不考虑使用强度的特点，计算公式如下：

$$每一工作量折旧额 = \frac{生物资产原历史成本 \times (1 - 残值率)}{预计总工作量}$$

$$每项生物资产月折旧额 = 该项生物资产当月工作量 \times 每一工作量折旧额量$$

三、加速折旧法

绝大多数生物资产成熟以后，随着生物体的老化，其产出能力将逐渐降低，为维持生物资产生命所需的费用却越来越高。随着农业科技进步的加快，动植物品种更新周期大大缩短，这必然加快生产性生物资产的无形损耗，导致生物资产需要以更快的速度提取折旧。加速折旧法在生物资产有效使用年限的前期多提折旧，后期则少提折旧，从而相对加快折旧的速度，以使生物资产成本在有效使用年限中加快得到补偿。加速折旧的计提方法有多种，常用的有以下几种。

（一）双倍余额递减法

双倍余额递减法是在不考虑固定资产残值的情况下，根据每期期初生物资产历史成本账面余额和双倍的直线法折旧率计算生物资产折旧的一种方法。计算公式为：

$$年折旧率 = \frac{2}{预计的折旧年限} \times 100\%$$

$$月折旧率 = 年折旧率 \div 2$$

$$月折旧额 = 生物资产历史成本账面净值 \times 月折旧率$$

由于双倍余额递减法不考虑生物资产的残值收入，因此，在应用时必须注意不能使生物资产历史成本的账面价值降低到它的预计残值收入以下，即实行双倍余额递减法计提折旧的生物资产，应当在其生物资产折旧年限到期以前两年内，将生物资产历史成本净值扣除预计净残值后的余额平均分摊。

（二）年数总和法

年数总和法又称合计年限法，是将生物资产历史成本的原值减去净残值后的净额乘以一个逐年递减的分数计算每年的折旧额，这个分数的分子代表生物资产尚可使用的年数，分母代表使用年数的逐年数字总和。计算公式如下：

$$年折旧率 = \frac{尚可使用年限}{预计使用年限的年数总和}$$

$$或者：年折旧率 = \frac{预计使用年限 - 已使用年限}{预计使用年限 \times (预计使用年限 + 1) \div 2} \times 100\%$$

$$月折旧率 = 年折旧率 \div 2$$

$$月折旧额 = (生物资产历史成本原值 - 预计净残值) \times 月折旧率$$

采用加速折旧法后，在生物资产使用的早期多提折旧，后期少提折旧，其递减的速度逐年加快。加快折旧速度，目的是使生物资产历史成本在估计的经济使用年限内加快得到补偿。

第八节　课后训练

一、选择题

1.下列哪些属于生产性生物资产(　　)。

　A.产畜和役畜　　　B.存栏待售的牲畜　　C.经济林　　D.薪炭林

2.下列哪些属于消耗性生物资产(　　)。

　A.大田作物　　　　　　　　　B.防风固沙林

　C.用材林　　　　　　　　　　D.存栏待售的牲畜

3.下列哪些属于公益性生物资产(　　)。

　A.防风固沙林　　　　　　　　B.水土保持林

　C.薪炭林　　　　　　　　　　D.水源涵养林

二、计算题

(一)现金

1.某农业公司 2020 年 7 月发生以下业务。

(1)～(4)现金的总分类核算)

(1)从银行提取现金 20000 元备发工资。

(2)公司管理部门张某预借差旅费 800 元。

(3)张某出差归来,报销 680 元,交回剩余现金。

(4)以现金支付职工工资 20000 元。

(5)～(9)现金的短缺和溢余)

(5)现金清查中,发现库存现金较账面余额短缺 350 元。

(6)经查,上述现金短缺属出纳员宁某责任的 100 元,无法查明原因 50 元,应由保险公司赔偿的 200 元。

(7)上述赔款 300 元,均收到现金

(8)在现金清查中,发现库存现金较账面余额多 300 元。

(9)上述长款原因:属于应支付给甲企业的 200 元,无法查明原因的 100 元。

（二）银行存款

2.某农业公司销售产品一批,增值税专用发票注明价款 50000 元,增值税 8500 元,收到转账支票一张。

（1）收到银行转来的存款利息收入单据,金额 3600 元。

（2）.某农业公司上月销货给 B 公司货物一批,现收到开户银行转来上月销售货物的托收结算凭证回联及单据,金额 38000 元。

（三）其他货币资金

3.某农业公司发生下列业务：

（1）委托当地开户银行将 55000 元存款汇往采购地银行开设采购专户。

（2）收到外埠采购员张某交来供货单位开具的增值税专用发票,注明采购 A 材料价款 30000 元,增值税 5100 元。

（3）张某完成外埠采购任务,将多余款项 19900 元汇回开户银行。

第四章 我国农业企业会计制度的设计

会计制度设计是进行会计工作的前提,会计制度设计的优劣直接影响着今后会计的实务工作。会计制度设计,就是根据会计学的会计理论和会计原则,按照科学的程序,并结合行业特点与实际需要,运用文字、图表等形式对全部会计事务、会计处理手续、会计机构以及会计人员的职责进行系统规划的工作,它是会计管理的重要组成部分。

第一节 会计制度设计的性质

会计制度设计是会计范畴里一项实务性、方法性较强的工作,但设计过程中必须考虑生产力发展水平以及社会生产关系等因素对会计制度的要求,会计制度设计的结果即会计制度本身属于上层建筑,因而这一工作又必然体现生产资料占有者的意志和要求。可见,会计制度设计作为一种管理活动,和一切经济管理工作一样,具有双重性。

一、会计制度设计和生产力的关系

社会生产活动是人类赖以生存和发展的前提,生产力是社会生产活动得以进行的决定性因素。一切社会政治、经济、文化的发展,归根到底是由生产力发展水平所决定的。会计制度设计的产生和发展,归根到底也是社会生产力发展水平所决定的。生产力反映的是人和自然界的关系,生产力的运动过程,是会计制度设计的物质内容,而生产力运动的规律,决定着会计制度设计工作的主要方面,所以会计制度设计也要涉及生产力方面的内容,如簿记技术是会计制度设计的内容之一,无论是和自然生产力还是社会生产力的关系,都具有自然属性,因而会计制度设计具有历史发展的继承性和不同社会制度下可以借鉴的技术性。

二、会计制度设计和生产关系的关系

一切社会的生产,都是在一定的生产关系中进行的,因此,任何社会的会计制度设计工作,都必定同生产关系相联系,从而使会计制度设计具有社会属性。我国是社会主义国家,所实行的经济体制是社会主义市场经济体制,所以,会计制度设计必须要体现社会主义生产关系和经济关系的要求,以维护企业财产的安全和完整性,并通过设计会计的具体工作,调动各方面的积极性,协调好社会再生产过程的各个环节,争取最大的经济效益。

第二节 会计制度设计的对象和任务

一、会计制度设计的对象

会计制度设计是为保障会计工作的顺利进行而制订的会计准则和会计规范。为此,就必须针对会计工作现实中已经发生的或将发生的问题,提出解决原则或办法,并以制度的形式固定下来,作为日常会计工作的依据。所以,会计制度设计作为一种实践活动,其具体对象是会计工作过程,而会计工作过程又是特定主体通过设置会计机构、配备会计人员、运用会计方法对资金运动进行核算和监督。正因如此,会计制度设计可以理解为特定会计制度设计主体(如国家的财政部)以国家统一会计规范为依据,研究会计事务处理办法、会计核算体系和会计监督工作程序的一项行为设计活动。

设计会计制度时,要根据特定企业或行业的性质、业务范围、分支机构和人员的多少,以及管理的需要等多种因素,研究适用的项目,使设计的会计制度能成为最简明有效的管理办法。对农业企业来说,会计制度设计的内容应该包括农业企业六大要素的确认、计量、记录与报告;农、林、渔等狭义农业的具体会计核算工作等。对于一个具体的农业企业来说,采购成本会计制度设计、制造和作业成本会计制度设计、销售成本会计制度设计、标准和目标成本会计制度设计、物流成本管理会计制度设计、责任会计制度设计和质量会计制度设计,会计机构和会计人员的设置、会计制度的实施等,都是会计制度设计

的具体内容。

二、会计制度设计的任务

会计的主要职能是对社会再生产过程的资金运动进行核算与监督,这也就是会计工作的任务。为了完成这些任务,特定主体就需要建立起一定的会计机构,明确会计人员的职责,并在此基础上,再设计一套科学的会计指标体系,建立一套严密的会计信息系统和有效的会计控制系统,作为日常会计工作的依据。建立这些制度,以保证会计工作任务的完成,这就是具体农业企业会计制度设计的任务。

(一)明确会计机构的设置和会计人员的职责

会计工作要求对特定主体经济活动进行核算和监督。为保证独立地行使会计基本职能,不受其他业务部门的干扰,会计机构应具有一定的独立性。在此前提下,根据特定主体的经济经营规模、内部管理体制及业务量的多少等,确定会计机构的设置、人员的配置及其内部的分工。

(二)设计一套科学的会计指标体系

会计指标是会计制度设计的"牛鼻子",是确定会计报告的种类和项目、设置会计科目、设置账户、进行会计分析的依据。设计的会计指标应当包括三方面的内容,一是为国家宏观调控提供服务的综合性指标,以便国家根据国民经济细胞的汇总综合信息,决定国家的宏观经济政策。二是为特定主体的所有者、贷款者、供应者、潜在投资者和信贷者、职工、财务分析和咨询人员、经纪人、证券承揽人、律师、证券交易所、经济师、财经报刊、同业协会及社会民众提供服务的指标,以向其外部利害关系人提供有关投资和信贷决策、估量现金流量前景,以及关于特定主体资财、资财上的权利和它们变动情况的信息。三是为特定主体管理当局决策提供服务的指标,以帮助特定主体加强内部管理、提高效益,实现其目标。

建立一套严密的会计信息系统。会计信息系统,由会计指标、会计科目、原始记录、会计凭证、会计账簿、会计报告等形式和信息的收集、整理、分类、存储、传输等一系列程序所组成。会计信息组织形式必须严密,会计信息处理程序必须合理,形成一个完整的会计信息系统,保证及时、正确地提供会计信息。

（三）确定一套有效的会计控制系统

会计机构、会计人员对本单位实行会计监督，是《会计法》规定并受到《会计法》保护的。会计制度设计的任务之一，就是规划有效的内部控制制度，明确规定所有经办人员在业务分工处理上和凭证手续上的岗位责任，使会计机构、会计人员既便于履行法律责任，又能使其依法行使监督职权受到法律的保障，同时也有利于会计行为的自我纠正和自我完善，保护资财的安全完整，保证会计信息的正确性和真实性。

第三节　农业企业会计制度设计的原则

会计制度设计和管理制度设计一样，必须依据政府法令、会计法规和统一的会计制度，根据使用者所处的经济背景、管理需要以及内部控制的理论要求与处理方法等，来进行具体的设计工作。会计制度设计的直接依据是《会计法》、《企业会计准则》，农业企业会计制度的设计前提和基础是农业企业的生产经营特点和管理要求，农业企业会计制度设计的出发点和归宿是企业的根本利益和理财目标。

会计制度设计是会计管理的一项基本建设，其质量如何直接影响到会计功能的发挥，因此，在设计农业企业会计制度时，必须遵循一定的原则以保证设计的质量。我国农业企业会计制度设计的指导思想应该是在不断总结我国农业会计工作的基础上，充分研究和借鉴国际会计惯例，设计符合我国社会主义市场经济体制要求，有利于农业企业成为独立的、真正的现代企业，有利于深化分配制度和社会保障制度改革的会计制度。具体来说，我国农业企业会计制度设计应遵循以下基本原则。

一、社会主义市场经济原则

市场经济在不同社会制度下由于生产资料所有制不同，决定了生产目的和经济管理的要求有所不同，会计作为经济管理的重要组成部分，对其进行规范的会计制度所反映的管理内容、所要达到的目的，以及应用的会计原则、会计程序和会计方法等也有所差异。社会主义市场经济是社会主义经济，必然体现社会主义生产关系和社会主义经济核算的要求,以维护国家和人民利益,保护国有财产的安全和完整。为此,社会主义国家为了对国民经济运行作出准确判断和进行宏观决策,依据市场规律要求合理运用国家宏观调控,必然赋予会计制度满足国家宏观调控需要的特征,另一方面,社会主义市场经济是市场经济,而市场实际上是一种关系,是各种商品生产者之间的资金、物资、劳务、技术等契约和交换关系。

建立和处理这些关系的直接前提是各商品生产者之间的相互了解和信任,而相互了解和信任的主要依据和手段之一就是会计信息。供货者必须了解购货方的财务状况是否良好,财务活动是否有效率,从而确定赊销风险,并以此作出销售决策;金融部门在办理贷款业务时,必须掌握借款人的财务状况及其资信水平,以作出信贷决策;投资人在进行投资业务时,必须掌握受资人的财务状况和获利能力水平,以作出投资决策,等等。因此,社会主义市场经济要求所设计的农业企业会计制度能满足有关各方面了解农业企业财务状况、理财过程和工作成果的需要。

在现代企业制度下,市场经济要求企业行为自主化,还原企业作为一个经济实体的独立主体地位。这里至少包括两层含义。

一是国家给企业应有的自主权,各项法规、政策都不能阻碍企业自主权的发挥,不能束缚企业的手脚。这就要求会计制度应当给企业创造一个宽松的环境,充分调动和发挥企业的积极性和创造性。

二是各个主体在市场中的地位应是平等的,即企业作为一个主体,其内涵应当确定,机会和义务应当均等。这就要求农业企业会计制度的设计应从农业企业会计主体出发,本着明确产权关系的基本思想,为农业企业参与市场竞争、传递管理信息等提供基本的会计环境,以满足农业企业内部经营管理的需要。

二、合规性原则

合规性是农业企业会计制度设计的基本要求,它要求农业企业会计制度设计必须符合国家的法律、法规和政策,把国家的法律、法规和政策体现到会计制度中去。在会计制度设计工作时,合规性原则主要体现在两个方面。

首先,所设计的农业企业会计制度,必须符合《会计法》《会计基础工作规范》(简称《规范》)和《会计准则》等会计法规的要求。《中华人民共和国会计法》是我国会计工作的根本大法,是居于最高层次的会计规范,是我们办理会计事务依据的基本法。《会计法》对会计核算、会计监督、会计机构和会计人员、法律责任等作了规定。《会计基础工作规范》是国家财政部根据《中华人民共和国会计法》的有关规定,为规范国家机关、社会团体、企业、事业单位、个体工商户和其他组织的会计基础工作而制定的会计法规。《规范》对会计机构和会计人员、会计核算、会计监督、内部会计管理制度等会计基础工作作出了明确规定。会计准则是特定主体制定会计核算制度和组织会计核算工作的具有法律约束力的基本规范,是会计工作自由度和统一度相平衡的标准,其内容包括基本准则和具体准则两个层次。基本准则是会计核算工作的基本规范,它主要规定了会计核算工作的基本原则和一般要求,包括会计核算的基本前提、一般原则、会计要素和会计报告准则;具体准则是对会计核算工作的具体规范,它以基本准则为依据,对具体会计信息业务和报告事项作出具体规定。

其次,所设计的农业企业会计制度,必须与国家有关法规相协调。我国实行的是社会主义市场经济,国家对以公有制为主体的经济组织的管理和调控,随着政府职能的转变,改以往的直接管理为间接管理,将主要通过法律、经济的手段来进行间接管理。这就要求进行农业企业会计制度设计时,必须使农业企业所采用的会计政策、会计方法符合经济、财务、税收等国家法规。当进行有关财务指标和财务报表设计时,必须遵守财务通则和行业财务制度的规定;进行有关货币资金的收支、保管、结算和核算规定设计时,必须遵守国家有关现金管理和结算制度方面的金融法规。

三、成本效益原则

农业企业会计制度设计的目的是规范农业会计工作,但不能因规范会计工作不讲运行质量和工作效率,而应该在满足会计工作质量的前提下尽量使所设计的农业企业会计制度简洁明了,可操作性强。会计制度作为加强管理、保护资财安全的办事规程,在具体设计会计制度时固然不能过于简化,失去其加强管理、保护资财安全的作用。但如果所设计的农业企业会计制度过于繁琐,在实施时消耗的制度成本大于其运行所能得到的会计制度效应,则说明会计制度设计存在缺陷。因此,农业企业会计制度设计必须考虑制度成本与效益的关系,以尽量少的制度成本获得尽可能多的会计制度效应,达到成本效益的最优组合。因此,农业企业会计制度设计的成本效益原则有两层含义:一是指设计会计制度时要尽可能地节省设计费用;二是在设计指标、凭证、账簿、报表格式以及各类业务处理规程时,应以尽量少的成本获得尽可能多的会计制度效应,以实现成本效益的最优组合。

四、内部控制原则

内部控制是特定主体为加强岗位责任,保护资本安全,确保会计记录正确可靠,及时提供财务信息,避免无意地面临风险,预防或查明错误和不正常现象,保证授权职责履行,在内部组织分工、业务处理、凭证手续和程序等方面所规定的既相互联系又相互制约的一系列管理制度。内部控制的基本方式有职务分离控制、授权批准控制、文件记录控制、实物保全控制、人员素质控制、业绩报告控制、目标计划控制、内部审计控制等,使会计制度真正成为内部控制的组成部分。因此,在农业企业会计制度设计中,必须对会计机构、会计工作程序设置必要的内部控制。

五、管理权限原则

会计制度不是一成不变的,应随着市场经济客观形势的发展变化不断改进,因而会计制度设计也不是一劳永逸的,既要保持管理权限的相对集中,又要保持制度的相对稳定性。但是,如果变更过于频繁,管理权限过于分散,将给会计工作带来不利,甚至会造成会计主体的财务混乱。因此,在设计农业企业会计制度时,应将制度权限的管理集中于管理决策的最高层,不宜分散。同时应注意保持农业企业会计制度的相对稳定性,除非特殊情况,一般在一个会计年度内不宜作较大的变动。为保证会计制度的相应稳定性,在设计农业企业会计制度时,对各项规定应当留有适当的余地,以适应未来发展的需要。例如会计科目的分类编号,应当留些空号,当业务发展时可以增删,而不必改变到整个编号系统。

六、与使用的核算工具相适应原则

随着科学技术的不断发展与应用,会计使用的核算工具,由传统的手工作业到现在的电子计算机,都使用不同的核算工具,但一般是不会因此而改变会计工作的基本方法的。例如,在采用"借贷记账法"的条件下,登记总账和明细账,无论采用何种核算工具,都需要逐笔或汇总记入有关账户的借方和贷方,然后再结算余额。但是,不同的核算工具记入账簿的方法有所不同。在采用电算会计核算时,记入账簿的数据,是使用计算机能识别的语言,并通过一定的介质才记入账簿(即输入存储器)的,其计算速度快、存储量大。在手工作业下无法采用的核算方法或核算要求,它都能采用,如运用矩阵编制合并报表,因而电算会计核算下会计制度的内容就有所不同。所以,设计的会计制度,应与所采用的核算工具相适应。随着科学技术的进步,社会经济生活日益电子化,会计制度设计应向适应计算机进行会计管理要求的方向迈进。因此,当前会计制度设计急需研究的一个重要问题,就是如何在会计实务中进行会计电算化制度设计,具体包括会计电算化岗位责任制、会计电算化操作管理制度、计算机硬件软件和数据管理制度、电算化会计档案管理制度等会计电算化制度的设计,以进一步保证所设计的会计制度与所使用的会计核算工具相适应。

总之,农业企业会计制度设计不外乎是用文字、图表、特定符号等形式,根据会计学原理,用有系统有组织的理论和技术使会计账户、凭证、账册和报表的种类和格式,以及各种会计业务处理规范和程序,组成一整套可以实施的会计方法和程序。有效的会计制度设计完成并付诸实施后,能够使企业会计信息客观、真实、及时地传递到用户手中,提高企业在社会公众中的形象,增加企业股东、债权人、潜在投资者等对企业的信任程度。农业活动会计核算方法是新《企业会计制度》在农业企业执行中的一个必要环节,体现农业企业的行业特色,也是全面改革我国会计管理体系以及与国际会计管理接轨的需要。

第四节　农业企业会计制度设计的内容

一、会计基本假定

会计假定,又称会计假设,是指会计人员对那些未经确切认识或无法正面论证的经济事物和会计现象,根据客观的正常情况或趋势所作出的合乎事理的推断,而且是日常会计处理的必要前提。对于会计假设的内容,历史上曾有过多种多样的表述。W．A．佩顿于1922年在其著作《会计理论》中最先提出会计假设的概念："现代会计不仅需要在许多场合运用估计和判断，而且整个结构是建立在一系列的一般假设的基础上，换句话说，要有一些基本前提和假设支持会计人员对价值、成本、收益等等作出特定结论。否则，这些结论将难以成立。"因此，他在该书中提出了经营主体、持续经营、资产负债表恒等式、财务状况与资产负债表、成本与账目价值、应计成本与收益、期后影响七项假设。1940年，美国会计学家佩顿和利特尔顿合著《公司会计准则绪论》时再次重述了这些假设。

20世纪50年代末，会计假设的研究在美国已经获得很大进展，受到会计理论界和职业界的高度重视。穆尼茨（M．Moonitz）和斯普劳斯（R．T．Sprouse)于1961年在其《会计的基本假设》中将会计假设分为有关环境的假设、有关会计领域的补充命题的假设以及有关规则的假设三类。目前，人们公认的会计假设还是会计主体假设、会计分期假设、持续经营假设和货币计量假设四种。

13世纪，地中海沿岸各国的会计活动中广泛采用的复式簿记（复式记账）中，就已经有了"会计主体"的萌芽，会计主体是现代会计学赖以存在和发展的前提条件，但会计主体假设却起源于15世纪业主财产与其企业投资分离的情况下。在四个基本会计假定中，会计主体假设规定了会计计量的空间范围。工业企业的会计主体是进行原材料供应、产品生产及销售、资金收回过程的经济实体，而农业企业是直接从事农业生产、农产品加工以及农产品商品流通的企业，它是以经营农业生产为主、实行独立核算的经济单位。如以生产农产品为主的各种专业化和综合性企业，农产品生产和农产品加工相结合的农工联合企业，农产品生产、加工、运输、销售结合在一起的农工商联合企业，以及其他直接为农业生产服务的服务性企业等。农业企业（如大的国有农场）的辅助生产单位较多，有供电所、水管所、运输队、修理队等，这些单位的主要任务是向农业企业其他单位提供供电、供水、供暖服务；及时拉运生产、生活资料；对农机具进行修理或改造等。它们一般不对外开展业务，故不能把这些单位作为会计主体看待。

会计分期和持续经营规定了会计计量的时间范围，二者是会计计量在时间的有限性和无限性上的统一。会计分期假设,工业企业的会计分期是按日历年度进行划分的,即从每年的 1 月 1 日至 12 月 31 日作为一个会计年度,而农业企业的情况是农业劳动时间与农产品的生产时间不一致,为了使农业企业的会计核算时期与生产周期保持一致,提高会计核算资料的准确性和可靠性,农业企业的会计分期应该按农历年度进行划分。持续经营假设规定了农业企业的会计核算应该以农业企业持续不断地进行农产品的生产、加工、销售、自给为前提。货币计量假设规定了会计计量的单位,经济活动以及反映经济活动的度量本来是多种多样的,但由于创造商品使用价值的具体劳动的差异带来了使用价值的差异,从而使使用价值度量的应用受到了限制,而不得不以价值量度来反映会计主体的经济活动。工业企业进行会计核算时,主要是以货币作为计量单位,包括人民币和外币,但农业企业核算除了货币计量以外,还更多地运用实物量单位进行会计核算,这是农业企业会计核算区别于其他类型企业的一个重要特点之一。

二、会计确认

会计确认行为是整个会计行为系统中最为重要的环节。按复式记账的方法对企业的经济活动进行记录并最终浓缩或综合信息,包括相互关联、互为制约的数据输入、系统变换(记录加工和汇总等)以及信息输出三个部分组成。其中数据接收(初始确认)和最终的信息输出(再确认),就称为会计确认行为。关于会计确认行为的含义,国内外会计界出现过各种各样的解释,其中主要有以下几种观点。

(一)美国财务会计准则委员会(Financial Accounting Standards Board,简称 FASB)在第 5 号《财务会计概念公告》中指出,会计确认行为是指"将某一项目,作为一项资产、负债、营业收入、费用等正式记入或列入某一主体的财务报表的过程。它包括同时用文字和数字表述某一项目,其金额包括在财务报表的合计数中"。同时提出了会计确认行为的四项基本标准:定义、可计量性、相关性和可靠性。

(二)加拿大特许会计师协会下属的会计准则委员会在其《财务报表概念》中指出,会计确认行为是指"将某一项目纳入一定主体的财务报表的过程,它包括在报表中对该项目的文字叙述和将金额加计入报表合计数中"。同时提出两项用于会计确认的基本标准：可计量性和未来经济利益的可获得（或牺牲）性。

（三）国际会计准则委员会（IASC）在《财务报表编制框架》公告中指出：会计确认行为，是指"将符合要素的定义并满足确认标准的某一项目列入资产负债表和收益表的过程。它包括对该项目的文字与货币金额的表述，其货币金额需列入资产负债表或收益表的合计数中"。同时国际会计准则委员会也指出了两项与加拿大基本类似的确认标准。

（四）联合国经社理事会跨国公司委员会秘书长的报告《财务报告的主要目标与概念》中指出，会计确认行为是指"正式地把一个项目载入公司报告的程序，它包括用文字和数字对一个项目进行描述，以及把它纳入与之相关联要素的总额之中"。同时，还提出了会计确认行为的三项标准：未来将获得或牺牲经济利益、可计量性、信息的决策差异能力。

（五）在中国的会计界，会计确认的概念有两种观点：一是将某一项目作为一项资产、负债、所有者权益，营业收入、费用或其他要素正式地列入财务报表的过程。一个已经被确认的项目，要同时以文字和数字加以描述，其金额包括在报表总计之中。二是指通过一定的标准，辨认应予以输入会计信息系统的经济数据，确定这些数据应加以记录的会计对象的要素，还要确定已经记录和加工了的会计信息是否列入会计报表和如何列入会计报表。

以上几个关于会计确认内行为的定义，程度不同地包括了以下几层涵义。

第一，从具体的运行程序来看，会计确认行为包括初始确认和再确认两个行为内容，初始确认是对某一项目或某项经济业务进行会计记录的行为，而再确认则是在初始确认的基础上对各项数据进行筛选、浓缩，最终列示在财务报表中的行为。

第二，会计确认行为的最终目标是要进入财务报表的项目，从而对财务报表的合计数有影响。换言之，凡是不正式列入财务报表的项目，就无需进行严格的确认行为。

第三，任何一个项目的确认，都必须同时满足一定行为标准，虽然提法不一，但基本内容大体一致，即，一个项目符合会计要素的定义并能可靠地计量，同时与信息使用者的决策相关。

在会计理论中,会计确认是指将经济活动产生的信息,以会计要素的形式正式列入会计系统的过程;一项已确认的会计要素,必须同时以文字和数字两方面来加以描述。

从上述会计确认的定义中也可以看出,会计确认要解决的问题是:一能否进入会计系统;二以"什么"列入会计系统;三要在"何时"列入会计系统;四要以"多少"列入会计系统。

在会计实务中,初始确认是对经济活动产生的信息进行具体的判断、选择、归类,以便信息能被复式簿记系统正式接收和记录。初始确认主要解决的是会计记录问题,即:一是哪些信息应该进入会计系统;二是经济信息应以什么形式进入会计系统;三是这些信息应在什么时候进入会计系统;四是进入会计系统的经济信息,其金额应为多少。而再确认则是指在初始确认的基础上将记录在会计信息系统的信息进行筛选、提炼、浓缩,或通过归类、组合、汇总等一系列步骤,最终将其列示在财务报表上。再确认过程主要解决的是会计报告问题,即会计账簿中的信息哪些可以列入会计报表、应以什么形式列入会计报表、应在何时列入会计报表、其金额应是多少。

总之,会计确认过程中的核心问题是根据什么标准对经济信息加以确认,即会计确认的基本标准问题。会计确认的基本标准实质上是解决经济信息"能否"和以"什么"进入会计系统的问题。

经济业务产生的信息要具体地显示在会计信息系统上,一般要同时符合以下四条标准。

第一,可定义性,被确认的信息必须符合财务报表中某个要素的定义。

第二,可计量性,被确认的信息必须要有恰当的计量属性。

第三,相关性,被确认的信息必须能对信息使用者的决策有影响。

第四,可靠性,被确认的信息必须是真实的、可验证的。

以上关于会计确认的基本理论的叙述,具有普遍的适用性,既适用于工业企业也适用于农业企业,但由于农业生产活动是自然再生产和经济再生产的结合,其许多特征又决定了农业企业会计确认的复杂性和差异性,其中关于生物资产的会计确认尤为复杂。

我国现行会计准则和会计制度均未对生物资产的确认做出专门的规定,

《国际会计准则 41——农业》有关于生物资产的确认规定,即企业只有在以下情况下才能确认生物资产:一是企业因过去的交易结果拥有或控制该资产;二是与该资产相关的经济利益很可能流入企业;三是该企业的公允价值或成本能可靠地计量。我国可以参照《国际会计准则 41——农业》中关于生物资产的确认,是针对具体的生物资产(种植业生物资产、林业生物资产、畜牧业生物资产、渔业生物资产)制定不同的确认标准。

会计确认行为的应用,就是在会计核算过程中运用会计确认行为标准,对会计六大要素中的资产、负债、收入、费用进行具体的确认。

（一）资产的确认

在市场经济环境下,企业取得资产的途径只能是通过已经发生的交易,例如购买或生产,有时资产也可能来自政府的投入和有关方面的捐赠。但是,企业已经发生的支出和预期发生的交易并不一定都导致对现实资产的拥有或控制。这表明,确认资产的行为必须和所有权或其他法定权利相联系。实际上,资产因其能够转化为产品或劳务而交换需求者的货币,从而能够为企业增加现金流入,企业有现金也就可以掌握其他经济资源,即强调有未来经济利益这一标准,对资产确认行为是极其必要的。资产确认行为的具体标准包括:依据法律概念——企业是否拥有一项资产的法定权利;审慎性原则——对资产应按最低价格和尽可能挪后进行确认,对负债和损失则应充分估计和尽可能提前进行确认,以保证资产确认结果的可靠性;依据一项经济业务的经济性质——该项经济业务是否能够提供与决策或认定责任相关的会计信息;依据资产价值的计量可能性——确认的行为结果必须为随后的价值量度提供切实可靠的方法,以使提供定量信息成为可能。

农业企业的资产是指过去的交易、事项形成并拥有或者控制的资源,该资源预期会给农业企业带来经济利润。主要包括流动资产(现金、各种存款、短期投资、应收及预付款项、农用材料、幼畜及育肥畜等)、固定资产(房屋、建筑物、机器、运输工具、产畜和役畜、使用的土地、桥梁、堤坝、公路、水库、机井、水泥晒场、经济林木、防护林、养殖池等)、无形资产(农业企业的专利、非专利技术、商标权、著作权、土地使用权、商誉等)、其他资产(长期待摊费用等)。

农业企业可利用的资源除了上面所说的经济资源(即资产)以外,还包括各种各样的农业自然资源,一般指各种太阳辐射、热量、降水等气象要素和水、土地、生物等自然物,不包括用以制造农业生产工具或用作动力能源的煤、铁、石油等矿,而且气候资源在相当大的程度上决定农业生产的布局、结构以及产量的高低和品质的优劣。查明不同地区农业自然资源的状况、特点和开发潜力,加以合理利用,不但对发展农业具有重要战略意义,而且有利于保护发展国民经济和人类生存环境。

(二)负债确认行为

负债的实质是将来牺牲资产的责任或需要。一笔负债要求某一主体向其他一个或几个会计主体转交资产,提供劳务,或用其他方式支出资产以履行其业已发生的或已使其负担的责任。如果负债确认错误或者遗漏,必然会使企业财务状况出现虚假乐观的情况,从而使会计报表使用者产生误解。负债确认的标准主要包括:依据法律概念——法定债务和公平(或推定)债务,法定债务是指通过正式签订合同所产生的债务,因而需要根据法律强制执行。公平(或推定)债务则是债务人和债权人双方所私下同意的债务,在发生违约时也可通过法律强制执行。但在负债的现实确认中,一般不包括公平(或)债务的确认(至少是有争议的)。依据审慎性原则——负债确认重视审慎性原则的应用,是为了尽可能地估计出预计发生的损失,保证会计信息的可靠性。依据一项经济业务的经济实质——该项有关负债的经济业务是否能够提供与决策相关的会计信息;依据负债金额的可计量性——如果一项负债的金额是难以计量的,会计人员不采用非常武断或主观的方法,就不能确定负债的金额,这项负债就不能确认。

农业企业的负债是指过去的交易、事项形成的现时义务,履行该义务预期会导致经济利益流出企业,这一定义包含三部分内容:一是必须指本企业现时承担的义务,界定了负债的范围;二是预期将导致经济利益流出本企业;三是需要以资产或劳务偿付,前者又包括以货币偿付(如应付账款)和以实物偿付(如预收货款)。

(三)收入行为确认

关于什么是收入,会计上有两种不同的理解:一是流转过程论,它把收入视为一种流转过程,即企业在某一特定期间进行的物品和服务的创造过程。

企业经营过程的"产品",只有通过资产的流出才能转化为收入。二是流入量论,认为收入是企业在经营过程中所产生的现金(或其他资产)流入,它应通过销售物品和提供劳务而实现,而且是通过流入的资产来确认的。虽然对收入的理解不同,但在收入确认标准的认识上却是基本一致的。

收入确认行为的一般原则称为收入实现原则,主要包括两个标准:一是营利过程已经结束,其标志是经济业务的关键事项已经完成,以出售商品为例,其关键事项既不是生产完工也不是收取现金,而是销售;二是收入收取的时间和金额已经确定或可以合理地估计。《民法通则》第72条规定:"按照合同或其他合法方式取得财产的,财产所有权从财产交付时起转移,法律另有规定或者当事人另有约定的除外。"

由此可以看出,"财产所有权从财产交付时起转移"只是个一般性规定,除此之外,买卖双方还可以在合同中另行规定财产所有权转移的具体时间和条件。特殊情况下,即使商品的所有权已经转移或劳务已经提供,并取得了索取价款的凭据,也不应该确认营业收入实现。就票据结算方式而言,企业收到票据就是取得了索取价款的凭据,但这并不等于该票据到期一定能够收回票款,因为出票人的出票行为是一种单方面的法律行为,出票行为完成后,对付款人并不产生实质上的约束力,付款人没有必须向收款人或持票人付款的义务。因此,收款人或持票人能否从付款人得到付款,在出票时尚不能确知,这样,收回货款的时间就难以保证了。

农业企业收入是指农业企业在销售农产品、提供劳务及让渡资产使用权等日常活动中所形成的经济利益总流入,主要包括主营业务收入和其他业务收入,具体有销售收入、运输营运收入、工程结算收入、服务收入及其他业务收入。另外,农业企业自产留用的种籽、饲料、口粮、工业用原料以及自繁幼畜成龄转为固定资产,也视同销售计入营业收入。按内部单位的性质不同,可概括如下。

(1)农业(专指种植业、畜牧业、林业、副业、渔业的总称,即狭义的农业)、工业单位发生的产成品、自制半成品、工业性收入;

(2)商品流通单位发生的商品销售收入;

(3)建筑单位发生的工程价款结算收入及向发包单位索要的赔偿收入;

（4）运输单位发生的营运收入及经营装卸业务的装卸收入；

（5）服务场所发生的从事旅馆、宾馆、饭店、理发、照相、浴池、洗染、修理和咨询服务业务收入等.但在本书中所说的农业企业收入,主要是指农业活动收入,不包括工业、交通、建筑等非农业活动形成的收入。

（四）费用确认行为

关于费用含义的界定,会计理论界有两种不同的观点：一是现金流出观,认为费用是会计期间经济利益的减少,表现为由资产流出、资产递耗或是发生负债而引起所有者权益的减少；一是收入/费用观,认为费用是企业在生产经营过程中发生的各项耗费。虽然对费用的理解不同,但对费用确认行为标准的认定却基本一致,即两种费用确认观都认为费用确认必须具备两条标准：第一,利益的消耗,即预期的经济利益在某一期间内已经消耗；第二,不具有未来经济利益,即可以证实资产的原确认未来经济利益已经减少或者发生、增加了可能具有经济利益的负债。费用是为产生营业收入所花费的努力。由此可见,费用确认与收入确认是密切相关的。不能与收入的发生分割开来。

目前已广为接受的费用确认原则主要有三个,即联系因果关系确认费用（也称直接配比）,合理和系统分配模式确认费用（也称间接配比）,成本发生时直接确认费用（也称期间配比）。其中,会计行为理论非常重视有关配比原则的应用。

农业企业费用是指农业企业为销售农产品、商品及提供劳务等日常活动所发生的经济利益的流出,成本是指农业企业为生产农产品、提供劳务而发生的各种耗费,主要包括直接材料（或商品进价）、直接人工、其他直接费用和间接费用。期间费用是指农业企业生产经营过程中发生的不计入生产经营成本而全额计入当期损益的费用,包括营业费用、管理费用和财务费用。

（五）所有者权益确认

所有者权益是指所有者在农业企业中所享有的经济利益,其金额为资产总额减去负债总额后的余额,主要包括实收资本、资本公积、盈余公积和未分配利润四部分。

农业企业的所有者权益主要是指农业企业的利润,即农业企业在一定会计期间所获得的最终经营成果。由于农业企业是由具体的各行各业组成的,

所以其利润总额由行业利润合计构成,形成企业利润总额和行业利润总额两个层次,即:

企业利润净额＝农业企业利润总额＋工业利润总额＋商品流通企业利润总额＋运输业利润总额＋建筑业利润总额＋服务业－所得税

行业利润总额＝营业利润＋投资净收益＋补贴收入＋家庭农场实际上缴利润＋营业外收入－营业外支出

三、会计计量

会计计量是指在会计确认的基础上,对经济业务按照其具体内容以及与会计要素的关系,采用一定的计量单位对其进行数据上的衡量、计算和确定,最终转化成能够满足不同使用者需要、能够集中和综合地反映单位财务状况和经营成果信息的过程。会计确认是会计计量的前提,会计计量是会计确认的结果,它伴随着会计确认行为贯穿于整个会计系统。一般地,会计计量被认为是确定各客体之间相互关系的一种方法,即以一定的方法、规则、标准,用数字或符号表达被计量对象或事物某些特定的规模、范围、能量和关系。

会计计量的"量化"是一种货币量化的过程,对应记录的经济事项的定量有两种,一是实物定量,二是货币计量,会计计量主要是指后者。会计上的计量单位笼统地讲,就是货币,只有货币才具有综合反映经济业务的能力,从而使会计信息更适用于使用者的经济决策。由于任何一种计量单位都必须要求自身度量上的统一性,所以对财务报表项目的计量就要求货币单位在不同时期保持稳定,以便使计量结果具有可比性。理想的财务报表计量单位在现实中是很难找到的,因为货币的度量单位就是它的购买力,而货币购买力则受不同时期的生产力水平和货币供应量等因素的影响,因此实际的货币购买力是经常变动的。为了满足会计信息的决策有用性,在会计上就产生了名义货币和一般购买力货币两种计量单位供企业选择。

在世界各国的会计实务中,名义货币单位一直被广泛使用,并将继续使用下去。这主要是因为按照名义货币单位进行计量具有其自身的优点,即符合"币值稳定"的会计假设;可以保证计量单位的统一,便于会计核算的进行;在物价变动不大的情况下,能比较准确真实地反映企业的财务状况和经营成果;

可以简化计量手续,减少会计人员的工作量。但是,在物价上涨幅度较大的情况下,采用名义货币单位就不能反映货币的实际购买力,会造成资本的不保全,有些企业甚至可能出现虚盈实亏,影响会计信息的决策有用性。因此,按照国际惯例,只要物价变动不超过恶性通货膨胀的程度(恶性通货膨胀的主要标志是三年累计的通货膨胀率接近或超过 100%),一般都以各国法定的名义货币作为计量单位,而不考虑货币购买力的变化对财务报表的影响。

美国会计学会(American Accounting Association,简称 AAA)1996 年在其《基本会计理论》中指出:"会计就是为了使信息使用者能够作出有根据的判断和决策而确认、计量和传输经济信息的过程。"

美国注册会计师协会(American Institute of Certified Public Account-ants,简称 AICPA)所属的美国财务会计原则委员会(Accounting Principles Board,简称 APB)在 1970 年发布的第 4 号公告中认为:"会计的功能在于提供有关经济主体的数量信息(主要具有财务性质),以便于作出经济决策。"

美国著名会计学家 K. S. 莫斯特(K. S. Most)将美国心理学家 S. S. 史蒂芬斯(S. S. Stevens)的有关激励的理论运用于会计学中,认为会计计量主要由两个要素构成,一是必须计量的财产(或资产),二是为计量该财产(或资产)所采用的计量尺度。

莫里斯·穆尼茨(M. Moonitz)则认为:会计计量有三个条件,即时间因素、数量因素和单位因素。总而言之,会计计量是在适当的时间以特定的单位作出数量表示。

我国有关会计学者认为,"会计计量就是以一定的货币数量来表现某一物体或某项经济活动。"(葛家澍,刘峰.试论会计计量,《当代财经》,1993 年第 4 期)。

莫斯特关于会计计量的这一分析得到了普遍的认可,后来,人们据此总结和归纳出会计计量的两个要素,即计量属性和计量单位。计量属性,是指被计量客体(会计要素)的特征或外在表现形式。常用的会计计量属性一般有以下七种:历史成本、现行重置成本、标准成本、成本与市价孰低、现行市价、可变现净值、未来现金流量的现值。企业会计属性的计量常以历史成本为基础,但有时也与其他计量属性相结合使用,如存货价值的确定以历史成本为基础,当可变现价值较低时,就按照成本与市价孰低原则计量。计量单位是指对计量对象就某一属性进行计量时具体使用的标准量度。在商品经济条件下,会计计量以货币作为其标准计量尺度,从理论上讲,可供选择的货币有两种,即名义货币(以各国的名义货币单位作为会计的计量单位)和一般购买力货币单位(对名义货币单位按一定的购买力调整换算后的计量单位)。

需要注意的是,会计计量虽以货币计量为主,但也不排除以实物量度、劳动量度作为辅助量度。

由于农业生产活动的特殊性,关于农业企业的会计计量问题,我国已颁布的会计准则及现行的《企业会计制度》均未对其做出专门规定,但根据我国《企业会计制度》中会计核算基本原则第十条可以看出,我国农业企业生物资产的计量目前只能采用历史成本法和成本与市价孰低法,禁止使用公允价值计量属性。随着我国农业企业的不断发展和市场的日益完善,详细、可靠、可行的农业企业会计计量政策仍有待完善。

四、会计记录

会计确认、计量的结果不仅是通过会计记录反映,而且会计确认和计量都包容在会计记录之中。也就是说,在会计处理过程中并没有单独划分确认、计量阶段,确认和计量融合在会计记录的各种方法之中。会计记录是对会计对象进行记录的手段,主要包括下列专门方法。

(1)设置会计科目记账户。

(2)复式记账。

(3)填制与审核凭证。

(4)设置与登记账簿。

关于农业企业会计账户设置,我国著名的会计学家杨秋林认为,农业企业专业会计核算中除了需要设置与其它行业具有共性的会计科目以外,还应设置反映农业特殊性的会计科目,主要包括:农产品,幼畜及育肥畜,固定资产——生产性生物资产,基本生产成本——种植业生产成本(畜牧业生产成本、林业生产成本、渔业生产成本),应收家庭农场款,应付家庭农场款等。毛鸿文也针对制订农业专业核算办法问题提出了自己的一些建议,针对农业企业中的资产核算问题、家庭农场的核算问题、收入成本与利润的核算问题进行了探讨,并详细地讲解了一些会计科目的具体应用。

五、会计报告与披露

在当代会计发展中,"财务报告"一词的使用频率越来越高,尤其是随着证券市场的发展,财务报告信息在完善资本市场、促进资源有效配置方面的重要作用日益凸显而成为各方关注的焦点。财务报告就是按照一定的方法,将业已确认、计量、记录的会计对象进行汇总和向外传递的过程。目前财务报告以固定的格式和货币计量的数据作为报告的主要手段,同时结合运用其他报告方法。

财务报告是公司正式对外揭示并传递财务信息的手段,它不仅包括财务报表,而且包括与会计信息系统有关的其他财务报告,它通常由基本财务报表和作为财务报表组成部分的附注组成。决策有用性是当前企业对外财务报告的首要目标,美国财务会计准则委员会发表的第 1 号财务会计概念公告(SFAC NO1)——《企业财务报告的目标》系统地阐述了财务报告的具体目标:

(一)财务报告应该提供给现在的和潜在的投资者、债权人和其他的使用者作出合理的投资、信贷及类似决策的信息。

(二)财务报告应该提供给现在的和潜在的投资者、债权人和其他的使用者评估来自股利或利息以及来自出售或到期证券、贷款等预期现金收入的余额、时间分布和不确定的信息。

(三)财务报告应能提供有关企业经济资源,对这些资源的要求权以及引起这些资源和其所有权发生变化的交易事项和情况的信息。

(四)财务报告应该提供关于企业如何获得并花费现金的信息,关于举债和还债的信息,关于资本交易的信息,关于影响企业的变化能力或偿债能力的信息。

(五)财务报告应能提供关于企业管理当局在使用业主所委托的企业资源时是怎样履行"受托责任"的信息。

(六)财务报告应该提供对企业经理和董事们在按业主利益进行决策时的有用的信息。

简言之,财务报告的目标就是向信息使用者提供对决策有用的信息。但目前我国由于没有制定专门的农业活动会计准则,会计制度框架下的农业会计核算办法也尚未制定,因此没有专门的农业活动披露政策,按照普通会计事项的披露政策,适合农业活动的报告披露政策有:区分流动资产和非流动资产;提取资产减值的情况;折旧政策。

由于农业活动的特殊性,仅仅像普通的会计项目一样对农业活动事项进行披露是远远不够的,无法让投资者对公司或企业的农业活动有全面的了解,特别是在以原始成本法计量的情况下,对不同年龄的动植物,往往难以从成本上体现出差别,而实际上这种是差别很大的。因此,为了减少农业会计信息的不对称,使投资者对农业活动有全面的了解,实现农业企业价值最大化,必须制定可行的农业活动报告披露政策。

第五节　课后训练

(1)简述农业企业会计制度设计的原则。

(2)会计计量的"量化"是什么?

第五章　我国农业企业会计制度变迁的动因研究

经济学家诺斯曾经说:"制度提供了人类相互影响的框架,它们建立了构成一个社会,或更确切地说一种经济秩序的合作与竞争的关系。"①,同时又说:"制度是一系列被制定出来的规则、守法程序和行为的道德伦理规范。它旨在约束主体福利或效用的最大化利益的个人行为。"

由于经济人有限理性的假设,使得经济人总是在给定的约束条件下追求自身利益的最大化。如果无任何约束条件,经济人竞争行为必然会加剧交易活动的不确定性,增加交易费用的发生。从广义上讲,这种约束条件就是经济人所共同遵守一种契约或一种交易规则。会计制度在一定程度上提供了经济人相互影响的框架,为经济人之间的竞争与合作确立了经济秩序,这种经济秩序正是人们所需求的,有需求才会有供给,人们对正常的、有序的经济秩序的需求,产生了对影响经济秩序的会计信息的规范性需求,也即对会计制度的需求。如果能及时提供会计制度,以满足人们对会计制度的这种要求,则会计制度的供求就达到一种均衡状态。

因此,从辨证与发展的角度来看,我国农业企业会计制度既有其发展、变化的历史过程,也有其变迁的理论动因与现实动因。

第一节　我国农业企业会计制度变迁的历史回顾

在人类历史的发展过程中,会计是社会生产活动发展到一定阶段的必然产物,随着人类社会组织和管理生产的需要而产生、发展并不断得到完善。根

---

① 斯诺. 经济史的结构与变迁[M]. 上海:三联书店,1991.

据考古资料记载,会计活动的历史可以追溯到四五千年以前,古巴比伦、古埃及、罗马、中国等古代文明对会计的产生与发展都有过重大的促进影响。

在古埃及,虽然没有设置专门的会计官职,但当时的统治者已开始设立专门的监督官,以相互牵制的方式,保证会计记录的正确性。记录官登记的账簿必须经仓库监督官加以检查,如有严重的违法行为则处以断肢或死刑,也就是说,一个官吏的账簿记录必须与其他官吏的账簿记录相一致,这种相互牵制的监督机制可以看作是会计制度的雏形或萌芽。而早在远古的印度公社中,也已经有了农业记账员,专门负责处理农业账目,登记和记录与农业生产活动有关的一切事项;在古希腊和古罗马时代,也已经有了农庄、庄园和不动产的账目;在我国,古代会计是以官厅会计为主的,官厅会计主要服务于奴隶主和封建王室赋税征收、财政支出及其财产保管的会计。"登记与记录""账目"则分别类似于现代会计制度中的"记账"与"会计科目"。回顾起来,我国会计制度变迁的过程大致可以分为以下几个阶段。

一、我国农业会计制度的萌芽阶段

原始社会是人类社会发展过程的第一个阶段,生产力水平极其低下,人们过着原始的群居生活,依靠狩猎、采集野果子为生,几乎不从事农作物的种植活动,更谈不上农业企业术语的出现,但在原始社会的母系氏族后期,尤其是在原始社会末期,人们已经学会了种植简单的谷物等,也出现了简单的原始计量、记录行为,主要用于对农业生产活动的计量与记录。所以,此时对日常活动所进行的原始计量可以看作是农业会计的萌芽,因而这一阶段也可以看作是农业企业会计制度的萌芽阶段。

根据文献记载和考证,我国会计制度的历史由来已久。远在三千年前的西周时期(公元前1122—公元前256年),我国就设立了"司会""大宰""职内""职岁""职币"等专门的主管会计的职官和会计机构,并提出"零星算之为计,总和算之为会",并第一次使用了"会计"一词。其中"司会"具体主管会计核算,掌管周王朝的会计账簿,系统地登记、考核王朝所发生的一切收支事项;"职内""职岁""职币"是财务出纳,分别负责财务的收入、支出和结余。对全国的财务,则设立大府统一管理,而在大府之下,又设立玉府、内府、外府、酒正等专人分别管理不同的财物,而且,此时已经出现了"簿"与"账簿",来取代商代的"册"。由此可以看出,西周时期的会计工作与会计实务中已经隐含着一定的会计制度的内容,如运用"零星算之为计,总和算之为会"进行会计核算,设置会计账簿,配备专门的会计人员等,只不过没有出现专门的"会计制度"术语罢了。

到了春秋战国至秦代,又出现了"籍书"或"簿书"之类的账册,并用"入"和"出"作为专门的记账符号来记录和反映各种经济事项。直至唐代,"账簿"二字已经联用,会计报表和会计账簿已经普遍使用纸张。

到了宋朝,人们又创建和运用了"四柱清册"结算法,即:

$$旧管＋新收－开除＝实在$$

这相当于现代会计中的"期初结存＋本期收入－本期发出＝期末结存",用于进行日常经济活动的会计核算,此方程式的创立是对我国会计学术研究的一大贡献,也进一步推动了我国会计的发展,为制定完善的会计制度奠定了理论基础。

明清时代,我国会计工作者为了适应商品货币经济发展的需要,又创建了"龙门账",其计算公式为:

$$进－缴＝存－该$$

"进"是指全部收入,"缴"是指全部支出,"存"是指全部资产,"该"是指全部负债(包括业主投资)。"龙门账"中的会计报表包括"进缴表"与"存该表",分别与现代会计中的"利润表""资产负债表"的意义与作用相似。

郭道扬教授1984年在《会计发展史纲》一书中,也曾详细地考察了"账簿"一词的由来。由此可以看出,会计的产生与经济管理的需要一样,具有悠久的历史,而作为规范会计行为的会计制度,则是会计实践活动的总结,换句话说,会计制度是伴随着会计的产生和发展而不断发展与演变的。

二、新中国成立时期的农业会计制度

中华人民共和国刚成立时,我国的农业企业主要是一些大型的国有农场,如王震将军率领解放军开辟的原黑龙江建设兵团等。此时,全国各行业、各企业的会计制度都不统一,既没有全国性的会计准则来规范各行业的会计工作,又没有各行业的统一会计制度规范系统内各单位的会计工作。当然,也没有制定和颁布专门的农业企业会计制度。

但是,为了适应新建的各级人民政府和各个行政、事业单位管理预算基金的需要,为了规范农业生产活动会计核算工作,财政部于 1950 年制定和发布了《各级人民政府暂行总预算会计制度》和《各级人民政府暂行单位预算会计制度》,运用的记账方法主要是收付记账法和增减记账法。这种以增减记账法为主的会计制度体系也是从苏联学习来的。

增减记账法是我国会计工作者在 60 年代创造的一种复式记账方法,曾先后在国营商业企业和工业企业中推广使用,当时农村社队企业采用这种记账方法的也比较多。收付记账法是我国传统的记账方法,它以"收"和"付"作为记账符号,以"收入-付出=结存"作为理论依据,在我国的农业合作社经济组织中应用较为广泛,主要包括现金收付记账法和钱物收付记账法。

为了加强经济核算,提高经营管理水平,适应公社、村生产大队、生产队三级管理和三级核算的需要,更好地为发展生产和合理地进行分配服务,1961年 11 月,财政部在 1960 年草拟的《农村人民公社示范会计制度(讨论稿)》基础上,吸取各地制定公社财务会计制度的经验,研究制定了《农村人民公社示范会计制度(试行草案)》(下文简称《示范制度》)。《示范制度》分别规定了公社、生产大队、生产队各级的核算任务,使用的会计科目、会计凭证和账薄、主要业务事项的会计处理和会计报表,基本适应当时的管理体制。但由于一平二调的错误思想路线没有得到彻底的纠正,所以《示范制度》并没有真正起到促进农业生产、保护农民利益的作用。

新中国成立后的一段时期内,我国虽然也曾结合具体实践及存在的问题,对会计制度的完善与发展做过种种的努力,但总的来说尝试是不成功的,始终不能摆脱苏联会计制度的框架,建立起具有中国特色的会计制度体系,更没有针对农业企业生产活动的特殊性来制定和颁布专门的农业企业会计制度。

三、农业企业会计制度的逐渐规范

由于社会经济的不断发展和对外改革开放程度的扩大,经济理论研究进入全新的发展大浪潮,我国也逐渐建立起了社会主义的会计理论和会计方法,制定了各种会计法规,建立起了一套适应于不同时期经济管理体制需要的财务会计体系。

1985 年 1 月 21 日,第六届全国人大常委会第九次会议通过并公布了新中国第一部《会计法》。

1985 年 3 月 4 日,我国颁布了《中华人民共和国中外合资经营企业会计制度》,自 1985 年 7 月 1 日开始施行。这是新中国第一部参照国际惯例设计的全新的会计制度,是我国会计国际化的一个重要开端。

1991 年,财政部发布了"会计改革纲要",提出了建立包括基本准则与具体准则的会计准则体系。

1992 年 8 月 10 日,我国发布了《中华人民共和国外商投资企业会计制度》用以取代《中华人民共和国中外合资经营企业会计制度》,并于 1992 年 7 月 1 日实行;

1992 年 5 月 25 日,财政部和国家体制改革委员会联合颁布了《外商投资工业企业会计科目和会计报表》。

1992 年 11 月,财政部颁布了《企业会计准则》,而且陆续出台了 14 个借鉴国际惯例的分行业会计制度,涉及工业企业、商品流通企业、交通运输企业、旅游饮食服务企业、施工企业、房地产开发企业、农业企业、对外经济合作企业、金融企业、保险企业、电影业、新闻出版企业等 14 个行业。至此,我国终于有了规范农业企业会计核算工作的专门会计制度,这是我国第一次制定并颁布的农业企业会计制度,也就是本书中所称的旧《农业企业会计制度》。

1992 年底,我国又颁布了《企业财务通则》,并从 1993 年 1 月 1 日开始施行。

为适应社会经济不断发展的形势,我国又于 1993 年 12 月 29 日召开的第八届全国人大常委会第五次会议通过并公布了第一次修订后的《会计法》。1999 年 10 月 31 日,第九届全国人大常委会第十二次会议对《会计法》进行了第二次修订,自 2000 年 7 月 1 日实施。

2000 年 12 月 29 日,财政部颁布了新的《企业会计制度》,自 2001 年 1 月 1 日起暂在股份有限公司范围内执行。

从 50 年代到 70 年代末期,我国出版的各种会计刊物中,几乎没有出现过"会计原则"或"会计准则"的术语,但 1997 年以来,我国已经先后制定了一系列具体的企业会计准则,包括《企业会计准则——关联方关系及其交易的披露》《企业会计准则——资产负债表日后事项》《企业会计准则——收入》《企业会计准则——建造合同》《企业会计准则——或有事项》《企业会计准则——无形资产》《企业会计准则——借款费用》《企业会计准则——存货》《企业会计准则——租赁》《企业会计准则——现金流量表》《企业会计准则——债务重组》《企业会计准则——投资》《企业会计准则——会计政策、会计估计变更和会计差错更正》《企业会计准则——非货币性交易》《企业会计准则——固定资产》等。

因此,新中国成立以来的 50 多年间,我国经济理论研究的道路并不平坦,大致来说,经历了四个阶段。

一是 1949 年至 1978 年,我国在这个时期全面接受了"苏联模式",注重研究社会主义经济的本质,忽视了对经济运行和经济发展的研究,排斥和否定了社会经济运动的一般性。

二是 1979 年至 1984 年 10 月,经济学界先后开展了有关价值规律、按劳分配、社会主义生产目的以及计划与市场关系的大讨论,澄清了一些被颠倒的理论,并且出现了改革国家所有制、发展社会主义商品经济的理论主张。

三是 1986 年 10 月至 20 世纪 90 年代初,这是经济理论大发展的时期,我国对商品经济的内在规律和运行机制进行了比较深入的研究,确立了社会主义初级阶段的理论。

四是从 1992 年开始,全国经济理论研究进入了一个全新的发展时期,我国建立了具有中国特色的社会主义理论,提出了对国有经济进行战略重组的主张,指出不同市场经济的国家中可以有共同的企业制度。

从以上分析可以看出,我国的会计制度变迁是一个渐进式变迁过程,我国整个会计改革的过程是通过在不同所有制、不同组织形式、不同经营方式的企业进行试点,特别是先在外商投资企业、股份制企业及上市公司这样一些新的经济成分或新的企业组织形式中试行,积累经验后再进行全方位的推广,这种形式的会计制度变迁具有典型的先易后难、先试点后推广的特征。时至今日,我国已颁布的几项具体会计准则仍然分为"所有企业执行"和"上市企业执行"两部分,这也充分说明,我国会计制度仍处在渐进的变迁过程之中。我国于2001 年 11 月 12 日正式加入 WTO。目前,我国的会计制度变迁正朝着有利于与国际惯例接轨的方向发展,体现行业特点的农业企业会计制度的完善与发展也不例外,它是我国会计改革的重要组成部分。

第二节 我国农业企业会计制度变迁的理论动因研究

会计制度作为一种产权制度,其产生之后,并不是一成不变的。随着社会经济的发展和多种经济成分的出现,社会对会计制度的需求将不断增加,会计制度同样面临着变迁与创新问题。会计制度变迁是指会计制度变化的历史,具体表现为会计制度的替代、转换与交易过程。会计制度创新来自于这样一种状况:当人们预期的净收益超过预期的成本,而现存的会计制度安排又无法实现这样的收入时,会计制度才会得以被创新。

一、交易费用理论

交易费用理论主要是指科斯定理所体现的思想。1910 年,罗纳德·哈里·科斯(Ronald H. Coase)生于英格兰的威尔斯登。20 世纪 50 年代,他获伦敦经济学院博士学位,并移居美国。长期以来,科斯一直从事学术研究活动,并执教于芝加哥大学等多所院校。他于 1937 年发表的《企业的性质》以及于 1960 年发表的《社会成本问题》,奠定了他在经济学界的泰斗地位,并使他于 1991 年获诺贝尔经济学奖。

科斯定理是由相互联系的三个定理组成的"定理组"。

一是科斯第一定理:如果交易费用为零,不管权利初始安排如何,当事人之间的谈判都会导致那些财富被最大化地安排,即市场机制会自动使资源配置达到帕累托最优。

二是科斯第二定理:在交易费用大于零的世界里,不同的权利界定,会带来不同效率的资源配置。也就是说,交易是有成本的,同一项交易活动在不同的产权制度下,其交易成本是不同的,从而对资源配置的效率产生不同的影响,因此,为了优化资源配置,对产权制度进行选择是社会发展过程中的必要程序。

三是科斯第三定理:由于制度本身的设计、制定实施与改革等也是有成本的,所以,对于不同的制度、一种制度的不同设计,要不要建立相应的制度、要不要变革以及如何变革制度,同样存在着选择的必要性,选择的标准是制度成本最优化。

会计制度也属于产权制度的范畴,是产权制度的一种形式或特定社会产权制度的一个组成部分,它与科斯定理之间也存在内在的联系。所谓产权,简言之,就是财产权利。特定的产权,就是特定主体对特定财产的权利。由于产权制度包括界定、确认和保护产权的各种法律、规则、准则和约定俗成的惯例等,所以会计制度也自然包含在其中,因为会计制度就是借助对会计行为的规范与约束,实现对各利益相关者的产权保护。同时,会计制度也具有一定的"经济后果",会计制度的发展史已经在这一方面提供了大量的例证。

第一,早在复式簿记方法创立初期,人们就知道通过选择不同的计价方法来实现特定的利益目的。如巴其阿勒在《簿记论》中曾提到,对存货价格宁可高估,不要低估,可以为业主带来较高的利润。

第二,美国铁路业早期从资本中支付大量的股利,靠牺牲长期投资者和债权人的利益(产权),使短期投资者获利;后期以成本为基础进行折旧处理,显然体现了股东和债权人的利益(产权)保护倾向。

第三,我国过去长期实行分行业一统到底的会计制度,要求企业采取专款专用等,其依据就是企业资金绝大部分来自于国家投资,因此要保护国家的(利益)产权。

第四,长期以来,美国的会计制度倾向于保护投资人的利益。这是因为美国资本市场、特别是权益资本市场高度发达,企业的大部分资金来自于资本市场,如早在1987年,美国证券市场的市值占国内生产总值就高达46%。

总之,按照产权和制度经济学的分析,会计制度是企业制度的一部分。判断一项会计制度是否有效,主要看它的交易成本与制度成本的和是否最低。换言之,在理想的状态下,某一会计制度内容的确定、会计制度外在形式的选择、会计制度的制定过程等,都是交易成本与制度成本之和的最低产物。为了使农业企业会计制度最接近于理想状态,实现交易成本与制度成本之和的最小值,随着社会经济的发展,农业企业会计制度的不断变迁是不可避免的。

二、公共选择理论

要运用公共选择理论进行经济事项的分析,必须先弄清楚公共物品的概念。所谓公共物品,是指那种能够同时供许多人享用的物品,并且它的供给成本与享用效果并不随享用人数的变化而变化,尤其不会随着享用人数的增加而减少。在公共选择理论的倡导者们看来,信息是一种典型的公益物品,任何人掌握了某项信息都不会减少他人了解这一信息的可能性(私益物品则恰好相反)。作为信息的一种,会计信息也同样是公益物品。因为会计制度是企业制度的一种,形成会计制度的过程,同样也可以视为一种两个以上的人(或政府、机构等)所形成的一项以制度为标准的特殊契约的交易过程。这样,公共选择理论的一些观点,也可以用来作为分析会计制度的依据,即借助财务报表所传递的会计信息。一旦公开呈报之后,就具备了上述特征——每个人都可以机会均等地获取相同的内容。因此,公共选择理论关于公益物品的分析,对会计信息及规范会计信息生成的会计制度同样有效。

作为社会秩序的组织者,政府在公益物品的提供方面,发挥着十分重要的作用,除了直接从事公共物品的提供外,还可以通过法律、法规等形式,强制一些相关部门或机构提供相应的公共物品,或通过制定相应的法律、法规,间接地要求相关的主体或机构提供公共物品。很显然,会计信息属于后一种类型的公共物品,即作为会计主体的各企事业单位必须根据相关的会计法律、法规,按照一定的格式和内容,及时地对内、对外提供相应的会计信息。

既然会计信息是一种公共物品,它也同样会面临“搭便车”的问题。也就是说,会计信息一旦公开提供,所有人都能享用,这其中既包括上市公司财务报表的法定使用者如股东、债权人等,也包括那些“搭便车”的人,如公司的竞争对手等,也就是说,会计制度的发展完善过程中,同样存在着寻租行为。

租金最初是用来说明土地报酬的,又称为地租。土地之所以能被用来收取地租,主要原因是土地具有稀缺性和有限性。经济学上将地租概念一般化为租金,来描述那些可能为缺乏供给弹性要素的拥有者带来的报酬。而期望通过一定手段取得对这些缺乏供给弹性要素的控制权以获取租金的行为,就是公共选择理论所说的“寻租”。如果将会计制度视为一项特殊的商品。那么,它在一定程度上也符合供给刚性的特征(即供给缺乏弹性),在某一社会范围内,会计制度的需求即使提高地再快,其供给也无法增加。任何一个社会只可能在有限的范围内以较缓慢的方式增加或改进现有的会计制度,而不可能像商品生产一样快速提高或增加其供给。因此,相关部门和机构围绕会计制度,也展开了"寻租行为"。

在制度经济学派看来,会计制度是企业制度的一部分。企业寻找某制度,其最根本的出发点是制度成本(总体上应归入交易成本或契约成本)最低化。只不过,不同行业、不同规模、不同所有制的企业在确定制度成本时,所考虑的因素各不相同。

公共选择理论认为,现代社会中的寻租行为,主要是指寻租者期望通过一定的手段取得对某些缺乏弹性要素的控制权,以获取租金利润的行为。会计制度(含其规范下的会计政策)作为一种缺乏供给弹性、不能任意制定的公共物品(即在某一社会范围和时间界限内,会计制度和会计政策只能在有限的范围内,以较缓慢的方式增加或改进其供给),是一种具有经济后果和经济影响的重要产权制度,相关部门和机构总是围绕着会计制度的制定权与会计政策的选择权问题展开"寻租行为"。政府对会计制度的管制,与租金的多少、寻租活动的活跃程度和规模之间,存在着一定的线性关系,如图 5-1 所示。

这是一条动态曲线,寻租活动的高峰在不同的国家、不同的会计制度或会计准则制定模式中,对应不同的管制程度(单位:%),这与各国协调会计制度失灵发生的程度不同有关,即与各国政府对会计制度的管制内容、管制力度和管制方式有关。

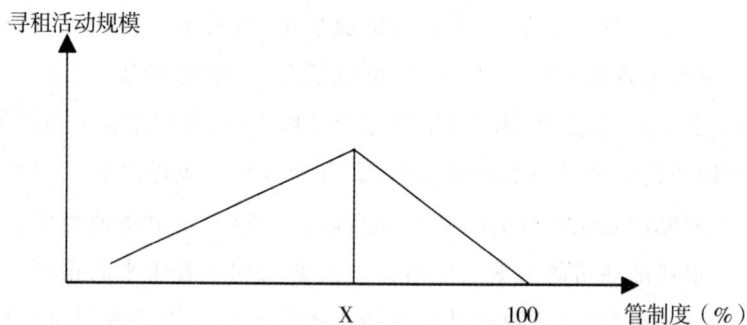

图 5-1 寻租活动规模与管制基本关系图

与此同时,在会计制度的制定中还存在着企业的寻租行为问题。从理论上看,会计制度制定过程中,企业寻租一般通过两种途径实现。一是企业通过各种手段干预会计制度的制定过程,以引导或促进会计制度朝着有利于各该企业利益的方向发展,即一般通过直接给会计制度制定机构施加压力、游说其他政府部门等方式来达到寻租目的。二是作为经济人的管理当局,通过具体会计政策的选择,最大限度地降低或减缓新制度可能带来的负面影响,也就是说,管理当局利用会计制度这种不完全契约,利用在会计处理程序和方法的剩余控制权,斟酌选用会计政策,以达到寻租的目的。

要从制度上全面有效地抑制寻租,必须根据客观环境的变化不断完善现有的会计制度,做到使经济人不能为、不敢为、不必为、不愿为。使经济人不能为,是指通过有效的制度,消除租金存在的基础,尽量避免政府的无意创租和被动创租,杜绝政府的主动创租,使寻租者无租可寻。诺斯认为,遏制寻租活动的有效方法,是依靠法律制度(包括《会计法》《企业会计制度》等)和规范或者文化与道德的制约。使经济人不敢为,是指通过强有力的事前监督和事后惩罚机制,通过法律制度及规章限制寻租者寻租。同时,提高政府工作的透明度,加大寻租者的寻租成本,使寻租者不敢进行寻租活动。使经济人不必为,是指通过充分发挥政府监督控制的积极职能,在限制租的产生和寻租行为的同时,引导人们从寻租转向寻利,即采用激励的手段,削弱寻租者的寻租动机。使经济人不愿为,是指通过对会计制度的不断完善,使经济人从道德上产生对寻租活动的反感,以改变其偏好及效用函数,从而主动放弃寻租选择。从公共选择理论及寻租活动的角度来看,会计制度的变迁也是会计发展过程中的正常现象。

三、会计制度博弈论

会计制度博弈论又称为对策论,是会计制度变迁的理论动因之一,最早是在 1944 年由冯诺意曼(Vomneuman)和摩根斯坦恩(Morgerstem)创作的《博弈论与经济行为》书中提出,直到 70 年代才为人们所重视,并且在不同的研究领域开始流行起来,成为主流经济学的一部分。1994 年,诺贝尔经济学奖就授予了三位博弈论专家,即纳什(Nash)、泽尔腾(Selten)和海萨尼(Harsa-nyi)。博弈论是研究决策主体的行为发生直接相互作用时的决策,以及这种决策的均衡问题。在博弈论中,与传统的经济学相比,个人效用函数不仅依赖于自己的选择,而且依赖于他人的选择,个人的最佳选择是其他人选择的函数。严格来讲,博弈论是一种方法,是数学的一个分支,它的应用范围包括经济学、政治学、军事外交、公共选择等,但它在经济学中的应用是最广泛、最成功的。

会计学属于经济学范畴内的一门学科,会计是企业的一个职能机构,为企业战略发展服务,记录、计量和报告企业的经营成果,反映企业目标完成情况,因此,博弈论同样适用于会计学科的研究。在会计制度的博弈过程中,博弈双方是委托人与代理人,裁判是注册会计师,博弈的基本前提是信息不对称,博弈规则是会计制度。

综观近二三十年,博弈理论的发展及其在研究上的巨大成就,可以说与日益广泛的应用是分不开的。博弈理论应用于会计制度制定的研究,拓宽了会计制度的思路和方法。会计制度的制定与完善是一个渐进的过程,这一过程是这样的:在现实中,政府颁布的会计制度若有漏洞,各市场主体就会从漏洞中获得利益,而一旦政府发现了就会堵上漏洞,其方式就是已颁布会计制度的"补充""解释"或干脆重新制定颁布会计制度,这实际上就是政府与市场主体就会计制度进行的社会博弈过程。

完成一次博弈过程,会计制度便暂时达到了"纳什均衡"状态。依据博弈理论,处于"纳什均衡"状态的会计制度事实上会成为社会各界普遍理解和接受的"市场规则"。但是这种状态不能长久,一旦新技术、新业务出现而现有会计制度未能涵盖时,则又会引起新一轮的政府与市场主体之间的博弈,其结果又会达到新的"纳什均衡"状态。这样,会计制度经过多次博弈就会不断得到改善,"纳什均衡"的均衡点就会不断地由低层次向高层次逼近,使非合作博弈向合作博弈接近,使个人理性(各方追求其效用最大化的偏好)与团体理性(追求全社会福利水平最大化的偏好)趋于一致,从而提高帕累托改进,提高会计制度的效力,提高整个社会的福利水平,如图 5-2 所示。

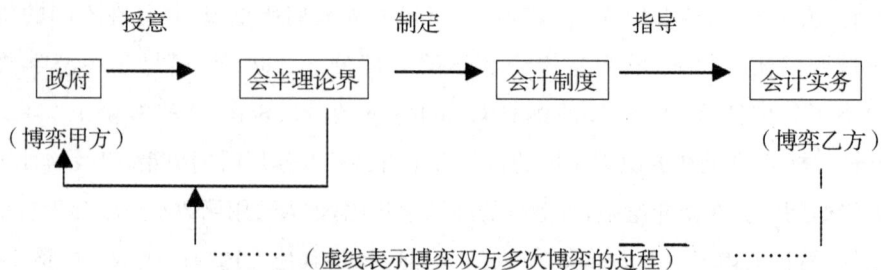

图 5-2 会计制度制定的"博弈过程"

由于会计的基本职能包括会计核算和会计监督两大部分,会计核算的职能在于认定或确认产权关系,反映产权结构的变化,并将会计核算结果输出给外界各产权主体;会计监督则是对会计的界定进行再认定,即认定是否按既定的契约(会计制度)进行界定或界定后的产权结构是否遭到破坏,某一产权主体的利益是否被他人损害。而会计监督分为内部监督和外部监督,内部监督是企业管理者和会计人员之间的监督,外部监督是企业外部人员对企业的监督。由此,会计制度实际博弈过程可以分为外部监督的博弈和内部监督的博弈。

在会计制度外部监督博弈的基本模型中,理论上将博弈中拥有私人信息(会计信息)的参与人称为"代理人",不拥有私人信息的参与人称为"委托人"。在具体的会计活动实践中,代理人是指企业经理人员和财会人员,委托人是指各种各样的会计信息使用者,即社会公众投资者、债权人、国家股东及监督部门。

根据博弈论的游戏规则,参加会计制度博弈的双方必须根据对手的情况采取相应的计划或方案。对于委托人来说,可供选择、采取的策略有"严格要求(关心)"和"无所谓(不关心)"两种。在实际过程中,由于各种因素的影响,并非所有的委托人都会严格要求其代理人披露真实会计信息;对于代理人而言,可以采取"真实披露"和"不真实披露"两种策略。要想使会计制度博弈过程得以顺利进行,必须存在信息的非对称性,即博弈双方各自掌握会计信息的差异性,代理人具有较为完全的信息,而委托人具有不完全的信息。由此,在会计信息的披露过程中,代理人可以通过向委托人提供有利于自身利益的会计信息而获利,如取得贷款或少缴税金等,从而有可能导致委托人(即各会计信息使用者)根据这种"虚假"或"被隐瞒"的会计信息作出错误的决策,严重损害委托人的经济利益。

由此可以看出,会计制度博弈论模型是一种隐藏行动的道德风险模型,其特点是博弈双方只在签约时拥有对称的会计信息,一旦签约后,代理人就可以根据自身偏好来选择具体的行动,而这些具体的行动则决定了某些可观测的结果;相反,由于委托人不参与具体的活动过程,只能观测到代理人的结果,不能观测并监督代理人的行动过程。为此,委托人就要设计一个激励与惩罚合同以诱使代理人从自身利益出发选择对委托人最有利的行动。

会计制度的博弈过程可以通过更具体的数据和表格加以分析说明。不完全信息动态博弈的要点(精炼贝叶斯均衡)在于,当事人要根据所观察到他人的行为来选择自己的行动。如果委托人不关心会计信息披露的真伪,肯定会存在一定的损失。假设代理人对会计信息真实披露和不真实披露时,委托人的损失分别为 -3 和 -8,此时,代理人获利分别为 8 和 11;如果委托人关心会计信息的披露且代理人又按要求进行了真实的披露,则二者各获利 5;如果只有委托人关心会计信息的披露而代理人并没有进行真实的披露,此时,委托人虽然要承受一定的损失,但与委托人不关心会计信息披露时的损失相比,损失会少一些,设这种情况下委托人的损失为 -1,从而形成下面的支付矩阵,如表 5-1 所示。

表 5-1　代理人与委托人的支付矩阵

项目	代理人真实披露	代理人不真实披露
委托人关心	5,5	$-1,11$
委托人不关心	$-3,8$	$-8,11$

从表中可以看到,对于委托人来说,严格要求代理人披露真实的会计信息是最佳策略,因为在代理人真实披露会计信息的过程中,委托人采取"关心"的态度时可以获得 5 个单位的利润,采取"不关心"的态度时则有 3 个单位的损失,这个损失量要比代理人不真实披露会计信息时的损失(8 个单位)少一些;而对代理人来说,不真实披露会计信息是其优势策略,因为无论委托人采取"关心"还是"不关心"的态度,代理人都可以获得 11 个单位的利润。在初始状态下,代理人为了自己的利益而选择不真实披露信息获利 11,严格要求披露真实会计信息的委托人通过对不真实会计信息的评价分析作出错误决策而损失减少 1。

每一次博弈过程完成后,委托人为了自己的利益,都会采取一系列的措施来严格要求代理人真实披露会计信息,如制定相关的法规或增加惩罚的力度等,从而改变上一次博弈过程中参与双方所占的利益比重,形成新的矩阵,如表 5-2 所示。

表 5-2 代理人与委托人的支付矩阵

项目	代理人真实披露	代理人不真实披露
委托人关心	5,5	$-1,-8$
委托人不关心	$-3,8$	$-8,11$

由此可见,在委托人关心会计信息真实披露的条件下,对于代理人来说,只有真实地披露会计信息才是其策略的最优选择,因为不真实地披露会计信息只会给自己造成更大的损失 -8;相反,如果委托人不关心会计信息的真实披露与否,代理人依然会采取不真实披露会计信息的策略,以获取最大利润 11。

在进行多次博弈后,完全真实披露会计信息的制度将趋于完善,从而达到不完全信息动态博弈均衡(精炼贝叶斯均衡)状态,形成公认的游戏"规则",这个"规则"就是会计制度。同其他经济制度一样,会计制度也应该是委托人和代理人(政府和企业)"多次博弈"后所形成的一种社会契约,博弈次数越多,会计制度的完善程度越高,这就是会计制度变迁的动因所在。以美国为代表的西方会计制度便经历了一个"多次博弈"的均衡之路,即公认的会计准则,所谓公认是指既让委托人认可,又让代理人普遍接受的一种状态。

会计制度博弈论除了外部监督的博弈外,还有会计制度的内部博弈。会计制度的内部监督可从两方面来考察,首先是"会计监督谁"的问题。会计监督的客体主要是本企业有关人员的经济行为,若是经理人员,由于会计人员是在经理人员领导下工作的,下级监督上级必然很弱;若是有关业务人员,其有效性也取决于经理的重视程度。这样就很可能造成会计人员的懒惰,也可能因此而出现"道德风险",导致个别会计人员"见财眼开"或徇私舞弊。其次,是"谁来监督会计"的问题。毫无疑问,对会计进行监督的当然是本企业的经理人员。但如果没有对经理人员足够的利益激励,他就不会认真严格地履行其监督职能。例如,在传统的业主制或合伙制企业里,由于经理人员集所有权和经营权于一身,因而就可以对经理人员形成足够的利益刺激,进一步完成其监督会计人员的职能。但是,在我国许多国有企业中,"谁来监督会计"的问题至今没有得到很好的解决,在"有权而无利"的状态下,经理人员作为国有资产的代理人不但没有充分发挥监督会计人员的积极作用,反而变监督为"命令",许多违法的假账就是这样做出来的。仍然可以用国有企业的情况来进行分析说明会计制度的博弈过程,如表5-3所示。

表5-3　代理人与委托人的支付矩阵表

项目	会计人员认真真实	会计人员懒惰做假
经理人严格要求	5,5	−1,−8
经理人不严格	−3,8	−8,11

如果国有企业的经理人员严格履行其监督职能,会计人员采取的优势策略应该是认真并严格监督经济业务,真实披露会计信息,二者各获利5;如果经理人员对会计工作采取无所谓的态度,会计人员则会投机取巧,采取懒惰或徇私舞弊的做法,此时会计人员会获得11个单位的利润,而经理人员承受8个单位的损失。

与外部监督不同的是,在会计制度的内部监督上,国有企业的经理人员与会计人员有时还存在"合谋"违规与违法的问题。因为在理论上,"合作"或"不合作"并没有绝对的利弊,合作既可以带来效率(如多个委托人之间的协调),也会带来费用的增加(如工人和车间主任合伙来对付经理);而不合作或竞争同样既可以带来效率(如三权分立),也可以使费用增加(如"追求租金"活动)。在会计制度上,人们习惯采用"内部牵制"来实现会计的内部监督,这显然符合"不合作"也能带来效率的理论,但内部牵制制度并不能杜绝会计人员相互合作或与经理人员合作的事实。对这个现象的分析仍然要归结到"谁来监督经理"的问题上。

在我国的农业企业中,由于经理人员与会计人员的权、责、利划分不是很清楚、很明确,尤其是家庭承包农场中,承包户既是直接从事农业生产活动的劳动者,又是农业生产和农业生产活动的管理者,无人也无须别人监督,因此,"谁来监督经理"的问题更加无法落实,对经理监督乏力成为当今会计监督失控的一个重要原因。这就需要充分运用多次博弈过程,制定出更加切实可行的会计制度予以解决。

第三节 我国农业企业会计制度变迁的现实动因研究

我国会计制度的渐进式变迁是由会计制度的特点及中国国情所决定的。虽然会计对经济发展起着十分重要的作用,但从深层次上看,会计的发展又始终依赖于经济环境的变化,会计制度的发展变化高度依存于其他制度的安排。因此,中国的会计制度变迁从一定意义上讲,也是一种制度适应性变迁,它是对整个经济制度变迁的适应。尤其是在经济体制由计划经济转向市场经济的过程中,为适应转轨经济时期的经济环境,突出农业生产活动的特点,就必须对原有的农业企业会计制度进行改革,使之适应新的经济体制。

一、社会生产发展的需要

根据辩证唯物主义的观点,任何一门学科都是经过漫长的时间,从实践中发展而来的,并在实践中不断地得到发展和完善。任何一门学科都是理论与实际相结合的产物,即理论来源于实践,反过来又指导实践并在实践中不断地丰富和完善。

同样地,会计学作为一门专业性非常强的学科,也不能违背这一观点,会计制度在人类发展过程中也要不断地发展变化,以适应人类社会经济发展的需要。换句话说,会计制度不是一成不变的,而是在不同的阶段有不同的发展和变化,这也是会计制度变迁的现实动因之一。

二、会计发展的内在需要

会计学是经济管理活动的重要组成部分,它是以货币作为主要计量单位,运用一系列专门的方法和程序,如实地记录和反映企业、事业和行政单位的经济活动的全过程,为各利益相关者提供系统的、连续的、全面的会计信息,以便其作出正确的经营决策,保护其合法权益。任何事物的职能都是该事物内在固有的功能,会计的职能是会计所固有的内在功能,即反映功能、监督功能和控制功能,是会计本质的具体表现。虽然会计本身不是生产活动,也不是管理活动,但它却能为生产活动和管理活动提供其所需要的经济信息,以保证生产、经营管理活动的顺利进行。由会计这个信息系统所提供的财务信息和其他信息,对于经营好一个企业,特别是对于经营好一个现代化的大企业或特殊行业(如农业)来说,具有极为重要的意义。

早在一百多年前,马克思就对会计的职能做过科学的概括。马克思曾经说过,生产运动和价值增值运动是由簿记来"确定和控制"的,马克思还把簿记概括为"生产过程的控制和观念总结"。马克思在《资本论》中进一步指出,生产过程越是按社会的规模进行,越是失去纯粹的个人性质,而作为对过程的控制和观念总结的簿记就越是必要,因此,簿记对资本主义生产,比对手工业和农业分散生产更为必要;对公有生产,比对资本主义生产更为必要。马克思科学地论述了会计产生、发展的内在动力,即社会经济的发展,而且说明生产越发展,生产越是社会化,会计就越重要,从而精辟地概括了会计发展的历史规律以及会计在社会经济中的地位和作用。

会计的职能包括以下三个方面的内容。

第一,反映经济活动,评价经营业绩。反映,广义地说就是客观事物在人脑中的反映;狭义地说,仅指事物所发出信号以各种各样的物质载体,即用一定的物质形式表现出来。会计反映经济活动,主要是指借助货币单位,用会计凭证、会计账簿和财务报告等物质载体把企业单位的资金运动能够描绘、表现出来,为经营决策、管理控制及其他方面的决策提供会计信息。评价经营业绩主要是指在会计反映经济活动的基础上,运用各种与实际情况相结合的分析方法,比较地判断经营业绩的大小、高低、优劣。

第二,预测经营前景,参与管理决策。反映和评价都局限于历史的写照,而现代企业会计已经突破了反映经济活动和评价经营业绩的职能,并按照时间跨度,增加了预测经营前景和参与管理决策的职能,这就更要求有与现代企业相适应的会计制度来保证会计核算工作的顺利进行,以便提供更加准确、可靠的会计信息资料。

第三,控制经济过程,监督经济业务。除了反映、评价、预测、决策之外,现代会计还有控制和监督的功能,控制是与反映、评价、预测和决策相联系的,是为了保证会计核算工作按照会计制度和会计准则的规定和要求,在正常的轨道上运行。而会计监督则是会计控制职能的重要组成部分,我国的《会计法》中,对会计监督的内容有具体、明确的规定,即企业的会计机构和会计人员对不真实不合法的原始凭证,应拒绝受理;对记载不准确不完整的原始凭证有权要求更正;凡发现证实不符,应及时检查处理;对违反国家统一财政财务制度的收支,不予办理。这一切都充分体现了会计的控制和监督职能。

因此,随着社会经济的发展,为了更好地发挥农业会计的功能和作用,作为指导农业企业会计人员进行会计工作的会计制度同样也要进行变迁,以便更好地体现会计所固有的反映和监督功能,这也是农业会计制度变迁的现实动因之一。

三、农业企业体制改革的需要

中国的农业体制改革经历了一个漫长的过程。1979 年以前,中国政府采取农业集体耕作制度,成功地用只占世界 7% 的耕地养活了占世界 22% 的人口,粮食、棉花和其它几种重要农产品采取统购统销制度,粮食生产与管理实行自给自足的政策。到了 1984 年,我国已经彻底恢复了个体家庭的地位,取代了集体生产队制度,使个体家庭成为中国农村基本的生产经营单位。独立的家庭生产单位(或家庭农场)尽管规模小而且零碎,却是中华人民共和国成立之前几千年来中国农村传统的耕作制度。在旧中国,中国农村几乎有一半的耕地归地主所有,地主将土地租给农民家庭耕种,租金往往达到主要农作物产值的 50%。40 年代末,解放区开始实施土地改革方案,1952 年,全国完成土地改革。1953 年开始的第一个五年计划实施重工业优先发展战略后,政府转向提倡农业集体化,由一开始的互助组到后来的初级社、高级社、人民公社。

从 1962 年开始,农业生产被细分到小得多的单位——"生产队",经营管理权也下放到生产队,生产队由大约 20~30 户相邻农民组成。作为发展农业的制度安排,生产队的主要缺陷在于它的激励机制结构,生产队成员在生产队长的监督下工作,通过工作赚取工分,这些工分被假定从质量和数量两方面,真实地反映了每个生产队员对生产队工作的贡献或努力的质量和数量。年末的时候,根据每个生产队员该年积累的工分分配生产队净收入,而实际上,这种假定本身就是不合理的。

1981 年,家庭承包责任制得到政府的完全认可,被完全采用;1983 年年末,中国几乎所有的农村地区都实行了这一新制度。家庭承包责任制是以承包合同的形式将土地使用权承包给个体农户,期限为 15 年,完成合同规定的粮食收购任务后,农民可以将剩余的农产品出售或留作家庭消费用。1978—1984年间,中国农业净产值和粮食产量年均分别增长了7.7%和4.95%,1984—1995年间,整个农业部门平均年增长率依然十分可观,达到5.8%。可以公正地说,农村体制改革是中国市场化改革的驱动力,而家庭承包责任制则是最关键的因素之一。

1993年,中国政府又实施了一项新的政策,允许以前的土地承包合同到期后再延长30年,即新政策规定土地承包合同50年不变。到目前为止,中国农村的土地承包责任制已经完全得到巩固和发展,而全国绝大多数的国有农场也实行了以家庭承包农场为主的"双层经营"体制,在大农场下套小农场。由此可见,实行家庭承包责任制是中国农村体制改革中最大的成功,也是中国整个经济体制改革中最大的成功之一。

从以上的分析中可以看出,我国的农业体制改革确实经历了一个漫长的过程,在这个过程中,农业生产活动的主体几经变化,其变化的过程和形式为:个体农户——互助组——初级社——高级社——人民公社——个体农户(或家庭农场)。从表面形式上看,农业生产活动的主体从个体农户又回到了个体农户,字面表达没有发生变化,但其含义却发生了质的变化。前一个"个体农户",是指刚刚从旧社会中被解救出来的翻身农民,农民拥有土地的愿望得到实现,但当时的中国百业待兴,生产力水平极其低下,劳动生产率也非常低,农用生产资料的供应比较紧缺,农民的文化素质很低,相当一部分人是一字不识的文盲,更不可能很好地贯彻实行一套完善的农业企业会计制度。经过几十年的历史变迁,后一个"个体农户"是指社会经济发展程度较高下的农民,大多数是具有一定文化知识的人,尤其是农村的年轻人,接受新生事物的能力较强,掌握的农业科技水平比较高。因为后一个"个体农户"所处的社会经济环境已经发生了巨大的变化,此时的市场体系已经得到了完善和发展。各种生活用品和生产资料用品非常丰富,先进的农业科技信息可以通过书刊、广播、电视等各种渠道获得,优质种子、农药、化肥等能够得到及时供应,所有这些都大大促进了农业生产效率的提高,为农业会计制度的发展与完善提供了有利条件。

因此,反映农业生产活动会计信息的方式和内容也发生了一系列变化,用于对农业会计工作进行指导和规范的会计制度必然需要进行一系列的变革。

第六章 我国农业会计的运行现状

第一节 农业活动会计处理规范的欠适用性

我国新中国成立以来的历次农业会计制度变迁,都考虑到农业是个特殊行业。一方面,农业企业生产活动与自然条件息息相关,容易受到旱涝、霜冻、虫害等自然灾害的影响,导致粮食减产,也可能导致生产及运输设备的损失。另一方面,农业生产周期较长,从农作物的播种到农产品的收获,需要经历七八个月甚至更长的时间。而我国目前农业会计规范体系在实施中存在一些与农业行业特点不相适应的问题。

2006年,新准则的颁布极大地规范了农业这一特殊行业的特有经济活动,对农业生产经营活动的会计处理有着突破性的指导作用。如新生物资产准则分类中将公益性生物资产进行单独分类核算,不计提折旧和减值准备生物性资产的折旧方法可以采取年限平均法、工作量法、产量法等,比原办法关于折旧方法的列举增加了"产量法",取消了"年限总和法和双倍余额递减法"两个加速折旧法结转农产品的方法,取消了"移动加权平均法""先进先出法""后进先出法",保留了"加权平均法""个别计价法",增加了"蓄积量比例法和轮伐期年限法"等,新准则要求企业在资产负债表长期资产类中,单独列示生物资产的账面价值总额和各类生物资产的账面价值,同时期末披露其公允价值要求每个会计期末编制期初与期末生物资产增减变动表等等,无不体现了新准则比原会计核算办法的进步性和对新农业经济业务的适用性。

可见,原农业会计制度的实施和新生物资产准则的颁布,在一定程度上和一定时期内,规范了农业企业的会计核算,发挥了农业会计的功能和作用,指导了农业企业会计人员进行会计工作。目前我国的会计制度变迁正朝着有利于与国际惯例接轨的方向发展,因而体现行业特点的农业企业会计制度的完善与发展也不例外,它组成我国会计改革的重要部分。但是,我国的农业会计准则与国外国际准则存在的欠合理差异、缺乏对生物资产的完整定义和对生物资产的价值评估、缺乏对农业无形资产会计的研究和评估和不加区分的将郁闭作为判断消耗性生物资产相关支出资本化或者费用化的时点,而未考虑我国南方北方气候、土壤等农业自然条件的差异等问题,都不利于企业提供真实可比的农业会计信息,不利于农业企业的自身发展,更不利于农业企业与国际接轨。

例如,《企业会计准则第 5 号——生物资产》应用指南规定,消耗性生物资产郁闭前的相关支出应予资本化,郁闭后的相关支出计入当期费用,即将郁闭作为判断消耗性生物资产相关支出包括借款费用资本化或者费用化的时点。但南方阔叶林与北方针叶林的特性不一样,在"郁蔽期"后还有相当长的时间才能成材,如果达到"郁蔽期"即停止费用的资本化,将使企业的营业利润受到很大影响,并将引起利润的明显波动。南方某林业上市公司管理层对新制定的"生物资产"准则这一规定就感到很苦恼,并反复上书与会计准则委员会沟通,寻求解决办法。

第二节　农业会计信息的失真性

会计信息的真实性是指会计信息真实、客观地反映各项经济活动,准确地揭示各项经济活动所包含的经济内容,真实性是会计信息的生命。而会计信息失真,是指会计信息未能真实地反映客观的经济活动,给决策者的相关决策带来不利影响的一种现象。这是因为会计信息的真实性是相对的。会计信息作为客观经济活动的会计反映,从哲学上说,是意识对存在的反映,它既受反映者本人条件的制约,也与所运用的工具和方法有关。因此,会计信息的这种反映既与会计人员的素质、能力、经验、品德等有关,又与会计准则、制度、程序、方法等紧密相连。会计信息失真可分为三类:一是经济交易失真。指企业为了粉饰财务报表,利用资产重组、关联方交易、资产评估、利息资本化、交易时间差等多种手段虚构经济业务,从事不等价交换,从而导致的会计信息失真。二是会计核算失真。指会计核算过程中不能真实记录和反映企业发生的经济业务。具体可分为原始凭证失真、会计账簿失真和会计报表失真。三是会计信息披露失真。指隐瞒应披露的会计信息或不及时披露应及时披露的会计信息。

在西方国家,法律规定构成对会计信息质量最基本的监督和约束。在经历会计信息失真带来惨痛教训的同时,西方也一直在探索治理会计信息失真之路。英国在南海公司事件后,颁布了《泡沫公司取缔法》。20世纪20年代以前,美国在会计方面没有建立制度,也没有法律规范。大危机之后,美国政府先后于1933年和1934年公布了"证券法""证券交易法"两部重要法规,要求股份公司在向社会公众出售股票之前,必须在证券交易委员会登记,并公布其会计报表。由于送交证券交易委员会的会计报表,必须按公认会计原则编制,并经独立会计师审计,这就对企业的会计信息质量形成强有力的约束。

在我国,农业企业会计核算也存在会计信息失真的问题。如众多农业类上市公司的会计报表中,"应收家庭农场款"科目数额巨大,且很多企业账龄超过一年,而非上市公司的资产质量比上市公司的更为糟糕。企业这种处理实际上是将许多农业生产经营中的不确定因素和风险性因素先转入"应收家庭农场款"科目,等待未来事项发生后再进行巧妙处理,使其成为一个利润调节的"蓄水池"。在利润表和利润分配表的补充资料中,自然灾害发生的损失、非常性损失基本都不存在,这绝不是巧合和偶然,而是深层次会计信息失真的体现。我们知道,农业活动生产周期长,且受外界自然条件的影响较大,如天气、病虫害、禽流感等传染病等,在人类目前的科技和医学发展水平下,这些不利因素对农业生产的影响是存在的,是无法彻底预防和消除的。公司虽然组织家庭农场参加农业灾害保险,形成对家庭农场遭受自然灾害的补偿机制,使家庭农场不至于因遭受自然灾害而丧失上交承包费的能力,但许多公司基于粉饰报表的需要,在编制报表时并未将此类事项予以详细真实的反映,就算获得全保,对于重大事项也未予表外披露。

第三节 农产品成本核算资料不详细

从实际调查来看,目前我国大多数农业企业会计核算中还无法提供农产品成本的详细核算资料,农场与承包户之间的关系往往表现为一种收取承包费实物地租的形式。一些规模较小的国有农场将土地承包给职工、周围农户以及外来的农户,实行自主经营的管理模式,完全由承包者根据市场行情来决定所种植农作物的面积和种类,农场总部只负责承包合同的签订、承包费的收取和管理以及向上级主管部门定期报送统计报表等。在这种经营管理体制下,农户对农业生产缺乏完整的成本核算。在农业生产中,绝大多数农户算账只核算除土地、水利等基础设施以外的生产资料投入,而对于土地的价格、水利等基础设施的前期投入和劳动的价值是一概不计入的。加之农场本身也就没有健全的会计核算制度,只有一些简单的统计报表,根本无法完整地提供农产品成本核算资料。在一些大型国有农场,包括规模较大的北大荒、永安林业等农业上市公司,虽然实行了种植业、养殖业、加工业、运输业等一体化生产,严格执行《企业会计制度》,能够对外、对内提供总公司完整的会计报表和财务报告资料,但仍然没有提供详细的农产品成本核算资料。

【案例分析】

黑龙江北大荒农业股份有限公司是黑龙江北大荒农垦集团总公司独家发起,将其下属的友谊、宝泉岭、八四五、八五九等 16 家农场和浩良河化肥厂的优质资产进行重组,经国家经贸委(国家贸企政〔1998〕775 号)批准设立的股份公司。这家公司的注册资本为 146996 万元,其中发起人股为 116996 万股,占 79.59%,社会公众流通股为 30000 万股,占 20.41%,经营范围主要包括水稻、大豆、小麦、玉米等粮食作物的生产、精深加工、销售。同时,黑龙江北大荒农业股份有限公司在化肥的生产与销售以及与种植业生产及农产品加工相关的技术、信息及服务体系的开发、咨询和运营文化用纸及其他纸制品生产、加工、销售等方面,是我国目前规模最大、现代化水平最高的农业类上市公司和商品粮、绿色食品生产基地,具有明显的规模和资源及技术优势。公司于

2002 年 3 月 29 日在上海证券交易所成功上市,当年资产达到 62 亿,以优异的业绩被评为 2002 年"中国上市公司百强"第 69 名、"沪市《上市公司》50 强"第 47 名。

(一)北大荒发展的优势

1.规模优势

该公司下设 17 个分公司,其中包括 16 个农业分公司和 1 个化肥分公司。其承包经营土地 86.4 万公顷,其中耕地 62.4 万公顷,耕地约相当于我国青海省全省的耕地面积(据国土资源、国家统计局等"关于土地利用现状调查数据成果的公报"显示,耕地数据为 1996 年 10 月 31 日时点数,当时青海省全省的耕地面积为 68.8 万公顷),农工人均承包耕地 17.7 公顷,是全国农村劳动人均占地面积的 42 倍。2000 年粮豆生产总量达 288.5 万吨,员工人均生产粮豆 72 吨。农产品商品率达 83%,比全国平均水平高一倍。

2.资源优势

本公司的自然条件有益于农作物的生长,在从事农业生产、农产品加工方面具有得天独厚的资源优势。

(1)耕地面积大、土壤肥力高。现有耕地 62.4 万顷,地势平坦(自然坡降在 1/1000～1/7000),土地集中连片,适宜大规模机械化生产,且地处世界著名的三大黑土带之一,土壤有机质含量高。

(2)水资源丰富。公司所在区域主要河流有黑龙江、松花江和乌苏里江,支流有挠力河、七虎林河,水库、湖泊有蛤蟆通、青山、青河三座大中型水库以及兴凯湖等。地下水储量十分丰富,含水层厚度为 30～200 米,埋深在 30～40 米,非常有利于灌溉农作物。

(3)气候有利于一年一季的农作物生长发育和优质农产品生产。年平均气温在 1.8℃至 3.2℃之间,最高气温在 7 月份,日平均温度为 25.3～27.4℃,无霜期在 120～145 天,年有效积温为 2400～2550℃,太阳辐射每平方厘米为 110～120 千卡。日照在 4～9 月为 1500 小时～1700 小时。

3.技术优势

公司现有农业及工程技术人员 3700 多人,占员工总数的 9.2%,每个生产单位均配有科技人员,形成了自上而下的技术研发推广体系。水稻形成了以旱育稀植"三化"栽培为核心的综合高产配套技术体系;大豆形成了"垅作深松,立体分层施肥,精量点播"为核心的大豆综合高产配套技术体系;小麦形成了以"精细整地,精量点播,综合除草"为重点的综合高产配套技术体系。水稻每公顷产量达 7735 公斤,比目前世界平均产量高出 1 倍,位居世界主要生产大国的第二位。大豆每公顷产量 2230 公斤,比亚洲平均单产高 67%,高于全国农业科技贡献率平均值 20 个百分点。

4. 装备优势

本公司现有大中型拖拉机 6557 台,大型联合收割机 2086 台,排灌站 70 座,农用机场 15 处,有种子加工厂 11 处,粮食处理中心 46 座。农业机械化、水利化、良种化在园内处于领先水平,种子工厂化加工率达 98%。目前,公司的旱田农业田间作业机械化率达 95%,水田农业田间作业机械化率达 60%,综合机械化作业率达 80% 以上,达到 1997 年世界发达国家机械化作业水平,农业劳动生产率得到大大提高。

5. 管理优势

经过五十年的开发建设,特别是改革开放以来的不断总结探索,本公司形成了以统一经营管理为主导、以农工家庭承包经营为基础的一整套经营管理模式,家庭农场有自己的经营自主权,可充分调动农工的劳动积极性。而本公司一方面可在技术、信息、资金、农工培训等方面为家庭农场提供服务,另一方面,为家庭农场提供生产资料、销售农产品,解决其后顾之忧,这种管理模式为农业产业化经营打下了坚实的基础。在农业生产上,本公司积累了调整作物结构、大面积开发种植水稻等一整套开发建设的经验,形成了一整套高产栽培技术与组织管理模式,储备了增产、节水、节能、降耗的多套多系列栽培新技术,形成了抵御涝、旱、病、虫、风、低温灾害等的一整套有效措施和管理经验。

6. 绿色产品优势

本公司地处黑龙江、松花江和乌苏里江所在的三江平原,区域内无工业污染源,空气清新、水质优良,土壤中无任何金属污染,是全国少有的绿色、有机食品生产地。随着人民生活水平的不断提高,消费者越来越倾向购买卫生安全的绿色食品。我国已将三江平原列为湿地保护地,禁止再开垦荒地,这对保证三江平原免受环境污染,持续作为绿色有机食品生产基地,不断生产出卫生安全的健康食品具有重要意义。

(二)北大荒基本会计核算情况

1.北大荒对土地和其他无形资产的核算

北大荒是通过分次承包转包获得土地使用权的。首先,北大荒的母公司黑龙江北大荒农垦集团总公司通过向黑龙江省土地管理局承包土地的方式获得土地使用权,然后,黑龙江北大荒农垦集团总公司将承包来的土地再承包给北大荒,最后,北大荒将土地再承包给农工(即承包户)。1998 年 11 月 27 日,黑龙江省土地管理局与黑龙江北大荒农垦集团总公司签订了《国有土地承包合同》。黑龙江北大荒农垦集团总公司于 1988 年 11 月 30 日签订了《农业承包协议》,北大荒每年向黑龙江北大荒农垦集团总公司缴付农业承包费,金额为北大荒向农工收取的生产承包费的 4%,以及完成黑龙江北大荒农垦集团总公司的国家订购粮指标的 33.5%。最后,北大荒通过与农工签订《农业生产承包协议》,将从黑龙江北大荒农垦集团总公司承包来的耕地再承包给北大荒的农工家庭经营。2000 年 7 月 25 日,北大荒与黑龙江北大荒农垦集团总公司签订了《农业承包协议》的补充协议。据此,北大荒自 2000 年开始无须向黑龙江北大荒农垦集团总公司缴付农业承包费。《农业承包协议》及补充协议有效期至 2048 年 11 月 28 日。北大荒土地构成具体情况,如表 6-1 所示。

表 6-1 北大荒土地构成情况表

取得方式		面积/公顷	比例/%	使用年限/年
其中	承包	864000	99.97	50
	耕地	624000	72.20	50
	荒地	240000	27.77	50
折价入股		285.46	0.03	50
总计		864285.46	100	/

由此,北大荒取得土地使用权不是通过支付租金的租赁方式,而是通过黑龙江省土地管理局签订合同的无偿承包方式。该公司设立时,国家将集团

公司所拥有的 16 家农场及浩良河化肥厂的部分房产所占有的 113 宗国有划拨土地的 50 年期土地使用权作价 10839 万元投入该公司,总面积 285,4567.82 平方米,使用期 50 年。对于该项土地使用权,北大荒在会计处理上确认为无形资产,并在其使用期内按直线法进行摊销。无形资产摊销方法和期限:无形资产自取得当月起按预计使用年限、合同规定的受益年限和法律规定的有效年限三者中最短者分期平均摊销,计入当期损益。合同、法律均未规定年限的,摊销年限不应超过 10 年。本公司无形资产系成立时集团公司折股投入的土地使用权,按使用年限 50 年平均摊销。其无形资产具体情况如表 6-2所示。

期末无形资产增加的主要原因系合并范围变化所致。商标许可使用权具体情况:2002 年 11 月 20 日,本公司的子公司黑龙江省北大荒米业有限公司与集团公司下辖企业黑龙江北珠米业有限责任公司、黑龙江省查哈阳粮油总公司签订注册商标无偿转让合同,将其所拥有的北珠、查哈阳商标无偿转让给黑龙江省北大荒米业有限公司;2002 年 11 月 20 日,本公司的子公司黑龙江省北大荒米业有限公司与集团公司下辖企业黑龙江省兴凯湖兴丹米业有限公司签订注册商标无偿使用许可合同,许可黑龙江省北大荒米业有限公司无偿独占使用其所拥有的兴凯湖商标,使用期限为 2002 年 11 月 25 日到 2004 年 6月 13 日;2002 年 11 月 20 日,本公司的子公司黑龙江省北大荒米业有限公司与集团公司下辖企业黑龙江省农垦铁力实业总公司签订注册商标无偿使用许可合同,许可黑龙江省北大荒米业有限公司无偿独占使用其所拥有的吉蜜河商标,使用期限为 2002 年 11 月 25 日到 2011 年 3 月 13 日;2002 年 11 月 20日,本公司的子公司黑龙江省北大荒米业有限公司与集团公司下辖企业黑龙江御绿实业集团有限公司签订注册商标无偿使用许可合同,许可黑龙江省北大荒米业有限公司无偿独占使用其所拥有的御绿商标,使用期限为 2002 年11 月 25 日到 2011 年 6 月 27 日。2003 年 9 月 23 日,本公司的子公司黑龙江省北大荒米业有限公司与集团公司签订"北大荒"商标使用许可合同,许可黑龙江省北大荒米业有限公司自 2003 年 9 月 23 日起至 2004 年 9 月 27 日止使用"北大荒"商标,在许可期间,集团公司收取 20 万元人民币。2004 年,无形资产增加的主要原因是浩良河分公司购买了德士古气化专有技术。

表 6-2　北大荒无形资产核算对比表　　　　单位：万元

时间 项目名称		2003 年	2004 年	2005 年
土地使用权	取得方式	投入	投入	投入
	原值	179,378	197,327	201,990
	本期增加	70,988	17,344	4,663
	本期摊销	2,168	4,057	4,121
	累计摊销	11,020	15,682	19,803
	期末账面价值	168,358	181,645	180,041
	剩余年限	38－49 年	37－48 年	36－47 年
软件	取得方式	购置	购置	购置
	原值	1,608	2,762	3,840
	本期增加	1,608	1,014	1,578
	本期摊销	140	187	299
	累计摊销	140	327	626
	期末账面价值	1,608	2,435	3,214
	剩余年限	9－10 年	8－9 年	7－8 年
专利技术	取得方式	/	购置	购置
	原值	/	17,668	17,668
	本期增加	/	17,668	0
	本期摊销	/	589	1,767
	累计摊销	/	589	2,356
	期末账面价值	/	17,079	15,312
	剩余年限	/	29 年	28 年

2. 北大荒对承包户缴纳的生产承包费的核算

北大荒对承包出去的土地基本上只获得承包费收入，农工拥有自主处置自产农产品的较大自主权。承包户缴纳的土地承包费既可以采用现金方式，也可以采取实物方式,如家庭农户收获的粮食或其他产品等。1998 年、1997 年、2000 年本公司实现的生产承包费收入分别为 96863.5 万元、87691.0 万元和 81080.1 万元,其中收到农工以实物形式缴纳的生产承包费分别为 44561.1 万元、31530.3 万元和 27391.3 万元,占公司当年生产承包费收入的比例分别为 46.00％、35.96％和 33.78％。公司收到的实物(粮食)承包费收入同其它粮食产品移到销售后,形成商品销售过程所取得的收入。1998 年、1999 年、2000 年公司实现的农产品销售收入分别为 73707.4 万元、61385.3 万元和 50607.6 万元。公司收到的实物(粮食)承包费占当年农产品销售收入的比例分别为 60.46％、51.36％和 48.85％,占当年全部主营业务收入的比例分别是 23.35％、17.92％、18.03％。

北大荒对现金方式和实物方式的土地承包费,在会计处理上均直接计入主营业务收入,并且是以权责发生制为原则按月度分期计入。该公司从 2001 年起对年度内报告期生产承包费收入的确认方法改为逐月进行确认,即按报告期已签订的生产承包费协议金额乘以报告期月份占全年月份的比例确定应计入生产承包费收入的金额。按照这种方法确认的收入是依照承包合同约定应在报告期取得的收入,而非实际获得的收入,实际收到时间通常在当年 9 月份小麦收获后至次年初全部粮食销售结束后。对承包费收入的分期确认问题,依据是财政部对该问题的专项答复意见,该答复中说关于分期确认承包费和分期确认收入的问题,应依赖于企业和会计师的正确判断,如果承包费收入能够收到,则可以按照权责发生制原则分期加以确认。

北大荒实物粮食承包费在两个收入取得过程中被两次重复计入主营业务收入。北大荒主营业务收入主要包括生产承包费收入、农产品、农产品加工品的销售收入、化肥销售收入和机制纸的销售收入等。北大荒的实物粮食承包费在公司主营业务收入中,是在两个收入取得过程中被两次计入,生产承包费中实物粮食所占比重的大小,尽管不会对公司利润造成大的影响,但会导致公司主营业务收入发生较大变化。公司收到的实物方式承包费如粮食等,已经作为承包费收入计入了主营业务收入,而当它同其它粮食产品一并销售后,再次形成了商品销售过程所取得的收入,便再次计入主营业务收入。对于承包户缴纳的土地承包费的处理,《农业企业会计核算办法》规定,企业与家庭农场签订的承包合同生效时,按当年应收款项金额,借记"应收家庭农场款",贷记"待转家庭农场上交款"科目。收到家庭农场上交的款项或以农产品抵顶上交款时,按收到款项金额或农产品结算价格,借记"现金""银行存款""农产品"等科目,贷记"应收家庭农场款"。实际中从事农业生产活动的企业具体处理也各不相同,如新赛股份是将土地承包合同确定的家庭农场承包款在会计年度内按直线法确认为各期收入,计入其他业务利润。

由此,目前对于农业企业承包费收入的核算《农业企业会计核算办法》并没有统一的核算标准。2006年新颁布的生物资产会计准则也无该问题的补充说明。所幸北大荒的承包户多是以现金来结算承包费的,故重复计算的比重不大,但从会计核算的客观性和真实性出发,这是质的问题而非量的问题。另外,依赖公司与财政部之间的个别交流只能解决一时之需,不便于会计核算的统一处理,不便于农业企业提供可比的会计信息,故会计准则应该对这类事项予以具体的科学的规范,以便于农业企业在公平的会计环境下平等竞争,促进农业企业整体协调发展。

3.北大荒的生产成本核算

北大荒将公司的耕地承包给农户,对农户实行"四到户、两管理",每年按一定的标准收取土地承包费。承包农户的数量多而分散,自身的会计业务水平有限,很多农村的会计几乎不具备会计的专业素质,会计核算方法落后,财务制度较为混乱,加之农村会计工作的手段非常落后,在电脑已进入家庭的今天,广大农村和农业企业仍然以手工记账为主,这在很大程度上影响了会计工作的效率和质量。他们平时不对农业活动进行记账、核算,而总公司只是汇总各分公司的会计报表,无法提供反映农业生产活动和农产品生产成本的详细会计核算资料。尤其是某一种农产品各成本项目的具体构成情况,如产品单位成本的直接构成,包括直接原材料成本如秧苗、果苗、鱼苗等直接人工成本和间接计入成本的分摊项目等。我们可通过下表6-3中的北大荒每公顷生产成本情况来分析。

表 6-3 北大荒单位面积(每公顷)生产成本表

成本要素	旱田/元	所占比例/%	水田/元	所占比例/%
种子	300~375	19~20	300	6
育苗费(央盘、大棚等)	—	—	1500	33
肥料	300~375	19~20	600	14
机械费	750~800	41~43	1600	35
农药	150~200	9~11	200	4
其他	100	6	400	8
合计	1600~1850	100	4600	100

通过以上生产成本表我们发现,北大荒的成本资料中只反映了单位面积每公顷大致的成本构成情况,而没有再细分到各种不同的产品,这显然不利于企业进行成本核算,不利于企业详细把握产品的成本构成,从而不利于成本分析和成本管理,不利于企业节约成本和提高经济效益。我们知道,每一种农产品有不同的生长过程和生长规律,其投入的具体成本是各不相同的,因而需要分门别类地进行成本核算和单独反映,以增强企业对资产的管理,增强收入与相关成本费用的可比性。

第七章 完善我国农业企业会计制度的保障措施

会计制度的设计与实施,既需要一定的理论与实践经验做基础,又需要一定的环境支持。会计制度的支撑环境包括执行会计制度所涉及的各种要素,如公司治理结构、独立审计、市场结构以及法律诉讼机制等。不尽完善的支撑环境决定了我国农业企业会计制度应该具体而详细,以便于操作和理解。因此,完善我国农业企业内部的治理机制和外部的监督机制,会使农业企业会计制度得以严格顺利地执行。

第一节 完善我国农业企业会计制度的理论与实践基础

由于农业生产活动自身的特殊性,使得农业企业会计核算体系在实际执行中可能存在一些这样或那样的问题,需要我们去努力克服。但我国已拥有近百年的会计研究理论与实践经验可供农业企业会计核算参考,相关会计法律法规也比较健全(如《会计法》、新《企业会计制度》、十多个具体会计准则),而且我国目前的工业企业会计核算体系已非常完善。同时,还可以借鉴国外其他国家会计制度制定与实施过程中的先进经验。因此,只要广大的农业会计理论研究者和实践工作者共同努力,就一定会使我国农业企业会计核算工作开展地越来越好,农业生产活动的效率越来越高,进而使整个农业企业的经济效益得到提高,推动农业会计的不断发展。

第二节　完善我国农业企业会计制度的环境支撑

完善农业企业会计核算体系,既需要有一定的实践经验与基础理论做指导,又需要有良好的环境支持。一般地,环境支持主要包括管理环境和制度环境,管理环境是完善农业企业会计核算体系的软环境,制度环境是完善农业企业会计核算体系的硬环境,软硬兼顾,才能保证会计核算工作的顺利进行,提高会计核算资料的质量。

一、建立现代化的农业企业管理模式

建立现代化的农业企业管理模式,是完善会计制度核算体系环境支持的一个重要方面。用现代科学管理方法和先进的管理手段、管理形式来管理农业生产活动过程,有利于实现农业生产管理现代化。通过有计划地提高农业生产的社会化水平,科学合理地组织农业生产力;大力开展对农业技术措施的经济评价工作,提高农业生产的经济效益;逐步利用电子计算机等现代化管理手段以及现代经济数学方法来加强管理;逐步建立一支有高度政治觉悟、具有农业现代化管理技能的队伍,对完善农业会计核算体系具有重大促进作用。

二、完善双层经营体制

巩固农业企业的改革成果,完善双层经营体制,也是完善农业企业会计核算体系的保障措施之一。继续坚持家庭农场经营主体地位,规范农场与家庭农场的权利义务,形成合理的利益共享和风险共担机制。坚持"两自理,四到户"不动摇,继续抓好生产费自理。同时,继续推进土地适度规模经营,引导富余劳动力向养殖业和第二、三产业转移。积极兴办多渠道、多所有制的涉农经济组织,健全和完善农业社会化服务体系,保证农业企业会计核算体系的不断完善。

三、制度创新与组织创新

制度创新与组织创新,更是农业企业会计制度完善与发展过程中不可缺少的环境支持因素。垦区农业的制度创新,涉及两个层面的创新,即大农场制度创新及小农场经营制度创新。从大农场制度创新来看,要以建立"现代企业制度"为目标,以产权改革为突破口,逐渐减弱农业企业(尤其是国有农场)的社会管理职能,强化企业内部经营管理职责。积极引导国有资本向基础产业、支柱产业和高新技术产业转移,不断增强农业企业集团的资本实力。在产权制度改革过程中,积极引导主导产业的生产企业按农业生产活动特点重组联合,组建产业化、集团化的有限公司,把优势企业做大做强。

农垦企业在走向市场的过程中,必须进行组织创新,其具体目标是在产权明晰前提下,大农场必须充分吸收社会资源,对小农场(家庭农场)补偿新鲜血液,从而在农业投入上得到新的保证。在大农场进入市场的过程中,不能局限于以往单纯地向消费者提供产品,更为紧迫的是联合社会力量包括金融企业、工商企业、科研机构、原料供应工厂等单位联合组成新型的、符合现代企业制度的新农业生产经营企业,为垦区企业提高技术开发、运用能力,增加农业投入,从而为建立现代农业企业提供新的契机,为农业企业会计制度的具体实施与完善提供制度与组织上的保障。

四、完善社会保障体系

深化农业企业内部劳动、人事、分配制度改革,逐步取消农业企业行政级别,打破干部与职工身份界限,实行全员劳动合同制、管理人员公开竞聘制,推行按劳分配与按生产要素分配相结合的分配制度,建立健全农业企业经营管理者的激励与约束机制,进一步改革和完善养老、医疗、失业、生育、工伤保险和最低生活保障制度,扩大社会保险的覆盖面,逐步形成独立于企业之外、资金来源多元化、保障制度规范化、管理服务社会化的社会保障体系,使农业生产经营者的生活、生产有保障,改革传统的农业生产观念,激发其从事农业生产活动的积极性,为农业企业会计制度的不断完善与发展做贡献。

五、完善内外部监管机制

建立健全的内外部监管机制,是农业企业会计制度得以严格执行的保障。目前,我国既有代表国家利益的财政、审计、税务等国家监督机关,也有会计师事务所、审计师事务所等履行社会监督职能的社会中介机构,但对企业的监督仍不尽如人意。财政、审计、税务等部门存在各自为政、执法尺度不一的不良现象,严重削弱了国家监督的力量。而社会监督也存在诸多问题,事务所执业人员素质良莠不齐,严重影响了执业质量,出具虚假报告的事务所也不在少数。与美国会计职业界所面临的诉讼风险相比,我国企业管理层和会计职业界的法律风险显然过低,这也是导致会计信息质量低下的原因之一。因此如何改革法律诉讼机制,切实维护投资者尤其是广大中小股东的利益,震慑管理层及会计职业界的违法行为是改善会计制度支撑环境的当务之急。

在现实农业企业现代化的过程中,建立健全企业内部约束机制,是不可缺少的一项重要工作,它是保证会计信息真实、及时、完整的基石。在实证研究领域,La Porta 等(1998)发现股权集中度与财务报告的质量负相关,Beasley(1996)的研究证实,未发现财务报告舞弊的公司比发生舞弊的公司拥有更高比例的外部董事。这说明通过企业内部约束机制安排,可以保证会计信息质量。

在我国,农业企业内部约束机制存在着严重的缺陷,如股份有限公司中的股权结构高度集中,董事会构成不合理,一般农业企业中的内部人控现象严重等。因此在现阶段,为了改善我国农业企业会计制度的支撑环境,必须加快完善农业企业内部约束机制,而完善内部约束机制的最佳选择之一,就是建立现代企业内部审计制度。与美国和日本相比(美国于 1941 年就组织了内部审计——审计师协会,日本于 1957 年就成立了内部审计师协会),我国内部审计发展较晚,于 1987 年才成立了中国内部审计学会。经过了二十多年的发展,即使国有企业的内部审计制度问题重重,农业企业更是问题多多,许多农业企业里根本就没有建立相应的内部审计机构,更没有配备专门的内部审计人员,仅仅依靠会计师事务所、审计师事务所等外部审计的力量,远远保证不了会计核算资料的准确性与可靠性,而且,外部审计的费用一般也很高。

建立严格的内部审计制度,可以为会计信息披露的准确性与真实性提供制度上保障,进一步优化农业企业的资本结构,提高农业企业的治理效率,以保护投资者的权益。

第三节 严格执行和逐步完善农业会计处理规范

现代市场经济要求规范农业会计实务,而要规范成功,取得较好的规范效果,就必须建立起一套科学的行之有效的农业会计处理规范。我国已经确定了在社会主义市场经济环境中以会计准则来规范会计实务的基本方向。因此,农业会计准则制定工作和农业会计理论研究的成败决定我国农业会计实务是否能良性发展。

会计准则的制定与完善是一个渐进的过程,也是一个成本效益的选择过程,博弈次数越多,会计制度的完善程度就越高。理想的会计制度要能充分兼顾各方利益,成为博弈双方自愿执行的有约束力的社会契约。帕雷托最优的会计准则的经济后果应该是最公平、合理,这就要求我们制定出高质量的农业会计准则。我国新农业生物资产准则的颁布为我国农业企业会计核算提供了制度依据,但农业会计准则作为一个特殊的行业准则,其具体内容所存在的欠适用性,同样需要经过更多次的博弈才能更好地发挥制度规范的效用。因此,新生物资产准则应当在严格执行中逐步完善和发展,其具体可以从以下几方面考虑。

一、全面定义新准则中生物资产的含义

新生物资产会计准则将生物资产定义为"有生命的动物和植物",这与国际会计准则的定义实质完全相同,充分体现了我国会计准则与国际会计准则的趋同。但从生物资产本身所包含的内容出发,该定义是不够全面和完整的。在生物学上,按照生物资源的自然属性将生物资源分为三大类,即植物资源、动物资源和微生物资源。微生物是指那些个体体积直径一般小于1mm的生物群体,它们结构简单,大多是单细胞,还有些甚至连细胞结构也没有,人们通常会借助显微镜或者电子显微镜才能看清它们的形态和结构。它们具有体形微小、结构简单、繁殖迅速、容易变异及适应环境能力强等优点,广泛存在于自然界中,一般肉眼看不见,必须借助光学显微镜或电子显微镜放大数百倍、数千倍甚至数万倍才能观察到。另外我国学者还提出将生物分成六界,即病毒

界、原核生物界、原生生物界、真菌界、植物界和动物界。不难看出微生物研究的对象是十分广泛而丰富的,在生物分类的六界中占了四界,可见其在自然界中的重要地位。虽然人类目前对微生物的研究和认识是很有限的,但在农业生产活动中,微生物生产经营是重要的组成部分,如经营罐头、发酵食品、酸奶等都涉及微生物资源的处理。如果生物资产会计准则缺乏对这方面内容的规范,经营此类业务的农业企业会计核算就会缺乏相应的制度依据,其会计信息就缺乏真实性和完整性。因此,生物资产定义应当全面表述为"有生命的动物、植物和微生物"。

二、重视农业无形资产会计研究

随着知识经济时代的到来,企业无形资产在企业资产结构中的比重和重要程度日益提高。相对传统的会计模式下,无形资产在财务报表中得不到充分披露从而弱化会计信息的可靠性与相关性而言,突破传统会计模式束缚下的无形资产将作为企业重要的经济资源,取代有形资产而越来越受到重视,从而使无形资产会计核算必将成为农业企业会计核算中的重要部分,加强农业无形资产会计的研究也势在必行。

(一)规范农业无形资产会计核算范围

我国农业生产活动中的种植业、林业、养殖业和渔业等都包含着丰富的无形资产资源。但目前我国农产品的商标注册方面不仅与世界同行业差距很大而且还落后于国内其他产业。以我国花卉产业为例,我国花卉栽培有两千多年历史,在世界上有"园艺之母"之称,但中国的确难以在国际花卉市场占据有利地位,其主要原因就是没有自己独特的商标。

种植业的无形资产除厂商名称外还有专利权、技术秘密、商标权等。林业是造林、营林获得林产品和其他多种经济效益的物质生产部门,广义的林业还包括森林采伐、林业运输、木材综合利用等具有工业性质的生产活动。林业的无形资产一般有专属权、专利权、技术秘密、商标权等。畜牧业是指人们对动物进行饲养、繁殖以取得各种动物性产品或役用牲畜等的生产部门。它包括大牲畜牛、马、骡、驴、骆驼等、小牲畜猪、羊、家禽鸡、鸭、鹅等以及经济类畜类兔、鹿、豹、狐、水獭、鸵鸟等的饲养,养殖业、养蜂业亦属于畜牧业。畜牧业的无形资产主要有专利权、技术秘密、商标权。渔业是指人们利用水域捕捞和养殖水生动植物,以获取各种水产品的生产部门。它包括海洋渔业和淡水渔业,从经营方式看又可分为捕捞渔业和养殖渔业。渔业的无形资产一般有专利权、技术秘密、商标权。另外,各类农作物的种子可申请商品商标,园艺、除草、灭虫等方面的服务,还可申请服务商标等。

(二)逐步建立农业无形资产评估体系

经济一体化、贸易自由化是世界经济发展的必然趋势。农业无形资产评估将有利于增强农业无形资产保护意识,有利于农业科技市场的发展,有利于创建国际农业知名品牌,参与农产品国际竞争。农业无形资产评估的基本方法可以有现行市价法、收益现值法和重置成本法。现行市价法是以同类资产的市场销售价格作为参照标准来确定农业无形资产价值的一种方法。收益现值法是通过预测资产的未来预期收益并折算成现值,以此确定被评估农业无形资产价值的一种方法。重置成本法是指一项资产的价格不应高于重新建造具有相同功能的资产成本。

(三)明确农业土地使用权的核算

在农业活动中,土地是必不可少的生产资料。对于农业企业来说,进行农业活动的必要前提是拥有一定量的土地。因此,真实核算和披露土地也成为农业会计核算中必不可少的一部分。据调查显示,我国的农业企业如北大荒、永安林业等上市公司基本将土地纳入会计核算范围,确认为无形资产核算,这不仅有利于真实核算农产品的成本,还有利于真实反映农业企业的经营规模和经济实力,降低资产负债率。然而,在国有农场,土地作为主要的生产资料,作为最大的资产,由于观念影响和操作上的困难,一直没有作为资产核算,这既不符合会计信息披露的真实完整性要求,也不能体现资源的可持续利用。另外,对于土地的改良等支出应该予以明确,确定其是否资本化。按数额大小,以及如果资本化时应当确认为土地使用权的价值还是生物资产如自行营造的经济林木的价值。虽然对于与农业活动相关的土地和无形资产要求按照与此相关的其他准则处理而没有作出专门的规定,但是我国的具体情况决定我国应明确规定应当单独将土地纳入会计核算范围,理由如下。

1.将土地纳入会计核算范围有利于土地利用和管理

土地这一自然资源难以用普通商品的计价标准来计价,但由于土地,尤其耕地是有限的,任何单位或个人取得土地使用权与取得其他资产一样,都应该是有偿的。我国实施的是土地国家所有和集体所有的土地公有制,不允许土地所有权买卖,企业主要通过行政划拨、外购、投资者投入、租赁等方式取得土地使用权。但在市场经济条件下,企业的土地都应有偿使用,非农企业和农业上市公司已将土地使用权作为无形资产核算,国有农场作为独立经营的市场主体,也不能无偿使用国家的土地。

2.将土地纳入会计核算范围有利于全面核算资产

土地纳入国有农场会计核算,有利于增强国有农场对土地的核算和管理意识,进一步充分合理利用土地尤其是耕地资源,提高土地的使用效益。并且,将土地作为国有农场的资产核算能使国有农场和其他企业在资产范围上一致,有利于增强会计信息的可比性。土地的具体会计核算方法可根据国有农场的经营体制而定,对于租赁方式获得土地的国有农场,可按租赁资产核算实行股份制经营的农场,土地应作为国家投入资本。但无论采取什么形式,土地的获得都会增加企业的土地使用权,导致这类特殊的资产增加,企业应当及时予以确认和计量,从而向会计报表使用者传达真实可比的会计信息。

第四节　改进农业会计处理手段

改进农业会计处理手段可以通过会计电算化来实现。会计电算化是一门集计算机学、信息学、管理学、会计学等学科知识为一体的综合性边缘学科,其实质是将电子计算机为主的当代信息技术应用到会计工作中,即用电子计算机代替人工记账、算账与报账,以及部分代替人脑完成对会计信息的分析、预测和决策的过程。

一、农业会计核算复杂需要电算化减轻工作量

农业是我国国民经济中的支柱产业,是生态建设的主体,是社会可持续发展的基础,在经济社会中具有重要作用。农业的特殊性决定了农业会计的确认、计量、记录和报告的复杂性以及农业成本核算的困难性。对于编制会计报表、运用移动平均法进行成本计算等非常复杂且时间性要求很高的会计核算

工作,传统的手工会计核算已远不能适应农业核算新形势发展的需要。利用电子计算机进行会计核算和会计管理,实现会计电算化,是农业会计工作的发展趋势。

会计电算化可以减轻会计工作劳动强度,提高会计信息质量。其作用是会计电算化能使广大财会人员从繁重的手工操作中解脱出来,减轻劳动强度提高会计信息搜集、整理、反馈的灵敏度和正确度提高会计的分析能力、提高会计信息质量和会计管理水平,最终提高企业经济效益。

因此,农业会计电算化的普及和应用有利于会计核算工作的现代化,有利于促进会计、会计工作改革和发展,实现会计电算化的过程是促进会计工作标准化、制度化、规模化的过程,同时也是一个观念更新、推进企业管理现代化的过程。在手工条件下,会计核算工作要由许多人共同完成,实现会计电算化后,输入一张会计凭证,会计电算化系统可自动进行记账、汇总、转账、结账、出报表等一系列工作。对于大量重复出现的业务,系统可以按模式凭证自动生成记账凭证。实现会计电算化后,利用计算机可以采用手工条件下不愿采用甚至无法采用的复杂、精确的计算方法,能有效减轻会计工作人员的负担,使他们能从简单重复而又无味的记账、算账中解放出来,从而使会计核算工作做得更细、更深,更好地发挥其参与管理的职能。

二、会计电算化在农业会计核算中具有可行性

计算机技术在会计中的广泛应用,使会计电算化成为现实。随着计算机技术、通信技术和网络技术的发展,网上企业、网际企业、虚拟企业等新的企业形式开始出现,新的经济形态——网络经济开始逐步形成,要求会计核算方式由会计电算化向会计信息化发展演变,这必然要求会计系统进行相应的改革,由此引发对传统会计理念、会计规则等的挑战。

近年来在会计电算化领域里呈现了许多可喜的现象,促进着会计电算化事业向浓度和广度发展。会计电算化系统毫不畏惧核算的复杂,它可以按照一定的程序,由计算机不厌其烦地计算,及时抽取数据,随时输出报表,复杂的会计核算工作不仅变得简单、迅速,而且准确。实践证明,农业电算化的推广是可行的。例如,阿尔泰山林业局所辖的 6 个山区林场,6 个公司,企业性质涉及多个行业,财务核算采用多种会计制度,如天然林保护工程实行事业单位

会计制度,三北四期工程实行基本建设会计制度,木材采运实行农业企业会计制度,加之地处边疆,各单位之间路途遥远,给财务数据传递和财务报表的汇总带来极大不便。针对这一情况,阿尔泰山林业局于当年开始着手实施会计电算化,在全局范围内分两期举行了财务软件的培训,配备了计算机及财务软件,结果,财务工作发生了根本性的变化,大大节约了人力和物力。最关键的是,通过会计信息彼此共享,实现远程报表、报账、查账、审计等远程处理,大大提高了会计资料的准确性。

再如,北大荒米业只在基础业务管理中使用了金蝶的部分产品。财务应用的是金蝶 K/3 总账、报表、应收、应付系统。包装物及资材管理系统则实现了对制米厂接收、发出、领料使用的全部包装物及资材的入库和出库的管理。通过包装物及资材管理系统可以使相关部门实时的掌握北大荒米业包装物及资材的实际库存和应用情况。制米厂通过其业务管理系统中得到的数据进行数据提取和传递,通过财务总账系统进行财务核算。分公司、制米厂的账套数据实时地传递到总公司的服务器,根据需要将所有的账套合并成一个账套,进行报表和分析,也可以通过报表来做合并报表。通过财务管理系统可以按照需要进行合并报表和账套合并。北大荒米业通过财务信息化,实现了准确的成本核算。计划成本是根据原粮收购、原粮烘干、加工成本、固定费用确定的大米成本,实际成本是生产后入账上述各项的实际发生,实行计划成本、实际成本相结合的控制方法,通过生产后实际入账的数据确定的大米实际成本的各项数据同大米计划成本的各项进行对比,从而得出具体差额,进而修改计划成本,然后按照新的成本继续控制有效的风险防范。对存货按存货期的长短计提销价准备金,对应收账款按账龄长短计提坏账准备金严格的资金管理,对下发到制米厂的原粮收购资金进行管理。通过资金平衡等式保证资金的封闭运行,对应收账款和其账龄的精细管理,从储运将产品发出后就通过内部发票的生成进入应收账款管理系统进行账龄的计算,当客户回款进入应收账款系统后即由系统自动冲减。

实践证明,农业企业通过实施会计电算化和信息化项目,不仅能提供及时真实的农业会计信息,实现准确的成本核算,还便于加强生物资产和存货的价值管理,使财务管理成为企业管理的核心,大大节约人力物力,企业运作过程中所有环节的人、财、物变化都能通过财务绩效体现出来。

三、农业会计电算化应关注的问题

我国的会计电算化工作起步较晚,但经过国家、科技界和企业界等方面的不懈努力,已经经历了起步和自发发展两个初级阶段,目前已跨入有组织、有计划的推广普及发展阶段。推行电算化应注意以下几点:一是专业化人才的培养;二是硬件和软件的配置;三是财务及管理软件系统内部的衔接性;四是数据的兼容性和安全性;五是核实企业实际情况的会计软件和软件的国际化开发。

当今,世界经济日趋全球化,对外贸易不断增加,国际交流合作不断增强,而我国财务软件还不具备多国语言、多种货币处理能力,而且在会计核算和财务管理方面有些不符合国际惯例和国际会计准则等。还有更深层次的会计文化问题,使得我国会计软件不能够满足现代跨国企业经营和企业集团化发展的需要。

总之,会计电算化的普及应用,对会计和会计工作的影响是多方面的,也是十分深刻的,这种影响必将推动会计理论和会计实践的进一步发展。国际互联网络已经走进人们的生活,传统行业的会计不可避免地受到冲击,会计界应对会计系统进行主动性革命,对会计理论会计信息及其安全性、会计业务流程的重组、会计法规、会计系统标准化等都要进行研究创新,以迎接网络会计时代的来临。我们应该不断提高会计人员的素质,加快会计核算软件的开发进程,最终走向与国际联网,为农业会计的国际接轨打下坚实基础。

第八章 农业产品成本核算体系研究

第一节 成本会计的理论基础与理论结构

一、成本价格理论

企业成本的理论概念及其经济内涵,是建立在马克思政治经济学的成本价格理论基础上的。马克思的成本价格理论揭示了商品生产中最一般的成本内涵,即产品的价值包括物化劳动(c)、活劳动补偿价值(v)和活劳动为社会创造的价值(m)三部分,成本价值相当于 c+v 部分,是生产产品或提供劳务所消耗或转移的经济价值。无论实际经济生活中成本具体形式如何变化,成本的基本经济内涵将不会脱离马克思对成本概念的高度抽象。

二、行为科学理论

行为科学是一门综合性学科,主要运用人类学、社会学、心理学和社会生理学等各方面的研究成果,探讨人在生产经营活动过程中的各种行为的规律性,分析这些行为产生的客观原因和主观动机,旨在调节人际关系,调动人的积极性和创造性,提高劳动生产率。行为科学理论在成本会计中的运用主要表现在:一是给职工一定的责任和相应的权利是行为科学的重要内容,根据这一思想,便产生了责任会计。责任会计按照可控范围和责任的层次,分为成本、利润和投资三个责任中心。各个责任中心都承担一定的责任,并被赋予相应的权利。二是成本责任中心的责任是通过编制费用预算或标准成本来实现的。在编制费用预算或标准成本方面,让职工参与预算或标准成本的编制过程,使预算更符合实际,有利于实现整个目标的一体化,也有利于职工感受到企业的重视和信任,有利于实现企业的目标。

三、信息经济学

信息经济学是现代社会经济和信息技术相互融合,运用经济信息的处理和整合,为指导企业决策行为提供依据的经济学科。信息经济学创始于 20 世纪 60 年代初期,1959 年,美国学者马尔萨克(J. Marschak)发表《信息经济述评》,1962 年,由美国经济学家 F·马克鲁普(F. Mauklup)发表的《美国的知识生产和分配》,为信息经济学的产生奠定了基础。信息经济学在成本会计中的运用起步较晚,但发展较快。20 世纪 50 至 70 年代,成本会计对信息经济学应用的研究还没有受到普遍的重视,到 20 世纪 80 年代中期才开始进行研究,形成信息资源会计的范畴,其核心概念是信息成本和信息价值分析以及成本管理信息系统的建立。

四、代理理论

代理理论是英国经济界的说法,在美国代理理论则被称为代理人理论,它产生于 20 世纪 70 年代,主要研究在公司制度下,在企业所有权与经营权相互分离、分权管理体制下,企业股东(委托人)与职业经理(代理人)之间的关系。委托人如何激励和引导代理人按照其意志进行经营管理和决策,从长远利益出发,达到企业价值最大化。代理理论在成本会计中的运用主要表现在:一是在生产费用预算编制与执行中,首先认为以完成预算为基础而订立的合同是最优秀的;其次是在预算执行过程中实行代理人参与制。二是在成本差异的分析与调查中,在什么样的情况下经理人员对哪些因素和责任层次进行分析和调查,允许代理人根据具体情况作出选择。三是评价代理人成本控制业绩时充分考虑不确定性因素。而且对事前事后两种不确定性予以区别。要求代理人至少要分担一些与未来结果有关的风险,除非委托人是风险中性的。代理人的预期效应取决于他对未来情况各种可能性所作出的职业判断。这样,当代理人在作出成本决策的时候,就不得不充分考虑其中所包含的风险。

第二节　农产品成本核算的账户设置特点

农业企业生产成本核算,是指对农业企业的农业、工业、商业、运输业、建筑业及服务业等各业生产经营过程中发生的费用,按一定成本计算对象进行归集,并计算其产品成本或劳务成本的一种专门方法。本书中的"农业企业"是指狭义的农业企业,主要包括种植业、林业、畜牧业和养殖业。科学、合理、合法地组织农产品成本核算工作,对于节约开支、降低成本、提高效益,以及有效地利用农业生产资源,都具有十分重要的意义。

对于农产品成本核算的账户设置问题,虽然会计界有各种各样的观点,但共同的一点就是,农业企业在农产品成本核算过程中所设置的会计科目要突出农业企业的特点,除了设置各种行业通用的会计科目以外,如现金、银行存款、应收账款、固定资产、累计折旧、在建工程、无形资产、短期借款、应付票据、应付账款、应付工资、应付福利费、预提费用、长期借款、应付债券、实收资本、资本公积、盈余公积、未分配利润等,更主要的是应该设置一些能够反映农业活动特点的会计科目,如"农产品""幼畜及育肥畜""固定资产——生产性生物资产""农用材料""应收家庭农场款""应付家庭农场款""待转交家庭农场上交款"等,分别针对农业企业中的资产核算问题、家庭农场的核算问题、收入成本与利润的核算问题进行探讨,并详细讲解一些会计科目的具体应用。

为了正确反映和监督生产费用的发生情况,正确计算农产品成本,农业企业一般应在总账中设置"农业生产成本""辅助生产成本""制造费用"等生产成本总分类账户。"基本生产成本"账户核算农业企业所属农业生产单位在农作物产品、林产品、畜禽品、水产品生产及进行机械作业过程中发生的各项费用,并计算产品成本或机械作业成本。根据需要,农业企业一般还需要按成本核算对象在"农业生产成本"账户下设置"种植业生产成本""林业生产成本""畜牧业生产成本""渔业生产成本""机械作业成本"五个二级账户,详细的农业企业会计科目如表 8-1 所示。

农业企业会计科目表中不同于其他企业的一个重要的会计科目是"农业生产成本"科目,本科目核算企业所属农业生产单位在农业生产过程中所发生的各项生产费用。农业生产包括农产品生产、林产品生产、畜(禽)产品生产、水产品生产及副业生产等。农业企业应当根据生产组织形式和生产特点,确定成本核算对象、成本项目和成本计算方法,并应按成本核算对象设置明细账。

表 8-1 农业企业会计科目一览表

会计科目	会计科目
一、资产类	30 待转家庭农场上交款
1 现金	31 专项应付款
2 银行存款	32 其他应付款
3 其他货币资金	33 应付工资
4 短期投资	34 应会福利费
5 应收票据	35 应交税金
6 应收帐款	36 应交包干利润
7 坏帐准备	37 应付利润
8 应收家庭农场款	38 其他应交款
9 内部往来	39 预提费用
10 其他应收款	40 长期借款
11 材料采购	42 长期应付款
12 农用材料	三、所有者权益类
13 低值易耗品	43 实收资本
14 材料成本差异	44 资本公积
15 幼畜及育肥畜	45 盈余公积
16 产成品	46 本年利润
17 待摊费用	47 利润分配
18 长期投资	四、成本类
19 固定资产	48 农业生产成本
固定资产减值准备	49 辅助生产成本
20 累计折旧	50 制造费用
21 固定资产清理	五、损益类
22 在建工程	51 营业收入
在建工程减值准备	52 营业成本
23 无形资产	53 营业费用
无形资产减值准备	54 营业税金及附加
24 递延资产	55 其他业务收入
25 待处理财产损益	56 其他业务支出
二、负债类	57 管理费用
26 短期借款	58 财务费用
27 应付票据	59 投资收益
28 应付帐款	60 营业外收入
29 应付家庭农场款	61 营业外支出

第三节　农产品生产成本的计算方法和分业核算

一、农产品生产成本的计算方法

根据企业产品生产特点和成本管理的要求,在产品成本计算工作中,主要采用三种基本的产品成本计算方法,即品种法、分步法和分批法。除此之外,在产品品种繁多的企业,为了简化计算工作,满足经济管理的要求,还可以按产品的类别计算产品生产成本,即分类法。以上几种产品生产成本计算方法,在工业企业、农业企业及其所属的生产单位均可适用。但由于农、林、牧、渔业生产的对象是有生命的植物和动物,其生产要以自然再生产为基础,受自然因素的影响很大,因此,在具体运用某种产品成本计算方法计算农、林、牧、渔业产品生产成本时,具有一定的特殊性。

二、农产品生产成本的分业核算

对于种植业基层核算单位来说,农产品生产主要分为两大类:一类是大田作物栽培,另一类是蔬菜栽培。农业生产成本项目由直接材料(种子、种苗、农药、化肥)、直接人工(直接从事农业生产活动的工人的工资及福利费)、其他直接费用(机械作业费、灌溉费等)、制造费用(各生产队负担的生产队管理费)、往年费用(由上年结转本年的秋耕地、越冬作物如小麦等的在产品成本)构成。应该设置"农业生产成本"账户对农产品生产成本进行核算,"农业生产成本"账户的借方登记农产品生产过程中发生的各项生产费用,贷方登记当期验收入库或对外出售的农产品的生产成本,余额在借方,表示期末在产品的实际成本。

属于耗用的农用材料、工资及福利费等直接费用,可以直接计入农业生产成本,借记"农业生产成本"科目,贷记"农用材料""应付工资""应付福利费""现金""银行存款"等科目。接受辅助生产单位提供的劳务时,可以运用辅助生产费用的直接分配法,借记"农业生产成本"科目,贷记"辅助生产成本"科目。辅助生产单位如果作为独立核算主体,其所做的会计分录应该为,借记"辅助生产成本",贷记"原材料""应付工资""累计折旧"等。

（一）大田作物生产成本的确定

1.农产品成本计算区间

大田作物包括粮食作物、饲料作物及经济作物栽培。粮豆作物生产成本的计算期，是从粮豆种子的处理、翻地、播种开始算起，直到粮豆作物成熟收获后入仓入囤和场上能够销售为止，这期间发生的各项费用，均记入"农业生产成本"账户。从仓囤出库和场上销售发生的包装费、运杂费，则作销售费用处理。不入库、不入窑的鲜活农产品的生产成本计算期，是从翻地、播种时就开始算起，直到该农产品收获后用于销售为止；入库、入窑的鲜活农产品的生产成本计算期，是从翻地、播种时就开始算起，直到该农产品收获后入库、入窑为止。棉花的生产成本计算期，是从棉花的播种开始算起，直到棉花成熟收获后加工成皮棉为止，而打包上交过程中发生的包装费和运输费，则作为销售费用处理。

2.农业生产成本计算方法

（1）一年一收或多收农作物的成本计算公式为：

某种农作物主产品单位成本＝（某种农作物生产总成本—副产品价值）÷某种农作物主产品总产量

某种作物的单位面积成本＝（某种作物生产总成本）÷某种作物播种面积

（2）多年生作物（如人参、剑麻等）的成本计算公式为：

一次收获的多年生作物，应按各年累计的生产费用计算成本，计算公式如下：

$$一次收获的多年生某种作物额主产品单位成本＝\frac{截止收获月份的累计费用—副产品价值}{某种作物主产品本年总产量}$$

多次收获的多年生作物，在未提供产品前的累计费用，视同待摊费用处理，应该按计划总产量的比例计入投产后各年产出产品的成本中去。本年产出产品的成本包括往年费用的本年摊销额和再投产后本年发生的全部费用（包括停采期的费用，其处理方法按本规程第十六条的规定办理）。属于摊入本期产品成本的部分，借记"农业生产成本——××产品生产成本"，贷记"农业生产成本"本科目(××年种植××作物)。年终尚未完成脱粒作业的产品,预提脱粒等费用时,借记"农业生产成本——脱粒费用",贷记"预提费用"科目。计算公式如下:

多年生某种作物主产品单位成本=(往年费用的本年摊销额+本年全部费用-副产品价值)÷某种作物主产品本年总产量

对于采用间种、套种、混种方法,以及按作物组核算的各种农产品生产成本,可以按播种面积的比例分配,播种面积可按播种量折算。计算公式如下:

某种作物播种面积=某种作物的实际播种总量÷某种作物单播时亩定额播种量
某种产品总成本=(总费用÷各种作物播种面积之和)×某种作物播种面积
某种产品单位成本=(某种产品总成本-副产品价值)÷某种产品总产量

计算出种植业的农产品生产成本后,可以编制成本计算表,详细地列示各种农作物的总成本、单位成本及主产品成本(成本计算表的格式见表8-2)。

表 8-2　种植业生产成本计算

项目	作物名称			合计
	小麦	玉米	棉花	
直接材料				
直接人工				
制造费用				
生产费用合计				
减:副产品成本				
主产品总成本				
播种面积				
主产品总产量				
主产品单位成本				
单位面积成本				

(二)蔬菜生产成本的确定

蔬菜栽培包括露天蔬菜和保护地栽培两种类型,露天栽培是指不采取任何保护措施,而是在露天的大地上栽培的方式。保护地栽培指在温床上或温室内栽培蔬菜的方式,春秋、冬季一般采用这种方式。与露天栽培蔬菜相比较,保护地栽培蔬菜具有面积小、间接费用多的特点。

因此,蔬菜生产成本的核算也应该根据蔬菜栽培方式的不同进行分类核算,即在"农业生产成本"账户内设置不同品种的明细账,不以蔬菜为主或蔬菜种植面积很小的农业单位,也可以合并为"蔬菜"一个明细账。不同蔬菜的成本可采用一定方法进行成本分离,对于能分清某种蔬菜耗用的直接费用,可直接计入该蔬菜的成本,如种子、种苗、单施的肥料等,对于几种蔬菜共同耗用的间接费用,应按一定方法分配计入产品成本,如工资福利费、一般肥料、农药费、灌溉费、供热费、温室折旧费等。

对于保护地(温室栽培)的蔬菜,其间接费用的分配方法可采用床格日数比例法(温床栽培时采用)或平方米日数比例法(温室栽培时采用)。其计算公式为:

某种温床蔬菜应分配的间接费用＝(某种间接费用总额×该种蔬菜在床格日数)÷全年使用的床格日数

温床床格日数＝温床床格数×蔬菜生长期

某种温室蔬菜应分配间接费用＝(某间接费用总额×该种蔬菜占温室平方米日数)÷全年使用温室的平方米日数

温室平方米日数＝占用温室×平方米蔬菜生长期

对于露天种植几种蔬菜的总生产成本,可以按照一定的方法进行分配,计算出各种蔬菜的产生成本,然后将每一种蔬菜的成本数据资料,填列在蔬菜生产成本计算表中,其格式如表8-3所示。

表8-3　蔬菜生产成本计算表

产品	售价/元	系数	实际产量	标准产量	实际成本
青椒					
茄子					
黄瓜					
……					
合计					

（三）林业生产成本的核算

林业生产成本是指农业企业从事橡胶、果、桑、茶等经济林木生产所发生的各项费用。对此,应在"农业生产成本"账户下设置"林业生产成本"明细账户,或直接设置"林业生产成本"一级账户（本书主张采用后一种账户设置方式）,借方登记林产品生产过程中发生的各项生产费用,贷方登记林业生产所完成的林产品生产成本,余额在借方,表示林业生产过程中尚未产出林产品的在产品成本。零星果、桑、茶树的种植和更新以及小面积种植支出,可通过本账户进行核算,直接计入有关林业生产的生产费用。林业生产成本核算过程中,应按照林产品的名称、种类设置明细账户,进行明细分类核算。经济林木的固定资产折旧,应直接计入产品成本,借记"林业生产成本"科目,贷记"累计折旧"科目。

林业生产成本的核算对象主要包括橡胶、果树、桑树、茶树等经济林木,应按育苗、定植抚育、采割三个阶段分别核算成本,其他林木可适当合并核算成本。

1. 林木的育苗

林木的育苗是通过苗圃进行的。苗圃的生产费用应按林木的类别分别核算,计算产出树苗的生产成本,未起苗前的生产费用为树苗的在产品成本。部分起苗的,按起用部分占用面积或株数的比例分摊,但起用费用应由起用部分分担。起苗出售后,借记"营业成本"账户,贷记"林业生产成本——××树苗"账户;如起出树苗用于抚育,则借记"林业生产成本——××抚育"账户,贷记"林业生产成本——××树苗"账户。

在林产品生产成本计算过程中,有占用比例法和起用株数比例法两种,其中占用比例法主要适用于树苗发育均匀、大面积起用时的成本计算,其计算公式为:

$$单位面积成本 = 起苗前生产成本 \div （起用面积 + 未起用面积）$$
$$树苗产品成本 = 起用面积 \times 单位面积成本 + 起用费用$$
$$树苗在产品成本 = 未起用面积 \times 单位面积成本$$

而起用株数比例法主要适用于树苗发育不均匀、采用间苗方式起用时的成本计算。其计算公式为:

每株树苗成本＝起用前生产费用÷（起用株数＋未起用株数）

树苗产成品成本＝起用株数×每株成本＋起用费用

树苗在产品成本＝未起用株数×每株成本

2.定植抚育成本的核算

定植抚育成本的核算是指林木从移苗定植到交付使用期间所发生的营造成本，包括树苗费、人工费、防病虫费、防护费及分配的制造费用等，其成本项目与育苗相同。林木育成，可以提供林产品后，应按其营造成本借记"固定资产"账户，贷记"林业生产成本——××林木"账户，未转入固定资产的费用为某林木的在产品成本，其费用的分离可以按林木抚育年限计算，也可以按计划成本或固定价格计算。

3.采割成本的核算

采割成本的核算指经济林木投产后因采割林产品所发生的生产费用，包括经济林木抚育管理费；增施肥料费；橡胶割胶前准备、胶工培训、开割前一次性配备的割胶工具费、割胶人工费；果、桑、茶采摘前配备的工具费、采摘人工费等。对于停割停采期间的费用，产品产出前发生的计入当年产品成本，产品产出以后发生的作为在产品结转下年。林产品的计算区间为：橡胶算至加工成干胶片，茶叶算至加工成商品茶，水果算至装箱（筐）。没有加工设备的，橡胶算至鲜胶乳，茶算至鲜叶。

（四）畜牧业生产成本核算

畜牧业生产成本，指农业企业在畜禽生产过程中发生的各项饲养费用和饲养成本、增重成本及畜禽产品成本。对此，应设置"畜牧业生产成本"账户，借方登记畜牧业生产过程中发生的各项费用，贷方登记生产完成的畜牧业生产成本，余额在借方，表示尚未生产完成的畜牧业生产的在产品。

畜牧业生产成本的核算，原则上应分群核算，条件不具备的应按畜禽类别进行混群核算。实行分群核算时，"畜牧业生产成本"账户只核算各群发生的饲养费用，畜禽本身的价值在"幼畜和育肥畜"科目核算，而且本账户应按群别设置明细账户。实行混群核算的，按畜禽种类设置明细账户，按规定成本项目设置专栏，畜禽本身的价值及其饲养费用，均在"畜牧业生产成本"账户核算。

此外,要做好畜禽增减变动记录,及时、正确反映畜禽的出生、购入、转入、转出、出售及死亡等变动情况,购进用于饲养的畜禽时,借记"畜牧业生产成本"账户,贷记"银行存款"等账户。期末结转各群的饲养费用时,借记"幼畜和育肥畜"账户,贷记"畜牧业生产成本"账户。

(五)水产品生产成本的核算

水产品是指对水生动植物的育苗、养殖和天然捕捞业务,包括淡水养鱼、虾、蟹、珍珠等淡水养殖,贝类、藻类等海水养殖,以及天然湖泊、江河、海洋中自然生长的水生动植物捕捞等。对此,应设置"渔业生产成本"账户,借方登记发生的各项渔业生产费用,贷方登记转出的渔业生产成本,期末余额在借方,表示尚未捕捞的在产品成本。水产品的生产成本核算过程中,应该按照产品品种的类型、养殖方式和生产过程,实行分水面、分品种核算。对于出售的鱼苗、鱼种和产成品,按其实际生产成本,借记"营业成本"科目,贷记"渔业生产成本"账户。鱼苗鱼种留在农业企业内分塘继续饲养的,按其实际生产成本,在"渔业生产成本"账户内进行转账处理,借记"渔业生产成本——成鱼",贷记"渔业生产成本——鱼苗",而不需要通过销售处理。

发生的间接费用,先在"制造费用"科目进行汇集,期末再按一定的分配标准,分配计入有关水产品成本,借记"渔业生产成本"科目,贷记"制造费用"科目。

不同种类的渔业生产,其成本构成内容有所不同。一般分为鱼苗、成鱼两大类,后者又有网箱、专池养殖之分,从捕捞方式上又有多年放养、一次捕捞和逐年放养、逐年捕捞两类,其成本内容如表8-4所示。

表8-4 鱼类成本表

种类		成本内容
鱼苗		育苗期全部费用为鱼苗成本
成鱼	多年放养,一次捕捞	捕捞前全部费用为成鱼成本(未捕捞前各年费用为在产品)
	逐年放养,逐年捕捞	当年全部费用为成鱼成本(不计算在产品成本)

(六)农产品验收入库的核算

完整的农产品成本核算体系不仅包括农产品生产过程的成本核算,还包括农产品验收入库的成本核算。期末,收获的农产品验收入库时,应按农产品生产过程中发生的实际成本,借记"产成品"科目,贷记"农业(林业、畜牧业、渔业)生产成本"账户;不通过入库直接销售的鲜活农产品,以及对外销售的副产品,按其实际生产成本,借记"营业成本"科目,贷记"农业(林业、畜牧业、渔业)生产成本"账户;自产留用的种子、饲料、口粮以及实行混群核算的幼畜成龄后转作固定资产时,视同销售,按其实际生产成本,借记"营业成本"科目,贷记"农业(林业、畜牧业、渔业)生产成本"账户。

第四节 农产品成本动因控制

影响成本的因素很多,有外部环境和内部因素。这些因素将重点聚集在动因、时间、质量、效果等方面,而产品是成本的主要载体,降低产品成本成为成本控制的必然结果。这种结果主要通过两种途径来达到:其一,在现有成本发生的基本条件的基础上,加强生产经营过程的日常控制;其二,改善成本发生的基础条件。日常成本控制主要通过产品成本控制方法制度来进行,而改善成本发生的基本条件主要通过成本动因控制、成本抉择来实现。所以农产品成本动因控制、农产品成本抉择以及农产品成本控制方法的应用选择,构成了农产品成本控制体系。

一、成本动因

成本动因也称成本驱动因素,是指导致成本发生的任何因素,也是影响成本结构的决定性因素,它可以是一个事项、一项活动或者作业。成本动因支配成本行为,决定成本的产生,并可作为分配成本的标准。成本动因是作为作业成本的计算而产生的,又因其作为成本控制的分析工具而备受人们关注。作为成本控制的工具,它不同于作业成本中以各种作业计量尺度被作为作业层次的成本动因,更不同于传统的以产量作为主要成本动因,它是从更高的角度来管理成本。不论是产量,还是作业动因都是作为客观被动的成本动因用于成本分析,具体来说是用于制造费用的分配,都属于微观的成本动因,故被称为战术意义上的成本动因。而战略成本控制意义上的动因则不同,它立足于企业的整体高度,具有更广阔的视野,是一种能动的成本动因,即作为现代成本管理的有效工具。

作业成本法中的成本动因的主要功能是作为分配制造费用的依据,成本控制中的成本动因主要功能是作为成本控制管理的工具。但从成本控制的角度来看,作业成本动因又可作为战术意义上的成本管理工具。因此,从成本管理系统来看,成本动因可分为战略性成本动因和战术性成本动因,即宏观成本动因和微观成本动因。

(一)宏观成本动因

1.宏观成本动因的基本特点

宏观成本动因是指决定企业基础经济结构的成本动因,具有以下基本特点。

(1)这些因素的形成需要较长时间,而且一经确定往往很难变动,因此对企业成本的影响将是持久和深远的。

(2)这些因素往往发生在生产开始之前,其支出属资本性支出,构成以后生产产品的约束成本,因此必须慎重行事,在支出前进行充分评估与分析。

(3)这些成本动因多属于非量化的成本动因,在具体分析时难以具体量化。

(4)这些因素即决定了企业的产品成本,又会对企业的产品质量、人力资源、财务、生产经营等方面产生极其重要的影响,并最终决定企业的竞争态势。

由此可见,一个企业的宏观成本动因必须与企业的竞争战略相适应,即不仅要从影响成本的角度去看待宏观成本动因,而且要从企业竞争的角度去看待宏观成本动因。

2.宏观成本动因主要内容

(1)规模经济,即在价值链活动规模较大时,活动的效率提高或活动成本因可分摊于较大规模的业务量而使单位成本降低。

(2)整合程度,整合是指企业为了让自己所负责的业务领域更广泛、更直接,在基本企业业务流中向两端延伸至直接销售、零部件控制和原材料提供等,而整合程度是指一体化的程度。

(3)学习与学习溢出,是指企业价值链活动可以经过学习的过程提高效率,从而使成本下降。

(4)技术,任何企业都涉及大量的技术,优势的技术能为企业带来持久的成本优势。

(5)联系,即各种价值活动之间彼此的相互联系,这种联系主要分为两类:一类是企业内部的关系,另一类是企业与供应商客户间的垂直联系。

(6)全面质量控制,这是一个重要的成本动因,其宗旨是以最少的质量成本获得最优的产品质量,为企业带来降低成本的重大机会。

宏观成本动因分析就是分析以上各项成本驱动对价值链活动成本的直接影响以及它们之间的相互作用对价值链活动成本的影响。最终可归结为一个"选择"问题:企业应采用何等规模和范围,如何设定目标和总结学习经验,如何选择经营方式和技术等。这种选择能够决定企业的"成本地位",无疑是企业在经济结构层面上的战略选择。整合程度的提高可能带来效率的提高或成本的降低。

(二)微观成本动因

1.微观成本动因的基本特点

微观成本动因是与企业具体生产经营活动相关的成本动因,其基本特点为:

(1)这些因素与具体成本项目相联系,不同的成本项目有不同的成本动因;

(2)这些成本动因大多为可量化的成本动因,可作为成本计算的依据;

(3)这些成本动因是在成本管理方向确定以后形成的,且从对具体成本项目的影响来看,其易于形成与改动。

2.微观成本动因主要内容

微观成本动因主要包括产品产量、生产工时、物质消耗量、订货批量、提供的样本量以及企业的生命周期等各种变量因素。

成本动因作为成本计算的依据,必须具备一定的条件,即高科技自动化机器设备的应用所引起的成本构成内容的变化,使成本控制的重点已由直接材料、直接人工转向制造费用,但目前大部分企业并不具备这样的条件,更不用说以家庭为主、间接费用只占很少比例的农产品生产了。因此,成本动因不能作为农产品成本计算的依据。但成本动因作为成本管理或成本控制的工具,其基本思路或思想却可推广应用于所有的经济活动领域,特别是从战略与战术相结合的角度将成本动因分为宏观成本动因及微观成本动因,从宏观和微观方面系统全面地加强成本管理或成本控制的思想对加强农产品成本管理及控制具有非常重要的理论和现实意义。

(三)农产品成本动因

农产品成本动因也有宏观、微观成本动因之分。农产品微观成本动因是与具体的生产经营过程相关的成本动因,即与具体的成本项目相关的成本动因,包括农产品产量、各费用项目的消耗量及其价格,其分析如第四章所述,在此,只对农产品具体的宏观成本动因进行分析。

农产品宏观成本动因是指决定农业基础经济结构的成本动因,其主要包括农业经营规模、农业经营形式、农民科技水平、农业生产结构、农业产业政策、农产品质量、农业可持续发展及农业标准化。

二、农业经营规模

成本常常受到经营规模大小的影响。适当的经营规模可以形成规模经济,规模经济是适应经营规模所带来的经济性,其主要表现在以下两个方面:

(一)规模经济改变成本

通常而言,规模的扩大可以使生产经营活动在更大的规模和更高的效率基础上进行,从而使分摊固定成本的产量变得更大,单位产品成本变得更低。

(二)规模经济改变收益

规模的扩大使产销量增加,即使成本不发生变化,扩大的产销量也可以增加盈余,而成本的进一步降低则使盈利进一步提高。这种由于经营规模的扩大而带来更多经济利益的特性,通常称为规模经济。

就种植业而言,规模经营主要体现为土地规模经营。土地规模经营是指在一定技术经济条件下,经营者为获取土地规模效益而采用的一种扩大土地规模的经营。农业生产的发展,不仅取决于各种生产要素规模的大小及农业技术水平的高低,同时也取决于各种生产要素之间配合比例以及各种生产要素与技术水平的适应程度。当各种生产要素在一定技术水平条件下的组合能充分发挥其生产潜力时,这样的要素组合才能取得最大的经济效益。当农业生产要素不处于这种组合状态时,必有部分要素的生产潜力由于要素间技术配合不合理而得不到充分发挥。这时通过增加短缺的生产要素的数量,必然会带来一定的规模效益。土地作为一种基本的生产要素,其规模的大小,必然要受制于农业技术水平的高低及其他各种生产要素的规模。当土地的规模超越技术水平及其他各种生产要素与其配合的适当比例要求时,势必导致土地资源的浪费,使土地这种稀缺资源的生产潜力得不到充分发挥。这时适当地缩小土地规模就会提高土地生产率,增加经济收入。当土地规模不适应农业技术水平及其他各种生产要素与之配合的适当比例的要求时,势必使其他生产要素的潜力得不到充分发挥。这时,适当扩大土地经营规模则会因能充分发挥其他各种生产要素的潜力而得到一定的规模效益。如果说改革初期实行土地承包责任制时所形成的小规模土地经营,是适应当时农业技术状况及其他各种生产要素与其配合比例的要求,而促进农业生产发展的话,那么,经过二十多年的改革实践,农业技术水平已得到了很大发展,小规模土地经营的局限性和落后性也逐渐暴露出来,适当扩大土地的经营规模,必定会带来相应的土地规模效益。

土地规模效益主要是由于土地经营规模的扩大引起农产品成本下降而实现的。

第一,土地经营规模扩大有利于科技推广,使农产品物质成本下降。目前,我国农业生产物质成本的投入高达45%,接近发达国家水平,其中主要原因是农业科技水平提高,农业生产中化肥、农药的投入,在我国小规模生产中并不比国外大农场用量少。但国外化肥利用率达80%以上,而我国仅为30%左右,这不仅大大增加了化肥费用,而且也造成了严重的环境污染。水、肥、药用量大而效率不高的主要原因是小规模经营客观上技术水平低,主观上又没有成本观念,结果,我国农业的科技贡献率仅40%多,发达国家达70%以上。小规模生产者的商品率不高,商品量不多,商品质不优,而耕作的品种多。农业高科技新耕作制度推广的社会效益大,但对于耕种几亩地,具体一个品种上面积更小的农户来说,产生的效益并不显著,而学习运用新科技的投入和承担的风险却并不比大农户小,缺乏动力是自然的,再加上客观条件的约束,导致农业科技难以普及。相反,较大规模经营者,从事的是较大规模的商品生产,产品能否卖出及其价格高低直接决定经营成败,因而对科技的追求动力大、压力强,通过普及科技提高产品质量和节约成本的意识强。当今世界科技是决定竞争力的决定性因素,在推动科技进步上,大农户比小农户更有优越性。

第二,土地经营规模扩大有利于农机替代活劳动和畜力而降低成本。小规模土地经营限制了农业机械的推广应用,使现有的农业机械不能充分发挥其应有的作用,从而使农业机械作业费逐年增加的情况下,并未减少人工费用,土地经营规模的扩大为充分利用和发挥农业机械的作用提供了条件,从而也为农业机械作业替代活劳动和畜力提供了机遇。尽管在现阶段,我国劳动力多,劳动力仍为我国最大优势,但如果由于使用农业机械而增加的机械使用费用小于其替代的活劳动和畜力消耗所形成的人工费用及其他物质费用,从而能为生产者带来更多利益时,机械替代活劳动因能降低成本而有着内在的动力和客观必然性。况且,一些研究成果表明,在许多产品生产上,我国农业劳动力丰富的优势,现在却成了活劳动成本过大的优势。如世界上粮食主要出口国——美国和加拿大,农产品中的活劳动成本一般只有10%,而我国却高达40%左右。在活劳动投入和机械投入替代过程中,中国劳动力的优势实际上已经成为农作物成本高的基本原因之一。进一步从劳动力的实际投入来看,农业的小规模经营并不能使劳动力得到充分利用,在我国农业中,劳动力一年只劳动60～70天,而其闲暇时的生活费用最终也要计入农产品成本。

土地经营规模的扩大可以使农业生产经营活动在更大的规模和更高的效益基础上进行,从而使分摊固定成本的产量变得更大,单位农产品成本降低。

土地经营规模的扩大可增加经营者的成本意识。小规模土地经营产出的商品率很低,农地主要作为其安身立命的生存保障,小规模土地经营者市场意识淡薄,更谈不上成本观念。随着土地经济规模扩大,农产品商品率会逐渐提高,生产者不仅要关注其生产,更重要的是要关注其生产产品是否能被社会接受,竞争的压力使其不得不考虑产品的质量及成本,成本观念的增强促使人们不得不寻求降低农产品成本的途径。

三、农民科技水平

农民科技水平的提高是通过学习和经验的积累、总结,以及专业技术的开发而提高效率、降低成本的过程。农业生产活动会由于经验的积累,即农民科技水平的提高而提高其效益,从而使成本随着时间的推移而下降。由于经验的积累和科技水平的提高,可以更好地安排农业生产,改进农业生产方式,提高农业劳动生产率,应用农业高新技术及适应市场发展要求,这些均有助于效率的提高和消耗的降低,从而使成本降低。它们是农民学习的结果,是经验积累的结果,或者说是农民科技水平提高的结果。农户由学习和经验的积累,即农民科技水平的提高而获得的提高效率、降低成本的经验和技术可以通过多处渠道流传到其他农户,当然农户也可以从其他农户得到其它经验和技巧,加快学习和经验积累的进程,加快科技水平提高的速度,从而也加快提高效率和降低成本的速度。从成本的角度来看,这种流传无损于经验和技巧传出的农户的成本,而有助于获得这种经验和技巧的农户降低成本。如果农户之间能够相互学习这种经验和技巧,提高科技水平,或者,如果相互之间能够学习对方的由学习和经验的积累而获得的提高效率、降低成本的经验和技巧,各农户的成本就能较快的降低,从而使整个农产品成本降低。然而,竞争的需要、取得竞争优势的需要,决定了各农户会尽量设法限制这种经验和技巧的流出,以保持其专有,也会促使农户取得其他农户的学习成果。经验和技巧的快速流传有助于其他农户降低成本而无助于农户创造成本优势,因而,经验和技巧的流传速度便也决定了学习是有助于创造农户的成本优势,还是仅仅降低农产品成本。流传速度的分析在判定竞争者之间由于科学技术水平提高速度不同造成相对成本差异中起着关键的作用。另外,即使不存在流传,不存在农户之间的相互学习,由学习和经验积累而获得的提高效率,降低成本的一般经验和技巧的流传速度只会影响农户的短期成本优势,而不会影响长期成本优势。从其他农户学到一般的经验和技巧,也只能在短时间内提高农户降低成本的速度,而不能获得持久的成本降低。由此可见,持久性的成本优势只能是自身科技水平提高的结果。

当然,农民科技水平的提高不仅取决于农业科技的发展,也受农民的科技意识、科技流传渠道和速度的影响。

四、农业生产结构

从全过程成本控制的角度来看,农业生产结构是影响成本的一个重要因素。农业生产结构作为农产品生产之前的生产规划和设计,虽然其在实际中难以量化,但其对农产品成本的形成和补偿却具有举足轻重的作用。相关研究表明,大部分产品成本在产品设计阶段就已锁定,而且一旦锁定,就对成本的形成有长期影响,若要改变,则需要相当高的转型成本。

产品成本在生产过程中形成,在销售过程得到补偿,但产品成本的形成方式、形成内容以及是否能够得到补偿,则是在产前的生产设计及规划中确定的。农业结构的调整实际上是以市场为导向,以当地资源为依托,以提高农业比较利益为中心,以农业可持续发展为目的,运用现代科技成果,对农产品生产进行的规划和设计。

首先,合理的农业生产结构因能充分利用当地的资源优势和有利条件,最大限度地发挥包括自然资源、劳动力、科技、交通、能源及地域环境等优势,并且能使各种资源配置处于最佳状态,最大限度地提高土地生产率、资源利用率和投入产出率,通过影响农产品成本的形成方式和形成内容而降低农产品成本。

其次,合理的农业生产结构以可持续发展为目标,因将经济可持续、生产可持续、社会可持续看作一个有效整理,合理利用资源,保护环境而降低农产品的环境成本。

再次,合理的农业生产结构可以以市场为导向,生产适销对路的农产品能保证农产品成本的顺利补偿。成本是耗费与补偿的统一,成本能否得到足额补偿,是生产能否持续进行的条件。虽然目前农产品商品率还比较低,农产品的竞争机制还未完全形成,但随着市场经济的不断发展,竞争机制被引入农业生产领域,加入世贸组织,将使这种竞争更加激烈。农业生产过程是农产品价值的形成过程,同时也是物化劳动和活劳动的消耗过程,即产品成本的形成过程。生产过程中所形成的成本能否得到足额补偿,主要取决于生产过程中所形成的农产品是否能得到社会的认可,其价值能否实现。如果生产过程中形成的农产品得不到社会的认可,其价值不能实现,那么生产过程中所形成的农产品成本就无法得到补偿。农业生产结构的调整实际上是根据市场需求对农业生产结构和农产品结构进行的设计或规划,亦即根据对国际国内市场供求状况的科学分析和预测而对农业生产结构或农产品结构所做出的决策。正确的决策所形成的合理的农业结构以及由此产生的农产品结构,因能适应市场的需要,其价值能得到顺利实现,其成本也能得到足额补偿。

最后,农业结构一旦确定,其对农产品成本的形成与补偿有较长时期的影响,若要重新调整,势必产生转换成本。这里的较长时期是相对某一个生产过程生产要素的耗费而言的,即一定的农业结构对成本的形成、补偿的影响是一个生产过程。尽管农业结构从长远的角度来看是动态的,但从短期来看,是相对稳定的,一旦形成了一定的生产结构,若在短期内重新调整,会涉及转换成本,即由一种农业结构调整成另一种农业结构时因对人员技术水平、设备、生产资料的要求不同而要付出的代价。所以相对稳定的农业结构可以避免或减少转换成本,也就是说合理的农业结构一旦形成,其对农产品成本形成与补偿有较长时期的影响。

五、农业产业政策

政府的农业政策显然是农产品成本的重要影响因素,政府所采取不同的财政、投资、税收、土地政策,对农产品生产成本及农业生产效益有着明显的影响。尽管这些成本的影响因素在很大程度上属于外部因素,常常在农户的控制能力之外,对于大多数农户来说,对这些成本因素难以控制,无法改变这些因素,但这些因素确实对农产品成本的形成具有重要的影响。农户可以通过选择适当的政策来适应这些因素的变化,如果能对这些因素的变化趋向及其对农产品生产产生的潜在影响有所预见,也许会对农户的决策有帮助而降低农产品成本。

(一)土地政策

土地作为农业生产的基本要素,其政策的变化对农业生产及其成本具有明显的影响作用。土地政策在某种程度上是农业生产力水平的具体体现,改革初期所实行的家庭联产承包政策因适应当时的农业生产发展水平,极大地调动农民积极性,促进了农业生产发展和经济效益的提高,尽管农民因为增加投资而加大了单位面积的成本,但由于政策效应使单位产量的增加远远大于单位面积成本的增加,单位产品成本明显降低,成本效益率明显提高。但随着市场经济的发展,农业竞争机制的日益形成以及农业生产力水平的不断提高,小规模的土地经营也日益暴露出其对生产力水平及市场需求的不适应性。农村双层经济体制为土地规模经营提供了机遇。土地规模经营能适应生产水平及市场的需求,有利于科技推广而降低农产品物质费用,因有利于农机替代人力而降低人力费用,使农业生产经营活动在更大规模和更高经济效益的基础上进行,而使单位产品分摊固定成本降低。由此可见,适用于生产力发展水平和市场经济发展需要的土地政策有利于降低农产品成本。

(二)价格政策

这里的价格政策主要指农产品价格政策,至于农用生产资料价格则表现为微观成本动因。价格与成本是相互联系、相互影响的矛盾体。从理论上来说,成本决定价格,价格反作用于成本。但在现实中,成本与价格的相互作用对不同的产品或经济发展的不同阶段却有着明显的差异。对于农产品这种需求弹性小、供给弹性相对大的产品而言,当供小于求时,成本对价格的决定作用就非常明显,农产品价格政策采用成本加成法,即农产品价格是在成本的基础上加上一定的盈利来确定。当成本一定时,盈利的多少成为价格高低的另一影响因素。在计划经济体制下,某产业盈利的多少取决于产业政策。新中国成立以来,我国长期以农补工的产业政策,在某种程度上牺牲了农业盈利来保护工业,从而才形成了"工农产品价格剪刀差",这严重影响了农业生产的发展,使农产品出现严重短缺现象。改革以来,家庭联产责任制的实施,极大地促进了农业生产的发展,缓解了产品严重短缺的问题,而随后所实行的农产品价格政策,提高了农业生产的经济效益。虽说有利的政策提高了农民增加投资的积极性而使成本有所增加,但由于产品价格的上升幅度要大于成本的上升幅度,由于增加投资而引起的产量提高,使农业投资收益率即成本收益率明显提高。农产品价格的提高对于农业生产及农产品成本有有利影响,但随着农产品的供需基本平衡,结构性剩余的出现,特别是市场经济的不断发展和完善而对农业生产,对农产品成本形成了消极的影响。在市场经济条件下供需情况是价格形成的重要因素,成本决定价格的作用明显减弱,价格对成本的反作用明显加强,农产品价格是在市场上由供求关系来决定。一旦价格决定,盈利的多少主要取决于成本的高低。长期以来,由于成本决定价格,盈利多少取决于价格,从而使农业生产者将盈利的多少主要寄托于价格和产量的提高,而忽视了成本降低对盈利的影响,形成了高价格高成本现象。当我们发现农产品价格已接近,有些甚至已高于国际市场价格而意识到不能再提高农产品价格时,降低成本才成为人们日益关注的问题。由此可见,高价格政策在供小于求时,可提高成本收益率,但由此也会造成成本的增加,而降低农产品的竞争力。

(三)农业投资政策

投资是农业生产发展的根本保证,按与成本的关系不同,投资分为农业生产过程中的内部投资和旨在改善农业生产条件的外部投资。内部投资是在农产品生产过程中所投入的、最终形成农产品成本的物化劳动及活劳动,如种籽、化肥、农药、农业机械及用工,其投资主体是农户。内部投资是形成农产品成本的基础,属于微观成本动因,其控制为农产品生产过程中的日常控制。外部投资为旨在改善农业生产条件的投资,如农业基本建设投资、农业生产环境保护投资、农业科教投资及农业生产结构调整投资,虽说其并不转化为农产品成本,但其对农业生产的发展及农产品成本的形成却有着十分显著的影响。

第一,加强以水利为重点的农业基础设施建设,可提高农业劳动生产率,增强抵御自然灾害的能力,降低农产品成本;

第二,农业发展与生态环境息息相关,农业投资效益的实现和发挥在很大程度上取决于投资运行与生态系统的协调,农业生产在生产出具有经济价值的农产品的同时,也产生了资源破坏和生态恶化的生态环境负价值。加强农业生态环境保护投资,促使农业发展与生态环境保护协调并进,改善农产品成本形成的基础条件,降低农产品成本;

第三,增加农业科教投资,不仅有利于提高农业劳动者素质,而且有利于农业科技开发与推广,提高整个社会农业劳动生产率,降低农业生产成本。而外部投资往往投资期长、投资金额大,属于农业公共品投资,应以政府投资为主。

由于我国长期以来实施以农补工的政策,政府农业基础投资、科技投资严重滞后。以农业基础投资为例,国家农业基建投资占全国基建投资比重不断下降,由"五五"期间的 10％ 下降到"六五"期间的 4.7％、"七五"期间的 3.4％,直至"八五"期间的历史最低点 2％。虽然自"八五"以来这一比重逐年提高,但由于历史欠账太多,农业基础设施陈旧老化问题严重,抗灾能力差,农业综合生产能力受到削弱。如果说改革初期所实行的联产承包责任制及以后所实行的价格政策因制度创新和政策效应,极大地激发了农民生产积极性,促进了农业生产的发展,那么,经过几十年的发展,随着制度创新效应的逐渐消失,大多数农产品价格已接近或高于于国际水平。特别是入世以后,农产品价格补贴作为容易产生贸易扭曲的政策措施而被列为"黄箱政策"受到限制时,政府就应将支持农业的重点转向不易产生贸易扭曲而被当作"绿箱政策"未受限制的农业基础建设投资、农业生态环境投资、农业科教投资等,以改善农业生产的基础条件,增强抵御自然灾害的能力,提高农业生产率,降低农产品成本。

六、农产品质量

成本与质量之间相互制约,存在着抉择关系。一般而言,提高产品质量有可能显著地增加收入,这种收入增加或者来源于优质优价,或者来源于因为质量提高而增加的市场份额,或者两者兼而有之。如果提高质量不受成本的制约,理性的生产者都会设法提高质量。然而,维持特定的质量标准,需要支付特定的成本,这种关系使质量与成本之间相互制约,使质量成为影响成本的重要因素。

质量的定义有很多,不同的定义侧重于质量的不同方面,质量可表述为使使用方法、使用程度满足用户需要程度,以及与设计规模和技术要求相符合的程度。但在质量对成本的影响中,重点关注的是质量的两个基本方面:设计质量与合格质量。设计质量是设计的产品性能与服务特征符合顾客需求的程度,如随着人们生活水平的日益提高,人们对农产品的品种、性能、质量都提出了较高的要求,如果设计的产品不能满足消费者的要求,仍像以前那样只追求数量而不要求质量,就得不到市场的认可,这样的产品设计就是设计质量上的失败,这种失败就是产品设计性质与顾客满意程度之间的差距。合格质量是指生产出的产品与设计性能、技术标准及生产规格之间的吻合程度。不能按照设计的性能、技术标准和生产规格生产出合格的产品,表明产品实际性能与设计质量之间产生了差距,是合格质量的失败,产生了不能被市场接受的产品。设计质量和合格质量失败需要通过持续不断的努力才能弥补。

农产品的设计质量有赖于顾客需要、技术水平和成本水平,顾客的需要反映了农产品的市场潜力,是设计质量定位的潜在依据。新产品的设计与开发应该是不断向顾客的需要靠近或适当地超越顾客的现实需要,反映顾客的未来需求趋向。而农业生产技术条件决定了设计质量的现实可能性,设计质量难以超越现实技术条件许可的限度,而成本则决定了设计质量的现实可行性。顾客需求和技术条件相结合,决定设计质量有可能成为现实,但成本因素往往成为决定设计质量现实可行性的决定因素。新技术的开发和应用可以提高质量、降低成本,而开发和应用新技术首先需要投入巨额的成本。在一定技术条件下,维系一定的质量标准需要成本,维系较高的质量需要较多的成本,成本与质量存在着正向变动关系。

成本与质量之间存在依存关系,而质量与价格之间也存在依存关系。有意识地投入的成本越高,质量的保障程度就越大,质量越高,产品在市场上的售价便越高,或者占有的市场份额就越大。这样,收入也会有大幅度的提高,生产经营就可以用因此而增加的收入补偿维持一定质量标准所付出的成本。但在市场上,消费者追求的是以较低的价格获取质量标准较为满意的产品。消费者对价格的敏感及竞争限制了价格上升空间,即产品价格不会随质量提高而大幅度提高。从生产者的角度来看,如果由于提高质量而使成本增加的幅度大于其价格上升幅度及场份额的增加幅度,则会出现质量剩余。从消费者的角度看,这种质量剩余表现为产品质量超过了消费者对产品质量的需求程度,从而使消费者无法接受由于质量提高而达到的价格水平。大多数消费者追求的是性能与价格的平衡,这就使得生产者确认成本与质量之间的关系变得极为困难,这也是成本抉择要解决的一个重要问题。

七、农产品可持续发展

联合国世界环境与发展委员会在其发表的题为《我们共同的未来》的长篇报告中,将可持续发展定为"在不危及后代人需要的前提下,寻求满足当代人需要的发展的途径"或"既满足当代人的需要,又不对后代人满足其需求能力构成危害的发展"。这一概念只强调了可持续发展在时间尺度上的限定。Forman(1990)从景观生态学的角度阐述了空间尺度对可持续发展的重要性。牛文元(1993)对联合国世界环境与发展委员会所给的可持续发展定义从空间尺度上做了补充,加上了"特定区域的需求不削弱其他区域满足其需求的能力"。由此可见,对可持续发展作出以下定义更为合适:特定区域的需要不危害和削弱其他区域满足其需要能力,同时当代人的需要不对后代人满足其需要能力构成危害的发展,其核心问题是如何最合理最有效地开发利用自然资源,满足人类发展的总体目标。

农业是一个与自然生态资源(土地、阳光、气候、水等)有直接联系,并建立在对它们加以利用的基础上的产业。其发展是人类生存的基本条件,担负着为人们提供衣、食、住等基本生活资料和为国民经济各部门的发展提供重要原料的双重任务。它本身则是由农业生态系统和农业经济系统相交而成的复合系统。其结果在带来正效应的同时,也不同程度地带来内部和外部的负效应。这些负效应不仅影响局部生态系统的生命支持能力,而且,它们共同作用威胁着当代人和后代人共同的地球生命支持系统。

人类在农业生态经济复合系统中的活动具有两重性,既影响农业经济系统,也影响农业生态系统。因此,对一个实际的微观农业生态经济复合系统,在其生产过程中的输入输出可分为两类:第一类输出直接影响到农业经济系统,它属于普通的商品,可在短期内直接进入市场,进行流通,其价值反映在市场上就是价格,如在农产品生产过程中所使用的化肥、农药、灌溉等农用生产资料以及所生产的小麦、玉米、棉花等农产品。第二类输出(12,QZ)不是正常商品,当它输出到系统之外时会对农业生产系统造成直接影响,并且能在反馈回来再输入到系统内时影响其自身。如农产品生产过程中所使用的农药、化肥、灌溉对周围水资源的污染,对人体的危害造成的损失,以及所引起的土壤质量下降,而要改良土壤又要增加额外的成本。第二类输出对农业经济系统的影响乃至社会系统的影响,虽没有即刻在市场上反映出来,但它们通过对农业生态系统的直接影响而对农业经济系统乃至整个社会系统所造成的潜在影响却是客观存在的,并且可以通过一些方法估算这种影响程度。同时,系统内部也可能为减少或杜绝第二类的输出和输入而减少收入或增加成本。如少用或不用化肥或灌溉会使产量减少,或使用化肥灌溉,需改良土壤增加成本。由此可见,第二类输出一般只有负效应。

当我们从农业生态经济系统角度考虑商品的生产过程时会发现,生产一定量的商品总伴随着一定量的带有负效益的输出,两者相伴而生,不可分割。如农产品生产过程中所使用的农药、化肥、灌溉在带来经济效益的同时,总伴随着一定量的污染物质。消费者只关心商品的价值,即商品对消费者自身的边际效用。但对生产者来说,只关心商品的价值是不够的,因为作为一个完整的生产过程,与商品相伴而生的负效应在一定程度上抵消了商品的部分价值。因此,从生产者的角度来说,有必要把商品的价值和与其相伴的负效应当作一个整体来看待。如果将生产过程所形成的商品价值作为收益的话,那么在商品生产过程中带来负效应的农业生态价值则可视为农业生产的环境成本。这是因为,负效应通过直接影响农业生态系统而间接影响农业经济系统,而且一般来说,这种影响都会造成一定的损失费用。根据会计核算的配比原则,这种损失费用应同生产成本一样,由系统自己承担,亦即这种费用(环境成本)应从农产品价值中得到补偿。这些补偿所形成的资金应用于环保建设,以减少环境污染及弥补由于污染给有关方带来的经济损失。从微观角度看,这种补偿有利于增加农户的环境意识。从宏观角度看,这种补偿有利于形成在不危害或削弱其他区域,满足其需求能力的需要,同时,当代人的需要不对后代人满足其需求能力构成危害的农业可持续发展。

八、农业标准化

农业标准化就是把工业生产中的规范管理用于农业生产的全过程,以"统一、简化、协调、优选"原则,对农业生产产前、产中、产后全过程通过制定和实施标准,促进先进的农业科技成果和经验的迅速推广,确保农产品的质量和安全,提高劳动者素质。农业标准化已成为农业发展的趋势,代表了现代农业的发展方向,是传统农业向现代农业发展的一个重要标志。

(一)农业标准化是农业产业化经营的技术保证

农业产业化是以市场为导向,以经济效益为中心,实行区域化布局、专业化生产、社会化服务、企业化管理,促使农业走上自我发展、自我积累、自我调节的良性发展轨道的现代经营方式,用标准化推动农业产业化是一种必然趋势。尽管产业化有多种发展模式,但在每一模式中,均有多个相互依赖、相互协作的经营主体,它们之间的连接纽带就是相关的技术标准和法规,而这些技术标准和法规正是农业标准化的基本内容。

(二)农业标准化是提高农产品质量的保证

农业标准是农业科技成果的结晶,将农业科技成果制定成标准并贯彻实施,是提高农产品质量的保证。

(三)农业标准也是加强农业执法监督,实施品牌战略的保证

买方市场条件下农产品竞争的实质是品牌竞争,农业标准化是农产品创品牌的必然之路,一个农产品品牌的形成,必然建立在对资源、技术、生产经营、配套服务体系充分论证的基础上,克服传统农业经济的盲目性、随意性,在品种、技术、产品加工、卫生安全、包装、贮运等环节上,都要实行标准化的生产和管理。

(四)农业标准化是有效实施农产品成本控制的保证

农产品成本控制是根据一定目标对形成成本的各种耗费的全过程进行控制。农业标准化要求对农产品生产全过程均要制定和实施标准,生产资料按需投入,按标准定质定量,以确保产品质量和安全。

首先,注意产前品种的选育、引进和推广,实行品种标准化。如产前要挑选良种,通过对比实验和早期选育理论,挑选遗传品质好、遗传性状稳定,适应本地环境的品种进行种植,确保从一开始就为产品质量打下良好基础。

其次,注意产中生产资料使用的标准化。大量研究表明,任何一种农产品都要有优良的品质,其在生产发育阶段的营养状况必须是充分的、优良的和均衡的。这就要求为农产品生产提供营养的生产资料要素的投入必须是标准化进行的。如目前肥料利用率低,不仅使生产成本偏高,而且造成地下水和地表水污染、农产品硝酸盐含量过高等环境问题,而精确的标准施肥理论和技术是解决这一问题的有效途径。

最后,注意农产品收获过程的标准化,农产品收获过程中是否标准化,在很大程度上决定了农产品质量的高低。如我国棉花在国际市场上处于劣势,原因之一就是杂质含量太高,而造成杂质高的原因就是棉花在收获时质量太差。

当然农业标准的制订和实施需要投入,这些投入将转化为费用增加农产品成本。但从理论上讲,农业标准化增加的费用会远小于由于农业标准化促进农业产业化的发展而降低的交易费用、产品质量的提高和品牌的创立而增加的收益或市场份额的增加以及农产品生产过程中由于标准化而降低的生产成本之和,否则农业标准化也不会成为农业发展的趋势。

第五节　农产品成本控制保障机制

农产品成本控制保障机制是为了保证农产品成本控制办法和措施的有效性和保证农产品成本控制措施的顺利实施而建立的各种规范。建立成本控制保障机制主要是通过建立起一系列的业务处理与报告应遵循的程序和规范，以保证农产品生产过程中的各项活动按照有利于降低成本、有利于成本控制的方式进行。这些措施并不是直接作用于成本发生过程本身，而是对农产品生产经营过程中的各种成本行为按照成本控制的需求加以倡导或约束，其作用是基础性的和防范性的。

一、建立农产品成本控制保障机制的必要性

农产品成本控制首先体现为农产品生产经营过程的控制，农产品成本控制的思想应该融入农产品生产经营过程中。农产品生产者所进行的各项生产经营活动，同时也应该是成本控制活动。然而，管理活动和生产活动自身的特点，使生产者进行生产活动时，往往淡化其控制成本的责任，有时甚至缺少必要的成本意识。因此，没有有效的成本控制保障措施，农产品成本控制就难以落到实处，一是农产品生产经营活动的直接目标或者说反映生产经营情况的直接标志是产量、质量、产值等，成本往往是这些标志的制约因素，为了提高反映农产品生产经营状态的直接标志值，往往会寻求突破成本制约的方法与手段。所以，就农业生产者而言，控制成本往往是第二位的。二是节约成本往往需要更高的工作效率及更富创造性的工作方式，以及更大的工作压力，即节约成本需要更多的工作付出。从农业企业的角度来看，降低成本的受益者是企业整体，降低成本的辛劳由农产品生产者承担。在无约束条件下，当降低成本给生产者带来的直接利益小于工作者为降低成本所做的付出时，生产者就有可能放弃降低成本的努力。由此可见，为了使农产品成本落到实处，必须建立有效的成本控制保障机制。

二、构建合理的农产品成本控制时间体系

构造成本控制方法和措施，应考虑到控制对象自身的性质。按照控制理

论,作为控制对象的成本是否可控,有两个基本条件。

一是成本有多种发展的可能性。成本控制过程实际上是通过实施各种控制措施,在成本的多种发展可能性中,引导其向人们所期望的方向发展。如果未来的成本水平是唯一的,不为控制措施所左右,则所采取的任何控制措施便成为多余,难以取得实质性的效果。成本存在多种发展的可能性,这种事实产生了实施成本控制的必要性。

二是作为控制主体的成本管理者有能力对成本实施控制。成本管理者的控制能力决定了实施成本控制的现实可能性。只有当成本管理者有实施成本控制的能力时,成本才会朝着人们期望的方向发展。

成本的可控性与成本控制的时间密切相关。总体而言,成本是可控的,一旦已经发生的成本成为历史,就不会为现时的控制活动所改变。正在发生过程中的成本,一部分由过去的活动所决定,是不可控的,如农产品生产过程中所利用到的农用固定资产的折旧费,取决于过去购建该项固定资产时的成本,难以为现时的控制措施所改变。而正在发生的另一部分成本,则有可能是可控的,如直接物质资料的消耗量、农业劳动生产率水平的高低等,在一定幅度范围内,可以为现时的控制活动所改变。而所有将在未来发生的成本,都可以通过现时的规划控制活动得到控制。成本可控性的这一特性说明,成本的可控性与实施控制的时间相关,成本控制的实际效果也受到控制时间的强烈影响。如何从这一特点构建成本控制措施和方法,是成本控制必须考虑的问题之一。

一般而言,按照成本控制内容所涉及的时间系列将成本控制划分为事前成本控制、事中成本控制和事后成本控制,并据此建立事前成本控制体系、事中成本控制体系和事后成本控制体系。从成本控制的环节来看,事前成本控制包括成本预测、成本决策、成本计划等工作环节。事中成本控制是针对成本发生过程而言的,也就是通常所说的日常成本控制。从农产品成本控制角度来看,事中控制也就是生产过程中的成本控制。事后控制是在成本发生之后所进行的核算与分析。

从成本控制的内容来看,事前成本控制包括农产品开发、销售网络的设立等领域的成本控制,还包括降低成本的专项措施的选择,以及有关制度的建立和完善等内容。事中成本控制的目标是在规定的质量标准和生产技术条件下充分利用现有资源和条件,尽可能降低各种消耗,使成本不断降低。事后成本控制不改变已经发生的成本,但这一体系的建立有助于强化事前、事中的成本控制,对成本控制起到促进作用。

三、制定农业专业会计核算方法

(一)农产品成本核算及控制的特点

农业是国民经济的重要领域,农业行业经济活动与其它行业比较,在经营内容、生产工艺、管理体制、资金运动等方面都有着明显的特殊性。其经营类型、经营层次、内部组织形式等的多样性决定了农业会计的特点,从而也决定了农产品成本核算及控制除了具有与其他行业普遍一致的确认、计量、记录和报告的共性原则之外,还有其自身的显著特点。

(1)农业经济再生产与自然再生产的交织进行,使得农产品成本费用表现为跳跃式波动,成本控制具有突出的重点性。

(2)生产资料和消费资料的转换,造成成本计价的多样性和成本控制的多层次性。

(3)劳动对象与劳动手段的转换造成投入费用资本化的特殊性。

(4)各业别的联结关系,使得成本控制对象具有内部交叉性和漂移性。

(5)土地等固定资产不提折旧费,使得成本控制方法的实施具有调整性。

(6)农业生产人员的劳动报酬或工资没有明确的标准,使得人工成本控制具有一定的不确定性。

(7)农业生产对自然的依赖性,造成农业成本控制效益的反向关系。

上述特点表现出来农产品成本核算及控制的复杂性和差异性,实质上也是农业会计核算的复杂性和差异性,是《企业会计制度》所无法涵盖的。因而,确实有必要结合农业会计的实际,针对核算的种种特殊方面,制定专业业务核算办法,以指导农业会计实际的操作,规范农产品成本的核算与控制,并与《企业会计制度》相衔接。

(二)制定农业专业会计核算办法的总体框架

(1)明确说明制定的依据、原则、适用范围,对农业核算的若干特殊问题作出明确定义。

（2）设计会计科目，其基本原则是，凡是制度规定的科目，一般不做改变和新的解释，只在此基础上增加重要会计科目并加以解释，作出统一规范的核算规定，并符合国际惯例。

（3）在报告体例上，对新增的列报项目要作出说明，在报表体系中纳入农业会计。

（三）制定农业专业会计核算办法的原则

在制定农业会计专业核算办法的过程中，农产品成本核算还要认真、妥善地处理好办法与制度之间的关系，贯彻以下原则。

（1）农产品成本核算服从于会计制度中有关成本核算的统一规定。

（2）成本核算方法只反映农产品成本核算特点的部分。

（3）明确界定农产品成本核算的方法、内容、程序，为农产品成本控制提供基础。

（4）农产品成本核算方法与会计制度中的成本核算是有机结合的统一体，二者目的一致，不可分割。

这样就切实做到了反映农产品成本特点，保证成本核算真实，提供有用成本信息，实施有效的成本控制。

四、更新农产品成本控制观念

到目前为止，我国成本控制的研究主要集中在工商业方面，研究农业成本控制的学者和研究成果较少。此外，与其他行业相比，农业生产经营者本身对成本控制的重视程度也不如对价格与产量的重视程度，使得农业成本控制与工商业的成本控制水平差距较大。这一方面源于市场竞争的压力，成本控制的时间、精力、资金等投入大、见效慢，是一个复杂的系统工程；另一方面与人们的一些不当观念有关：一是无效论，认为农业生产是"靠天吃饭""人算不如天算"，成本控制与否关系不大；二是浪费论，认为农业成本控制投入与农业收入不相匹配，甚至背道而驰，对此投资无疑弊大于利；三是模糊论，认为是否实施农业成本控制，很难看出其效果差异，即便有效，也不像工商业那样便于确认和评价；四是难控论，认为农业产业是自然再生产与经济再生产交织在一起的产业，农业成本控制的相关因素较多，尤其是不可控因素较多，难以实施成本控制;五是不控论,认为农业生产及其效益是农户自己的事,是否进行成本控制,怎样进行成本控制以及何时进行成本控制,为何进行成本控制等都是农户自然会解决的问题。

上述认识、观念均有失偏颇。事实上,成本是在农户生产经营过程中产生和形成的,虽然其受自然、环境等因素影响较大,且具有复杂性和多样性的特点,但从其产生和形成的过程来看,是可控制的,只是其控制的程度因农业生产过程的具体情况及生产经营者的努力程度不同而有所差异。

因此,树立科学、积极、正确的成本控制观念是至关重要的。

首先,要树立效益控制观念。一是树立成本控制有益性的观念,充分理解成本控制的重要性和必要性。二是树立成本效益观念,即预计成本控制带来的收入增加值大于成本控制支出,尤其是受灾后的成本控制决策尤为重要。

其次,要树立目标控制的观念。前已述及,农产品成本控制的方法选择是标准成本控制方法体系,这一方法首先是要确定标准成本或目标成本,作为成本控制的标准或目标。但由于农业生产受自然环境的影响较大,可能会发生修订一种、几种甚至更多产品成本控制目标的问题,无论是旧目标还是新目标,只要目标尚未更改,就应遵循,以完成既定目标为已任,围绕这一目标安排执行各项生产活动。

再次,树立相关成本控制的观念。成本控制既是一个系统工程,也是一个综合治理的过程,涉及农业生产的各个方面。因此,农业成本控制应树立相关成本观念,以提高其控制效益。

最后,还要树立战略控制观念。农产品成本控制既是在一定条件下,农业生产过程成本发生的日常控制,也是对成本发生的动因、条件的控制。改善成本发生的条件、动因对成本的发生具有长远的影响,包括加强对农业生产规模、农业经营形成、农业生产结构、农产品质量、农业生产技术等成本发生的条件控制等。

五、完善农产品成本控制制度

农产品生产的基本单位是农户,即使农垦企业也以家庭农场为基本单位。农户是农产品生产经营过程中成本控制的主体,虽然农户从"利润=收入-成本"这一简单的公式中很容易明白降低成本对利润的影响作用,但由于成本及其成本控制本身的特点决定了成本的控制不能建立在人们自觉的基础上。农户成本意识的提高要通过制度来约束,农产品成本控制体系的实施要有相应的机制来保证,信息的不对称性要求有引导农户实施成本控制的指南,成本行为的合理性标准要通过制度来加以确定,成本责任和利益要通过制度来加以规范。完备的成本控制制度对于强化农产品成本控制具有重要意义,建立有效的成本控制制度是进行农产品成本控制的一项重要保障措施。

(一)成本决策制度

农产品生产经营过程中涉及许多决策问题,决策的正确与否对农产品成本的发生、补偿有着非常重大的作用,特别是农产品结构、性能、质量的决策,不仅决定了资金的耗费及其结构,也对农产品成本的补偿产生重大影响。

(二)农产品成本指标归口分级管理制度

农产品成本控制是一项复杂而又细致的工作,其与农业生产经营活动中的各部门、各环节从事农业生产经营的人员密切相关,有效的农产品成本控制必须要调动各方面的积极因素和发挥各方的作用。成本指标归口分级管理是通过明确各级生产者对成本控制的责任,将成本控制分解落实到各个生产者进行成本控制。

(三)业务控制制度

从成本控制角度来看,有可能引起成本发生变化的业务活动都需要通过必要的制度对其活动加以规范。

成本的综合性特点揭示了成本受到农产品生产过程中各项业务和业务环节的共同影响,从而也决定了成本控制制度在内容上必须涵盖农产品生产过程中的重要业务范围和业务领域,对所有业务内容和业务领域中与农产品成本有关的活动进行规范,如农用生产资料的采购与验收,农产品质量的检验,农产品生产工艺流程,新品种新技术的应用,生产者素质的培训和提高等诸方面的活动和因素都会对成本产生影响,这些方面都需要制度加以规范。

六、加速农业产业化进程

成本控制的方法措施及制度必须具有可操作性。成本控制涉及面广,内容具体,成本控制方法、措施及制度的可操作性对加强成本发生过程的控制有着重要的作用。成本控制所约束的是对成本发生影响的各项业务活动,在成本控制中的定量描述占有特别重要的地位,进行成本控制就需要对各项业务活动中的消耗、业务量水平等都给出具体的管理标准,如消耗标准、价格标准及有关的技术标准等,只有制订并切实履行这些标准,成本控制才能真正发挥其作用。

农产品生产的基本单位是农户,农产品成本日常控制需要由农户来完成。但由于农户生产的分散性、小规模性及信息不对称性,使得单个农户难以制定成本标准,农产品成本过程控制方法——标准成本控制难以切实履行。只有将农产品生产纳入企业化生产过程,成本控制的方法、措施及制度才能得以顺利实施。作为农产品企业化生产重要形式的农业产业化,无疑对加强农产品成本控制具有重要意义。当然,这里所说的农业产业化对加强农产品成本控制的作用并不是说其作为一个成本动因对降低农产品成本的作用,而是指农业产业化作为成本控制的一个保证措施,对农产品成本控制顺利实施的作用。

尽管农业产业化的定义很多,表现形式各异,但农业产业化实施企业化经营则是不争的事实,农户所进行的农产品生产是农业企业经营过程的一个组成部分。作为农业企业化组成部分的龙头企业或中介组织和农户,农产品价值在其之间结转过程实际上也就是成本核算和控制的过程。农产品的合同收购量及收购价格是龙头企业或中介组织成本核算的基础,同时,也是农户农产品成本控制中标准成本制定的依据。这就解决了农户由于生产的分散性、小规模性及信息不对称性难以形成标准成本的问题,从而保证农产品成本控制的顺利实施。

第九章　农业专业合作社会计

农民专业合作社是我国农村发展中重要的农业产业组织形式之一,是推进农副业经营方式转变的有效形式,农民专业合作社的发展加快了农民致富的步伐,这给农村经济发展注入了活力,受到各级政府的重视和农民的普遍欢迎。但是,由于各方面原因和条件限制,农民专业合作社的会计核算工作仍然处于非常滞后的状态,虽然财政部早在 2007 年就出台了《农民专业合作社财务会计制度》,但并没有被广大合作社熟练掌握和应用。本章主要介绍农民专业合作社的特点和农民专业合作社主要经济业务的核算,希望农民专业合作社的会计制度能得到推广和普及。

第一节　农民专业合作社会计概述

一、农业专业合作社的概念、性质及遵循的原则

(一)农民专业合作社的概念

农民专业合作社是在农村家庭承包经营基础上,同类农产品的生产经营者或者同类农业生产经营服务的提供者、利用者自愿联合民主管理的互助性经济组织。农民专业合作社以其成员为主要服务对象,提供农业生产资料的购买,农产品的销售、加工、运输、储藏以及与农业生产经营有关的技术、信息等服务。

(二)农民专业合作社的性质

合作社对内以服务成员为宗旨,不以盈利为目的,对外则与其他市场主体一样,讲经营效率,追求经济利益。

（三）农民专业合作社应当遵循的原则

（1）成员以农民为主体。

（2）以服务成员为宗旨，谋求全体成员的利益。

（3）入社自愿，退社自由。

（4）成员地位平等，实行民主管理。

（5）盈余主要按照成员与农民专业作社的交易量（额）比例返还。

农民专业合作社依照法记，取得法人资格。农民专业合作社对由成员出资、公积金、国家财政直接补助、他人捐赠以及合法取得的其他资产所形成的财产，享有占有、使用和处分的权利，并以上述财产对债务承担责任。农民专业合作社成员以其账户内记载的出资额和公积金份额为限对农民专业合作社承担责任。国家保护农民专业合作社及其成员的合法权益，任何单位和个人不得侵犯。农民专业合作社从事生产经营活动，应当遵守法律、行政法规，遵守社会公德、商业道德，诚实守信。

二、成立农民专业合作社应具备的条件

2006 年 10 月，第十届全国人大常委会通过了《中华人民共和国农民专业合作社法》（以下简称《农民专业合作社法》），并于 2007 年 7 月 1 日实施。《农民专业合作社法》规定了成立农民专业合作社应具备的条件如下。

（1）有五名以上符合规定的成员。即具有民事行为能力的公民，以及从事与农民专业合作社业务直接有关的生产经营活动的企业、事业单位或者社会团体，能够利用农民专业合作社提供的服务，承认并遵守农民专业合作社章程，履行章程规定入社手续的，可以成为农民专业合作社的成员。但是，具有管理公共事务职能的单位不得加入农民专业合作社。

农民专业合作社应当置备成员名册，并报登记机关。农民专业合作社的成员中，农民至少应当占成员总数的百分之八十。成员总数在 20 人以下的，可以有一个企业、事业单位或者社会团体成员；成员总数超过 20 人的，企业、事业单位和社会团体成员不得超过成员总数的 5%。

（2）有符合本法规定的章程。

（3）有符合本法规定的组织机构。

（4）有符合法律、行政法规规定的名称和章程确定的住所。

（5）有符合章程规定的成员出资。

三、农民专业合作社会计制度

2007年，财政部出台了《农民专业合作社财务会计制度（试行）》（以下简称《制度》），从2008年1月1日起施行。按此制度规定各个合作社都应设置和使用会计科目，登记会计账簿，编制会计报表。其中，会计核算采用权责发生制，会计记账方法采用借贷记账法。

合作社会计信息应定期、及时地向本合作社成员公开，接受成员的监督；财政部门依照《会计法》规定职责，对合作社的会计工作进行管理和监督；农村经营管理部门依照《农民专业合作社法》和相关法规政策等，对合作社会计工作进行指导和监督。

第二节　农民专业合作社会计科目的设置

一、农民专业合作社资产的核算

农民专业合作社对外是以盈利为目的，属于盈利性经济组织，这一点与一般企业相同，因此在核算经济业务时遵循的原则也是相同的，如一些通用性较强的科目如"库存现金""银行存款"等。本节主要就对农民专业合作社而言较为特殊的科目和业务进行重点说明。

资产是企业拥有或控制的，预期能为企业带来经济效益的经济资源。合作社的资产分为流动资产、农业资产、对外投资、固定资产和无形资产等。

（一）流动资产的核算

农民专业合作社的流动资产包括现金、银行存款、应收款项、存货等。

1. 货币资金的核算

【例9-1】　某农民专业合作社以银行存款购买机械零配件，价值3820元，机械零配件验收入库。

借：产品物资　　　　　　　　　　　　　　　　　　　　　　　3820

　　贷：银行存款　　　　　　　　　　　　　　　　　　　　　　3820

【例 9-2】　某农民专业合作社将取得的其他业务收入 4150 元存入银行。

借：银行存款　　　　　　　　　　　　　　　　　　　　4150

　　贷：其他收入　　　　　　　　　　　　　　　　　　4150

【例 9-3】　某农民专业合作社以现金购买化肥 50 吨，单价 1500 元，验收入库。

借：产品物资　　　　　　　　　　　　　　　　　　　75000

　　贷：库存现金　　　　　　　　　　　　　　　　　75000

2. 应收款项的会计核算

合作社的应收款项划分为两类，一是合作社与外部单位和个人发生的应收及暂付款项，为外部应收款，以"应收款"科目核算；二是合作社与所属单位和社员发生的应收及暂付款项，为内部应收款，以成员往来科目核算。

（1）应收款。应收款科目核算合作社与非成员之间发生的各种应收以及暂付款项。但括因销售产品物资、提供劳务应收取的款项以及应收的各种赔款、罚款、利息等。

合作社发生各种应收及暂付款项时，借记应收款科目，贷记经营收入、库存现金、银行存款等科目；收回款项时，借记库存现金、银行存款等科目，贷记应收款科目。取得用暂付款购得的产品物资、劳务时，借记产品物资等科目，贷记应收款科目。对确实无法收回的应收及暂付款项，按规定程序批准核销时，借记其他支出科目，贷记应收款科目。本科目应按应收及暂付款项的单位和个人设置明细科目，进行明细核算。本科目期末借方余额，反映合作社尚未收回的应收及暂付款项。

【例 9-4】　某农民专业合作社将自产的玉米销售给种子公司，共计 3000 斤（1 斤＝0.5 千克，下同），单价 1.2 元，款项尚未收到。

借：应收款——种子公司　　　　　　　　　　　　　　3600

　　贷：经营收入　　　　　　　　　　　　　　　　　3600

【例 9-5】　某合作社预付给外地商户丁某订购食用菌款项 5000 元。后由于特殊原因未能找到丁某，致使预付款无法收回，经批准后核销。

①支付预付款。

借：应收款——丁某　　　　　　　　　　　　　　　　5000

　　贷：库存现金　　　　　　　　　　　　　　　　　5000

②核销预付款。

借:其他支出　　　　　　　　　　　　　　　　　　　　5000

　　贷:应收款——丁某　　　　　　　　　　　　　　　　500

（2）成员往来。成员往来科目核算合作社与其成员的经济往来业务,是一个双重性质的账户,凡是合作社与所属单位和社员发生的经济往来业务,都通过本账户进行会计核算。也就是说,它既核算合作社与所属单位和社员发生的各种应收及暂付款项业务,也核算各种应付及暂收款项业务。

合作社与其成员发生应收款项和偿还应付款项时,借记成员往来科目,贷记库存现金、银行存款等科目;收回应收款项和发生应付款项时,借记库存现金、银行存款等科目,贷记成员往来科目。合作社为其成员提供农业生产资料购买服务,按实际支付或应付的款项,借记成员往来科目,贷记库存现金、银行存款应付款等科目;按为其成员提供农业生产资料购买而应收取的服务费,借记成员往来科目,贷记经营收入等科目;收到成员给付的农业生产资料购买款项和服务费时,借记库存现金、银行存款等科目,贷记成员往来科目。合作社为其成员提供农产品销售服务,收到成员交来的产品时,按合同或协议约定的价格,借记受托代销商品等科目,贷记成员往来科目。

本科目应按合作社成员设置明细科目,进行明细核算。本科目下属各明细科目的期末借方余额合计数反映成员欠合作社的款项总额,期末贷方余额合计数反映合作社欠成员的款项总额。各明细科目年末借方余额合计数应在资产负债表中的应收款项反映;年末贷方余额合计数应在资产负债表中的应付款项反映。

【例9-6】　某渔业专业合作社成员张某向本社借款7000元,用于临时周转。合作社以银行存款转账支付。

借:成员往来——张某　　　　　　　　　　　　　　　　7000

　　贷:银行存款　　　　　　　　　　　　　　　　　　7000

【例9-7】　某渔业专业合作社收到张某偿还的前借款项7000元。

借:库存现金　　　　　　　　　　　　　　　　　　　　7000

　　贷:成员往来——张某　　　　　　　　　　　　　　7000

【例9-8】　某渔业专业合作社向本社成员李某销售捕鱼用新渔叉及渔网

1000元,该渔叉及渔网成本为800元,价款暂未收到。

(1)账务处理。

借:成员往来——李某　　　　　　　　　　　　　　　　　1000

　　贷:经营收入　　　　　　　　　　　　　　　　　　　　1000

(2)结转成本。

借:经营支出　　　　　　　　　　　　　　　　　　　　　800

　　贷:产品物资　　　　　　　　　　　　　　　　　　　　800

【例9-9】　某农民专业合作社为其成员李斯提供农产品销售服务,收到成员交来的黄豆,协议约定的价格共计5200元。

借:受托代销商品　　　　　　　　　　　　　　　　　　　5200

　　贷:成员往来——李斯　　　　　　　　　　　　　　　　5200

【例9-10】　某生猪养殖专业合作社于2014年2月5日为本社社员李立提供饲料购买服务,协议价格12000元。收到李立支付的现金12000元,合作社当即存入信用社。2014年2月15日,该合作社为李立购买饲料,实际价款11300元,以银行存款支付,饲料验收入库。2014年2月17日,合作社将该批饲料交给李立,并结算收入。

(1)收到李立支付现金

借:银行存款　　　　　　　　　　　　　　　　　　　　12000

　　贷:成员往来——李立　　　　　　　　　　　　　　　12000

(2)购买饲料。

借:受托代购商品——饲料　　　　　　　　　　　　　　11300

　　贷:银行存款　　　　　　　　　　　　　　　　　　　11300

(3)交货并结算。

借:成员往来——李立　　　　　　　　　　　　　　　　12000

　　贷:受托代购商品饲料　　　　　　　　　　　　　　　11300

　　　　经营收入—代购收入　　　　　　　　　　　　　　700

3.业务实训

(1)某农民专业合作社将对确实无法收回的应收款项3600元,按规定程序批准核销。

借:其他支出	3600
贷:应收款	3600

(2)合作社向某农机公司购买大型播种机,预付货款20000元。

借:应收款——某农机公司	20000
贷:银行存款	20000

(3)某农民专业合作社为其成员张三提供农业生产资料购买应收取服务费489元。

借:成员往来——张三	498
贷:经营收入	498

(4)某粮食产销专业合作社受托为本社社员代销小麦一批,代销合同约定价格为50000元,合作社以58000元的售价销售给非本社成员的某食品加工厂,货款尚未收到。

借:应收款——某食品加工厂	58000
贷:受托代销商品小麦	50000
经营收入——代销收入	8000

(5)年初某粮食专业合作社以银行存款预付良种基地小麦种子款30000元。

借:应收款——某良种基地	30000
贷:银行存款	30000

(6)上述已经预付款的小麦种子收回。

借:产品物资小麦种子	30000
贷:应收款——某良种基地	30000

(7)某蔬菜专业合作社接受本社社员郭红申请:因家里困难向合作社借款5000元,用于生产经营周转,合作社以库存现金支付。

借:成员往来——郭红	5000
贷:库存现金	5000

(8)上题中蔬菜专业合作社社员郭红为生产周转向合作社借款5000元到期,该社员如期归还。合作社按约定收取利息75元,款项存入银行。

借:银行存款	5075

　　贷：成员往来——郭红　　　　　　　　　　　　　　　 50000

　　　　其他收入——利息收入　　　　　　　　　　　　　　　 75

（二）存货的核算

　　合作社的存货包括种子、化肥、燃料、农药、原材料、机械零配件、低值易耗品及在产品、农产品、工业产成品、受托代销商品、受托代购商品、委托代销商品和委托加工物资等。分别在产品物资、委托加工物资、委托代销商品、受托代购商品和受托代销商品五个科目下核算。

　　存货应按下列计价原则计价：购入的物资按照买价加运输费、装卸费等费用及运输途中的合理损耗等计价；受托代购商品视同购入的物资计价；生产入库的农产品和产成品，按生产过程中发生的实际支出计价；委托加工物资验收入库时，按照委托加工物资的成本加上实际支付的全部费用计价；受托代销商品按合同或协议约定的价格计价，出售受托代销商品时，实际收到的价款大于合同或协议约定价格的差额计入经营收入，实际收到的价款小于合同或协议约定价格的差额计入经营支出；委托代销商品按委托代销商品的实际成本计价。领用或出售的出库存货成本的确定，可在加权平均法、个别计价法等方法中任选一种，但一经选定，不得随意变动。

　　合作社对存货要定期盘点核对，做到账实相符，每年年末必须进行一次全面的盘点清查。盘亏、毁损和报废的存货，按规定程序批准后，按实际成本扣除应由责任人或者保险公司赔偿的金额和残料价值后的余额，计入其他支出。合作社应当建立健全的存货内部控制制度，建立保管人员岗位责任制。存货入库时，保管员清点验收入库，填写入库单；出库时，由保管员填写出库单，主管负责人批准，领用人签名盖章，保管员根据批准后的出库单出库。

1. 产品物资

　　产品物资科目核算合作社库存的各种产品和物资，按产品物资品名设置明细科目，进行明细核算。合作社购入并已验收入库的产品物资，按实际支付或应支付的价款，借记产品物资科目，贷记库存现金、银行存款、成员往来、应付款等科目。合作社生产完工以及委托外单位加工完成并已验收入库的产品物资，按实际成本，借记产品物资科目，贷记生产成本、委托加工物资等科目。

产品物资销售时,按实现的销售收入,借记库存现金、银行存款、应收款等科目,贷记经营收入科目;按销售产品物资的实际成本,借记经营支出科目,贷记产品物资科目。产品物资领用时,借记生产成本、在建工程、管理费用等科目,贷记产品物资科目。合作社的产品物资应当定期清查盘点。盘亏和毁损产品物资,经审核批准后,按照责任人和保险公司赔偿的金额,借记成员往来、应收款等科目,按责任人或保险公司赔偿金额后的净损失,借记其他支出科目,按盘亏和毁损产品物资的账面余额,贷记产品物资科目。本科目期末借方余额,反映合作社库存产品物资的实际成本。

【例 9-11】 某蜂业合作社为加工蜂蜜,发生下列业务。

(1)购进辅助材料一批,发票注明价款 7000 元,货款已用银行存款支付。

借:产品物资——材料　　　　　　　　　　　　　　　　　7000

　　贷:银行存款　　　　　　　　　　　　　　　　　　　　7000

(2)加工蜂蜜饮料,领用蜂蜜 1000 千克,单价 10 元。

借:生产成本　　　　　　　　　　　　　　　　　　　　10000

　　贷:产品物资——材料　　　　　　　　　　　　　　　10000

(3)生产车间将蜂蜜加工成饮料,当月共加工饮料 10000。单位成本 20 元,共计 200000 元。

借:产品物资　　　　　　　　　　　　　　　　　　　200000

　　贷:生产成本　　　　　　　　　　　　　　　　　　200000

(4)对外销售 5000 瓶,每瓶售价 30 元。

借:银行存款　　　　　　　　　　　　　　　　　　　150000

　　贷:经营收入　　　　　　　　　　　　　　　　　　150000

(5)月底,结转销售商品的成本。

借:经营支出　　　　　　　　　　　　　　　　　　　100000

　　贷:产品物资　　　　　　　　　　　　　　　　　　100000

2.委托加工物资

委托加工物资科目核算合作社委托外单位加工的各种物资的实际成本。发给外单位加工的物资,按委托加工物资的实际成本,借记委托加工物资科目,贷记产品物资等科目。按合作社支付该项委托加工的全部费用(加工费、运杂费等),借记委托加工物资科目,贷记库存现金、银行存款等科目。加工完成验收入库的物资,按加工收回物资的实际成本和剩余物资的实际成本,借记产品物资等科目,贷记委托加工物资科目。本科目应按加工合同和受托加工单位等设置明细账,进行明细核算。本科目期末借方余额,反映合作社委托外单位加工但尚未加工完成物资的实际成本。

【例9-12】 蜂业合作社加工蜂蜜饮料,委托外单位进行灌装,发出半成品甲材料50000元,辅助材料乙材料10000元,应负担加工费用5000元,运输费用1000元。

(1)发出委托加工物资。

借:委托加工物资   60000
　贷:产品物资——甲材料   50000
　　　　　——乙材料   10000

(2)支付加工费用。

借:委托加工物资   5000
　贷:银行存款   5000

(3)支付运杂费。

借:委托加工物资   1000
　贷:银行存款   1000

(4)收回委托加工物资以备对外销售。

借:产品物资   66000
　贷:委托加工物资   66000

3.委托代销商品

委托代销商品科目核算合作社委托外单位销售的各种商品的实际成本。发给外单位销售的商品时,按委托代销商品的实际成本,借记委托代销商品科目,贷记产品物资等科目。收到代销单位报来的代销清单时,按应收金额,借记应收款科目,按应确认的收入,贷记经营收入科目;按应支付的手续费等,借记经营支出科目,贷记应收款科目;同时,按代销商品的实际成本(或售价),借记经营支出等科目,贷记委托代销商品科目;收到代销款时,借记银行存款等科目,贷记应收款科目。本科目应按代销商品或委托单位等设置明细账,进行明细核算,期末借方余额,反映合作社委托外单位销售但尚未收到代销商品款的商品的实际成本。

【例 9-13】 某禽业合作社委托中旺超市销售 500 箱鸡蛋,每箱鸡蛋成本为 40 元,零售价每箱 50 元。协议按销售收入的 5% 作为手续费。

(1)发出 500 箱鸡蛋。

借:委托代销商品	20000
贷:产品物资	20000

(2)收到已销售 500 箱鸡蛋的清单。

借:应收款——中旺超市	25000
贷:经营收入	25000

(3)结转成本。

借:经营支出	20000
贷:委托代销商品	20000

(4)提取手续费用。

借:经营支出	1250
贷:应收款——中旺超市	1250

(5)实际收到销售款。

借:银行存款	23750
贷:应收款——中旺超市	23750

4.受托代销商品

受托代销商品科目核算合作社接受委托代销商品的实际成本。合作社收到委托代销商品时,按合同或协议的价格,借记受托代销商品科目,贷记成员往来等科目。合作社售出受托代销商品时,按实际收到的价款,借记库存现金、银行存款等科目,按合同或协议约定的价格,贷记受托代销商品科目,如果实际收到的价款大于合同或协议约定的价格,按其差额贷记经营收入等科目;如果实际收到的价款小于合同或协议约定的价格,按其差额,借记经营支出等科目。合作社给付委托方代销商品款时,借记成员往来等科目,贷记库存现金、银行存款等科目。本科目应按委托代销方设置明细账,进行明细核算,期末借方余额,反映合作社尚未售出的受托代销商品的实际成本。

【例 9-14】　某生姜产销专业合作社接受本社社员李四委托代销生姜3000 千克,协议价格每千克 2.2 元,货物售出后结清代销款。合作社当月实现对外销售,每千克售价 2.5 元,货款已收回存入银行。

(1)收到委托代销产品。

借:受托代销商品——李四　　　　　　　　　　　　　　　　6600

　　贷:成员往来——李四　　　　　　　　　　　　　　　　6600

(2)售出商品收到货款。

借:银行存款　　　　　　　　　　　　　　　　　　　　　7500

　　贷:受托代销商品——李四　　　　　　　　　　　　　　6600

经营收入-代销收入　　　　　　　　　　　　　　　　　　　900

(3)合作社与委托代销方结算代销款。

借:成员往来——李四　　　　　　　　　　　　　　　　　6600

　　贷:银行存款　　　　　　　　　　　　　　　　　　　6600

5.受托代购商品

受托代购商品科目核算合作社接受委托代为采购商品的实际成本。合作社收到受托代购商品款时,借记库存现金、银行存款等科目,贷记成员往来等科目。合作社受托采购商品时,按采购商品的价款,借记受托代购商品科目,贷记库存现金、银行存款、应付款等科目。合作社将受托代购商品交付给委托方时,按代购商品的实际成本,借记成员往来、应付款等科目,贷记受托代购商品科目;如果受托代购商品收取手续费,按应收取的手续费,借记成员往来等科目,贷记经营收入科目;收到手续费时,借记库存现金、银行存款等科目,贷记成员往来等科目。本科目应按受托方设置明细账,进行明细核算,期末借方余额,反映合作社受托采购尚未交付商品的实际成本。

【例 9-15】　生猪合作社接受本社成员兴旺生猪公司委托,当月用银行存款统一购买饲料 5000 千克,成本每千克 1.40 元,并将饲料交付兴旺公司。

(1)接受委托购买,收到银行存款 7500 元。

借:银行存款　　　　　　　　　　　　　　　　　　　　　7500

　　贷:成员往来——兴旺公司　　　　　　　　　　　　　7500

（2）购买饲料。

| 借：受托代购商品 | 7000 |
| 贷：银行存款 | 7000 |

（3）交付委托方，并结清款项。

| 借：成员往来——兴旺公司 | 7500 |
| 贷：受托代购商品 | 7000 |

（4）库存现金。 500

如果协议手续费为商品的 5%，7000×5%＝140。

借：成员往来	7500
贷：受托代购商品	7000
经营收入	140
库存现金	360

【例 9-16】 某蔬菜专业合作社年末进行财产清查发现蔬菜包装盒短缺，价值 500 元，查明属于意外损坏。经董事会研究决定由责任人外请工人李玲赔偿 200 元，合作社承担 300 元。

（1）确认损坏。

借：应收款——李玲	200
其他支出——包装盒短缺	300
贷：产品物资——包装盒	500

（2）收到责任人赔偿。

| 借：库存现金 | 200 |
| 贷：应收款——李玲 | 200 |

6.业务实训

（1）某蔬菜专业合作社受托为本社员代销蔬菜一批，协议价格 30000 元，收到代销商品清单。

| 借：受托代销商品——蔬菜 | 30000 |
| 贷：成员往来——成员 | 30000 |

（2）上述蔬菜专业合作社将受托代销商品售出，价款 32000 元，款项存入银行。

借:银行存款　　　　　　　　　　　　　　　　　　　　32000

　　贷:受托代销商品　　　　　　　　　　　　　　　　30000

　　　　经营收入——代销收入　　　　　　　　　　　　2000

(3)某渔业合作社为加工鱼罐头,发生下列业务。

①购进辅助材料一批,发票注明价款6000元,货款已用银行存款支付。

借:产品物资材料——材料　　　　　　　　　　　　　6000

　　贷:银行存款　　　　　　　　　　　　　　　　　　60000

②加工鱼罐头,领用腌制鱼500千克,单价20元。

借:生产成本　　　　　　　　　　　　　　　　　　　10000

　　贷:产品物资——材料　　　　　　　　　　　　　10000

③生产车间将腌制鱼加工成鱼罐头,当月共加工鱼罐头20000盒,单位成本8元,共计160000元。

借:产品物资　　　　　　　　　　　　　　　　　　　160000

　　贷:生产成本　　　　　　　　　　　　　　　　　160000

④对外销售15000瓶,每瓶售价15元。

借:银行存款　　　　　　　　　　　　　　　　　　　225000

　　贷:经营收入　　　　　　　　　　　　　　　　　225000

⑤月底,结转销售商品的成本。

借:经营支出　　　　　　　　　　　　　　　　　　　120000

　　贷:产品物资　　　　　　　　　　　　　　　　　120000

(4)生姜合作社接受本社社员李义委托代销生姜2000千克,协议每千克2.40元,货物售出后结清。合作社当月实现对外销售,每千克2.60元,货款已收存银行。如因市场行情发生变化,市场价每千克2.30元,产品售出。如市场价每千克2.40元,产品售出。用现金结清成员往来。

①收到委托代销产品。

借:受托代销商品　　　　　　　　　　　　　　　　　4800

　　贷:成员往来——李义　　　　　　　　　　　　　4800

②售出商品。

借:银行存款　　　　　　　　　　　　　　　　　　　5200

　　　贷:受托代销商品　　　　　　　　　　　　　　　　　4800

　　　　经营收入　　　　　　　　　　　　　　　　　　　400

③如因市场行情发生变化,市场价每千克2.30元,产品售出。

　借:经营支出　　　　　　　　　　　　　　　　　　　　200

　　银行存款　　　　　　　　　　　　　　　　　　　　4600

　　　贷:受托代销商品　　　　　　　　　　　　　　　　4800

④市场价每千克2.40元。

　借:银行存款　　　　　　　　　　　　　　　　　　　　4800

　　　贷:受托代销商品　　　　　　　　　　　　　　　　4800

⑤结清与社员李义往来款项。

　借:成员往来——李义　　　　　　　　　　　　　　　　4800

　　　贷:库存现金　　　　　　　　　　　　　　　　　　4800

　　(三)长期资产的核算

　　农民专业合作社的长期资产包括对外投资、农业资产、固定资产及无形资产等。

　　1.对外投资

　　农民专业合作社根据国家法律、法规规定,可以采用货币资金、实物资产、无形资产等对外投资。

　　对外投资科目核算合作社持有的各种对外投资,包括股票投资、债券投资和合作社兴办企业等投资。本科目应按对外投资的种类设置明细科目,进行明细核算,期末借方余额,反映合作社对外投资的实际成本。

　　合作社以现金或实物资产(含牲畜和林木)等方式进行对外投资时,按照实际支付的价款或合同、协议确定的价值,借记对外投资科目,贷记库存现金、银行存款等科目,合同或协议约定的实物资产价值与原账面余额之间的差额,借记或贷记资本公积科目。

　　收回投资时,按实际收回的价款或价值,借记库存现金、银行存款等科目,按投资的账面余额,贷记对外投资科目,实际收回的价款或价值与账面余额的差额,借记或贷记投资收益科目。

　　被投资单位宣告分配现金股利或利润时,借记应收款等科目,贷记投资收益等科目;实际收到现金股利或利润时,借记库存现金、银行存款等科目,贷记"应收款"科目;获得股票股利时,不做账务处理,但应在备查簿中登记所增加的股份。

投资发生损失时,按规定程序批准后,按照应由责任人和保险公司赔偿的金额,借记"应收款"、"成员往来"等科目,按照扣除由责任人和保险公司题他的金额后的净损失,借记"投资收益"科目,按照发生损失对外投资的账面个额,贷记"对外投资"科目。

【例 9-17】　某畜禽养殖专业合作社,经社员代表大会决议通过,以银行存款向本乡民俗旅游公司投资 100000 元,双方协议约定:乡民俗旅游公司按投资额的 3% 支付股息,每年年末一次支付,不计复利。该畜禽养殖专业合作社支付投资款时,应编制会计分录如下。

借:对外投资——乡民俗旅游公司　　　　　　　　　　　100000
　　贷:银行存款　　　　　　　　　　　　　　　　　　　100000

【例 9-18】　上述某畜禽养殖专业合作社收回对乡民俗旅游公司的投资 100000 元,同时结算当年股息 3000 元,款项收回存入银行。

借:银行存款　　　　　　　　　　　　　　　　　　　　103000
　　贷:对外投资——乡民俗旅游公司　　　　　　　　　　100000
　　　　投资收益—股息收入　　　　　　　　　　　　　　　3000

【例 9-19】　某畜禽养殖专业合作社年终结算,收到被投资企业本乡民俗旅游公司分配股利结算单,合作社应得股利 3000 元,乡民俗旅游公司尚未支付。

借:应收款——乡民俗旅游公司　　　　　　　　　　　　　3000
　　贷:投资收益——股息收入　　　　　　　　　　　　　　3000

【例 9-20】　数日后,上述畜禽养殖专业合作社收到乡民俗旅游公司支付股利 3000 元,转存银行。

借:银行存款　　　　　　　　　　　　　　　　　　　　　3000
　　贷:应收款——乡民俗旅游公司　　　　　　　　　　　　3000

【例 9-21】　某牛奶专业合作社以取奶机对乡奶牛厂进行联营投资,期限两年,该取奶机账面价值 20000 元,已提折旧 9000 元,经评估确定其价值为

15000 元。

①确认对外投资价值。

借:对外投资——其他投资	15000
累计折旧	9000
贷:固定资产——取奶机	20000
资本公积	4000

②两年后合作社收回这台取奶机,计算应提折旧 200 元。

借:固定资产——取奶机	20000
投资收益	7000
贷:累计折旧	12000
对外投资——其他投资	15000

2. 业务实训

(1)大田合作社购买大北农股票 1000 股,股票价格 35 元,打算长期持有,购买时,手续费 1500 元,款项均以银行存款支付。编制如下会计分录:

①实际支付款项。

②大北农宣告分配现金股利,每股 2 元。

③合作社收到大北农发放的股利,存入银行。

④合作社决定卖出股票,售价 60000 元,款项收到并存入银行。

分录如下:

① 借:对外投资股票投资	36500
贷:银行存款	36500
②借:应收款——应收股利	2000
贷:投资收益	2000
③借:银行存款	2000
贷:应收款——应收股利	2000
④ 借:银行存款	60000
贷:对外投资——股票投资	36500
投资收益	23500

(2)大田合作社于 2014 年 7 月 1 日购买大丰公司于当年 1 月 1 日发行的

两年期到期一次还本付息、面值为 1000 元的债券,年利率为 6%,截至购买日的利息为 300 元(10000×6%÷2),实际支付款项为 10300 元。编制如下会计分录:

①支付款项。

②2014 年 12 月,合作社收到大丰公司发放的债券利息。

③合作社于 2015 年 2 月 1 日将 2014 年 7 月 1 日购买的大丰公司债券转让,转让价为 10800 元。

分录如下:

① 借:对外投资——债券投资　　　　　　　　　　　　10300

　　　贷:银行存款　　　　　　　　　　　　　　　　　10300

② 借:库存现金　　　　　　　　　　　　　　　　　　　600

　　　贷:投资收益　　　　　　　　　　　　　　　　　　600

③ 借:银行存款　　　　　　　　　　　　　　　　　　10800

　　　贷:对外投资——债券投资　　　　　　　　　　　10300

　　　　投资收益　　　　　　　　　　　　　　　　　　500

3.农业资产

农民专业合作社的农业资产包括牲畜(禽)资产和林木资产等。农业资产的价值构成与其他资产的价值构成有明显差别,主要体现在生物的成长会使农业资产的价值增加。农业资产一般按以下三种方法计价。

(1)原始价值。是指合作社购入农业资产的买价及支付相关税费的总额,按实际发生并有支付凭证的支出确认,如果是自产幼畜,则为繁育期间的生产成本。

(2)饲养价值、管护价值和培植价值。饲养价值是指幼畜及育肥畜成龄前发生的饲养费用;管护价值是指经济林木投产后发生的管护费用;培植价值是指经济林木投产前及非经济林木郁闭前发生的培植费用。

(3)摊余价值。是指农业资产的原始价值加饲养价值或培植价值减去农业资产的累计摊销后的余额,摊余价值反映农业资产的现有价值。

农业资产具有特殊的生物性,其价值随着生物的出生、成长、衰老、死亡等自然规律和生产经营活动不断变化。为适应这一特点,农民专业合作社财务会计制度规定了农业资产按下列原则计价。

（1）购入的农业资产按照购买价及相关税费等计价。

（2）幼畜及育肥畜的饲养费用、经济林木投产前的培植费用、非经济林木郁闭前的培植费用按实际成本计入相关资产成本。

（3）产、役畜和经济林木投产后，应将其成本扣除预计残值后的部分在其正常生产周期内按直线法分期摊销，预计净残值率按照产、役畜和经济林木成本的5％确定，已提足折耗但未处理仍继续使用的产、役畜和经济林木不再摊销。

（4）农业资产死亡毁损时，按规定程序批准后，按实际成本扣除应由责任人或者保险公司赔偿金额后的差额，计入其他收支；合作社其他农业资产，可比照牲畜（禽）资产和林木资产的计价原则处理。

4. 牲畜（禽）资产

牲畜（禽）资产是指农民专业合作社农业资产中的动物资产，主要有幼畜及育肥畜和产、役畜（包括特种水产）。为全面反映和监督农民专业合作社牲畜（禽）资产的情况，应设置牲畜（禽）资产科目，核算农民专业合作社购入或培育的牲畜（禽）的成本。

牲畜（禽）资产分为幼畜及育肥畜和产、役畜两类。合作社购入幼畜及育肥畜时，按购买价及相关税费，借记本科目（幼畜及育肥畜），贷记库存现金、银行存款、应付款等科目；发生的饲养费用，借记本科目（幼畜及育肥畜），贷记应付工资、产品物资等科目。幼畜成龄转作产、役畜时，按实际成本，借记本科目（产、役畜），贷记本科目（幼畜及育肥畜）。产、役畜的饲养费用不再记入本科目，借记经营支出科目，贷记应付工资、产品物资等科目。产、役畜的成本扣除预计残值后的部分应在其正常生产周期内，按照直线法分期摊销，借记经营支出科目，贷记本科目（产、役畜）。幼畜及育肥畜和产、役畜对外销售时，按照实现的销售收入，借记库存现金、银行存款、应收款等科目，贷记经营收入科目；同时，按照销售牲畜的实际成本，借记经营支出科目，贷记本科目。以幼畜及育肥畜和产、役畜对外投资时，按照合同、协议确定的价值，借记对外投资科目，贷记本科目，合同或协议确定的价值与牲畜资产账面余额之间的差额，借记或贷记资本公积科目。牲畜死亡毁损时，按规定程序批准后，按照过失人及保险公司应赔偿的金额,借记成员往来、应收款科目,如发生净损失,则按照扣除过失人和保险公司应赔偿金额后的净损失,借记其他支出科目,按照牲畜资产的账面余额,贷记本科目;如产生净收益,则按照牲畜资产的账面余额,贷记本科目,同时按照过失人及保险公司应赔偿金额超过牲畜资产账面余额的金额,贷记其他收入科目。本科目应设置幼畜及有肥畜和产、役畜两个二级科目,按牲畜(禽)的种类设置三级明细科目,进行明细核算。本科目期末借方余额,反映合作社幼畜及育肥畜和产、役畜的账面余额。

（1）购入幼畜及育肥畜。

【例 9-22】 某奶牛养殖专业合作社本月购入幼牛一批,货款尚未支付。

    借:牲畜(禽)资产——幼畜及育肥畜   5000

      贷:应付款——某养牛场   5000

（2）幼畜及育肥畜的饲养。

【例 9-23】 某奶牛养殖专业合作社饲养幼牛本月发生饲养费用 21000 元,其中,固定员工工资费用 6000 元,饲料费用 15000 元。

    借:牲畜(禽)资产——幼畜及育肥畜   21000

      贷:应付工资   6000

    产品物资—饲料   15000

（3）幼畜成龄。

【例 9-24】 某奶牛养殖专业合作社饲养的幼牛成龄,转作产畜。饲养期间共发生各项费用 75000 元,结转产、役畜成本。

    借:牲畜(禽)资产——产、役畜   75000

      贷:牲畜(禽)资产——幼畜及育肥畜   75000

（4）产、役畜的饲养费用。

【例 9-25】 某奶牛养殖专业合作社本月饲养的产役牛共发生饲养费用 80000 元,其中,应付固定饲养员工资 10000 元,饲料费用 65000 元,以现金支付医药费用 5000 元。

    借:经营支出——饲养费用   80000

      贷:应付工资   10000

产品物资——饲料	65000
库存现金	5000

(5)产、役畜的成本摊销。

【例9-26】 某奶牛养殖专业合作社成龄奶牛的原始成本120000元,预计生产期5年,已正常产奶2年,合作社按月摊销奶牛成本,奶牛净残值率为5%。

每年应摊销的金额＝120000×(1−5%)÷5＝22800(元)

每月应摊销的金额＝22800÷12＝1900(元)

借:经营支出——成本摊销　1900

　贷:牲畜(禽)资产——产、役畜　1900

(6)牲畜(禽)资产的出售价。

【例9-27】 某生猪养殖专业合作社将育肥猪一批出售给某肉联厂,售价25000元,该批育肥猪成本20000元。货款已存银行。

借:银行存款　25000

　贷:经营收入——出售育肥猪　25000

借:经营支出——育肥猪成本　20000

　贷:牲畜(禽)资产幼畜及育肥畜　20000

(7)牲畜(禽)资产的对外投资。

【例9-28】 某役马养殖专业合作社用10匹役马向阳光生态旅游区投资,该批役马上年1月由幼畜转为役畜,成本为12000元,已经使役1年,预计尚可使用5年,役马净残值率为5%。双方协议确定的价格为14000元,役马已经转出。合作社做如下会计处理。

①计算役马账面价值。

役马投资时已摊销成本＝12000×(1−5%)÷6＝1900(元)

役马投资时的账面价值＝12000−1900＝10100(元)

协议确定的价格与牲畜资产账面价值之间的差额＝14000−10100＝3900(元)

②会计分录。

借:对外投资阳光生态旅游区　14000

　　贷:牲畜(禽)资产——产、役畜　　　　　　　　　　　　　　10100

　　　　资本公积投资差价　　　　　　　　　　　　　　　　　　3900

　　(8)牲畜(禽)资产的死亡毁损。

【例 9-29】 某生猪养殖专业合作社因饲养员工作疏忽,致使一头幼猪死亡,账面价值为 600 元,经合作社成员集体研究决定,由饲养员赔偿 200 元,其余列入其他支出。

　　借:成员往来——××饲养员　　　　　　　　　　　　　　200

　　　　其他支出——牲畜死亡　　　　　　　　　　　　　　　400

　　　　贷:牲畜(禽)资产——幼畜及育肥畜　　　　　　　　600

　　5.林木资产

　　林木资产是指农民专业合作社农业资产中的植物资产,主要包括经济林木和非经济林木。为全面反映和监督农民专业合作社林木资产的情况,农民专业合作社应设置林木资产科目,本科目核算合作社购入或营造的林木成本。合作社购入经济林木时,按购买价及相关税费,借记林木资产(经济林木)科目,贷记库存现金、银行存款、应付款等科目;购入或营造的经济林木投产前发生的培植费用,借记林木资产(经济林木)科目,贷记应付工资、产品物资等科目。

　　经济林木投产后发生的管护费用,不再记入本科目,借记经营支出科目,贷记应付工资、产品物资等科目。经济林木投产后,其成本扣除预计残值后的部分应在其正常生产周期内,按照直线法摊销,借记经营支出科目,贷记本科目(经济林木)。

　　合作社购入非经济林木时,按购买价及相关税费,借记本科目(非经济林木),贷记库存现金、银行存款、应付款等科目;购入或营造的非经济林木在郁闭前发生的培植费用,借记本科目(非经济林木),贷记应付工资、产品物资等科目。

　　非经济林木郁闭后发生的管护费用,不再记入本科目,借记其他支出科目,贷记应付工资、产品物资等科目。

　　按规定程序批准后,林木采伐出售时,按照实现的销售收入,借记库存现金、银行存款、应收款等科目,贷记经营收入科目;同时,按照出售林木的实际成本,借记经营支出科目,贷记本科目。

以林木对外投资时,按照合同、协议确定的价值,借记对外投资科目,贷记本科目,合同或协议确定的价值与林木资产账面余额之间的差额,借记或贷记资本公积科目。

林木死亡毁损时,按规定程序批准后,按照过失人及保险公司应赔偿的金额,借记成员往来、应收款科目,如发生净损失,则按照扣除过失人和保险公司应赔偿金额后的净损失,借记其他支出科目,按照林木资产的账面余额,贷记本科目;如产生净收益,则按照林木资产的账面余额,贷记本科目,同时按照过失人及保险公司应赔偿金额超过林木资产账面余额的金额,贷记其他收入科目。

本科目应设置经济林木和非经济林木两个二级科目,按林木的种类设置三级科目,进行明细核算,期末借方余额,反映合作社购入或营造林木的账面余额。

(1)购入经济林木。

【例 9-30】 某果品产销专业合作社购入樱桃树苗一批,以银行存款支付价款 40000 元

  借:林木资产经济林木   40000

   贷:银行存款   40000

(2)培育经济林木。

【例 9-31】 某果品产销专业合作社月末计算出本月应支付外请育苗工人工资 2000 元。

  借:林木资产——经济林木   2000

   贷:应付工资——外请工人   2000

(3)经济林木的管护费用。

【例 9-32】 某果品产销专业合作社果树投产,本月为果树施肥,领用本社仓库化肥共计 1500 元。

  借:经营支出——果树管护   1500

   贷:产品物资——化肥   1500

(4)经济林木的成本摊销。

【例 9-33】 某果树培育专业合作社培育经济林木投产,培育成本 30000

元。预计产果年限 12 年,预计净残值率 5%,按直线法摊销。

林木培育成本年摊销额＝(30000－30000×5%)÷12＝2375(元)

借:经营支出——成本摊销　　　　　　　　　　　　　　　　2375

　贷:林木资产——经济林木　　　　　　　　　　　　　　　　2375

(5)购入非经济林木。

【例 9-34】　某林木生产专业合作社的入杉树苗一批,以银行存款支付价款 60000 元。

借:林木资产——非经济林木　　　　　　　　　　　　　　60000

　贷:银行存款　　　　　　　　　　　　　　　　　　　　　60000

(6)购入或营造非经济林木郁闭前的培植费用。

【例 9-35】　某林木生产专业合作社购入的杉树苗郁闭前发生培植费用计 23000 元。其中,支付固定工人工资 11000 元,发生肥料费用 12000 元。

借:林木资产——非经济林木　　　　　　　　　　　　　　23000

　贷:应付工资　　　　　　　　　　　　　　　　　　　　　11000

　产品物资——肥料　　　　　　　　　　　　　　　　　　12000

(7)非经济林木郁闭后的管护费用。

【例 9-36】　某林木生产专业合作社非经济林木已郁闭,本月应支付管护人员工资 2500 元。

借:其他支出——非经济林木管护　　　　　　　　　　　　　2500

　贷:应付工资——管护人员　　　　　　　　　　　　　　　　2500

(8)林木采伐出售。

【例 9-37】　某林木专业合作社经批准采伐林木一批,收到价款 75000 元,转存信用社。该批林木实际成本为 40000 元。

借:银行存款　　　　　　　　　　　　　　　　　　　　　75000

　贷:经营收入——林木采伐收入　　　　　　　　　　　　　75000

借:经营支出——出售林木成本　　　　　　　　　　　　　40000

　贷:林木资产——非经济林木　　　　　　　　　　　　　　40000

6.其他农业资产

按照《农民专业合作社财务会计制度（试行）》规定，合作社生产经营中，有牲畜（禽）资产、林木资产以外的其他农业资产，需要单独对其进行核算的，可增设其他农业资产科目，参照牲畜（禽）资产、林木资产进行会计核算。

【例9-38】 养羊专业合作社在天然草原放牧的前提下，按规定程序研究决定建设人工草场，种植牧草、紫花苜蓿10000亩，以解决越冬羊群的饲料供给。实施过程中，购买紫花苜蓿种子价值100000元，已从开户银行转账支付。领用合作社材料价值10000元，从开户银行转账支付机械耕作费40000元，计提人员工资80000元，分摊折旧10000元，另以马代步，分摊牲畜（禽）资产1000元。该养单专业合作社应做如下会计处理。

（1）银行转账支付购买紫花苜蓿种子款。

借：其他农业资产——紫花苜蓿	100000
贷：银行存款	100000

（2）领用材料。

借：其他农业资产——紫花苜蓿	10000
贷：产品物资	10000

（3）转账支付机械作业费。

借：其他农业资产——紫花苜蓿	40000
贷：银行存款	40000

（4）计提人员工资。

借：其他农业资产——紫花苜蓿	80000
贷：应付工资	80000

（5）分摊折旧费用。

借：其他农业资产——紫花苜蓿	10000
贷：累计折旧	10000

（6）分摊牲畜（禽）资产。

借：其他农业资产——紫花苜蓿	1000
贷：牲畜（禽）资产	1000

7. 业务实训

(1) 某农业合作社发生如下有关牲畜(禽)资产的业务。

① 购入育肥猪 50 头，每头价格 180 元；购入幼牛 100 头，每头价格 700 元，全部以银行存款支付。

② 发生幼牛和育肥猪饲养费用共 50000 元，其中，应付养猪人员工资 2000 元，猪饲料费 3000 元，应付养牛人员工资 17000 元，牛饲料费 28000 元。

③ 合作社饲养的 100 头幼牛成年，开始产奶，预计产奶 8 年。转为产、役畜。幼牛的成本包括购买的成本和饲养费用。

④ 幼牛转为产役畜后，发生了饲养费用 4500 元，其中，饲料费 25000 元，应付养牛人员工资 20000 元。

⑤ 预计净残值率 5%，按月摊销奶牛的成本。

⑥ 将 50 头幼猪育肥后出售了 40 头，每头售价 1000 元，款项已存入银行，同时结转育肥猪的成本。

分录如下：

借：牲畜(禽)资产——幼畜及育肥畜(猪)　　　　　　　9000
　　　　　　　　　——幼畜及育肥畜(牛)　　　　　　70000
　　贷：银行存款　　　　　　　　　　　　　　　　　79000
借：牲畜(禽)资产——幼南及育肥畜(猪)　　　　　　　5000
　　贷：应付工资　　　　　　　　　　　　　　　　　2000
　　　产品物资——饲料　　　　　　　　　　　　　　3000
借：牲畜(禽)资产——幼畜及育肥畜(牛)　　　　　　45000
　　贷：应付工资　　　　　　　　　　　　　　　　17000
　　　　产品物资——饲料　　　　　　　　　　　　28000
　　　　幼牛成本＝70000＋45000＝115000(元)
借：牲畜(禽)资产——产、役畜(牛)　　　　　　　　115000
　　贷：牲畜(禽)资产——幼畜及育肥畜(牛)　　　　115000
借：经营支出　　　　　　　　　　　　　　　　　　45000
　　贷：产品物资　　　　　　　　　　　　　　　　25000
　　　　应付工资　　　　　　　　　　　　　　　　20000

每月摊销金额＝115000×(1－5％)÷8÷12＝1138.02(元)

借:经营支出   1138.02

 贷:牲畜(禽)资产——产、役畜(牛)   1138.02

  猪的销售成本＝[180＋(5000÷50)]×40＝11200(元)

借:银行存款   40000

 贷:经营收入   40000

借:经营支出   11200

 贷:牲畜(禽)资产－幼畜及育肥畜(猪)11200

(2)某林业合作社的有关林木资产业务如下。

①购入梨树苗500棵,每棵单价29.5元,对方代垫运费250元,款项尚未支付。

②培植梨树共发生费用5000元,其中,固定生产工人工资4000元,施用化肥800元,农药200元。

③上述梨树投产,预计可正常产梨8年,投产后的第一个月发生管护费用600元,其中,固定生产工人工资400元,施用化肥150元,农药50元。

④预计残值率5％,摊销已投产的梨树成本。

⑤用一批梨树对外投资,这批梨树的总成本为500元。

⑥因发生一场大火,烧毁了非经济林木松树10亩,其账面价值为2000元。保险公司同意赔偿80％。护林员张力(为本社成员)负有一定责任,应偿5％,其余损失计入其他支出业务处理如下。

借:林木资产——经济林木(梨树)   15000

 贷:应付款——梨园   15000

借:林木资产——经济林木(梨树)   5000

 贷:应付工资   4000

  产品物资——化肥   800

     ——农药   200

借:经营支出   600

 贷:应付工资   400

  产品物资——化肥   150

     ——农药   50

月摊销额＝（15000＋5000）×（1－5％）÷8÷12＝197.92（元）

借：经营支出　　　　　　　　　　　　　　　　　　197.92

　　贷：林木资产　　　　　　　　　　　　　　　　197.92

借：对外投资　　　　　　　　　　　　　　　　　　5000

　　贷：林木资产——经济林木（梨树）　　　　　　5000

借：应收款——保险公司　　　　　　　　　　　　16000

　　成员往来——张力　　　　　　　　　　　　　　1000

　　其他支出　　　　　　　　　　　　　　　　　　3000

　　贷：林木资产——非经济林木（松树）　　　　20000

（四）固定资产

农民专业合作社的房屋、建筑物、机器、设备、工具、器具、农业基本建设设施等，凡使用年限在1年以上、单位价值在500元以上的列为固定资产。有些主要生产工具和设备，单位价值虽然低于规定标准，但使用年限在1年以上的，也可列为固定资产。合作社以经营租赁方式租入和以融资租赁方式租出的固定资产，不应列作合作社的固定资产。

1.固定资产按下列原则计价

购入不需要安装的固定资产，按原价加采购费、包装费、运杂费、保险费和相关税金等，借记本科目，贷记银行存款等科目。购入需要安装的固定资产，先记入在建工程科目，待安装完毕交付使用时，按照其实际成本，借记本科目，贷记在建工程科目。

自行建造完成交付使用的固定资产，按建造该固定资产的实际成本，借记本科目，贷记在建工程科目。

投资者投入的固定资产，按照投资各方确认的价值，借记本科目，按照经过批准的投资者所应拥有以合作社注册资本份额计算的资本金额，贷记股金科目，按照两者之间的差额，借记或贷记资本公积科目。

收到捐赠的全新固定资产，按照所附发票所列金额加上应支付的相关税费，借记本科目，贷记专项基金科目；如果捐赠方未提供有关凭据，则按其市价或同类、类似固定资产的市场价格估计的金额，加上由合作社负担的运输费、保险费、安装调试费等作为固定资产成本，借记本科目，贷记专项基金科目。

收到捐赠的旧固定资产,按照经过批准的评估价值或双方确认的价值,借记本科目,贷记专项基金科目。

盘盈的固定资产,按其市价或同类、类似固定资产的市场价格,减去按该项资产的新旧程度估计的价值损耗后的余额,借记本科目,贷记其他收入科目;盘亏的固定资产,经过规定程序批准后,按其账面净值,借记其他支出科目,按已提折旧,借记累计折旧科目,按固定资产原价,贷记本科目。

固定资产出售、报废和毁损等时,按固定资产账面净值,借记固定资产清理科目,按照应由责任人或保险公司赔偿的金额,借记应收款、成员往来等科目,按已提折旧,借记累计折旧科目,按固定资产原价,贷记本科目。

对外投资投出固定资产时,按投资各方确认的价值或合同、协议约定的价值,借记对外投资科目,按已提折旧,借记累计折旧科目,按固定资产原价,贷记本科目,投资各方确认或协议价与固定资产账面净值之间的差额,借记或贷记资本公积科目。

捐赠转出固定资产时,按固定资产净值,转入固定资产清理科目,应支付的相关税费,也通过固定资产清理科目进行归集,捐赠项目完成后,按固定资产清理科目余额,借记其他支出科目,贷记固定资产清理科目。

本科目期末借方余额,反映合作社期末固定资产的账面原价。

(1)累计折旧。合作社的折旧方法可在平均年限法和工作量法中任选种,一经选定,不得随意变动。提取折旧时,可以采用个别折旧率,也可以采用分类折旧率或综合折旧率计提。

生产经营用的固定资产计提的折旧,借记生产成本科目,贷记本科目;管理用的固定资产计提的折旧,借记管理费用科目,贷记本科目;用于公益性用途的固定资产计提的折旧,借记其他支出科目,贷记本科目。

(2)在建工程。本科目核算合作社进行工程建设、设备安装、农业基本建设、设施建造等发生的实际支出,购入需要安装的固定资产,按其原价加上运输、保险、采购、安装等费用,借记本科目,贷记库存现金、银行存款、应付款等科目。建造固定资产和兴建农业基本建设设施,购买专用物资以及发生工程费用,按实际支出,借记本科目,贷记库存现金、银行存款、产品物资等科目。发包工程建设,根据合同规定向承包企业预付工程款,按实际预付的价款,借记本科目,贷记银行存款等科目;以拨付材料抵作工程款的,应按材料的实际成本,借记本科目,贷记产品物资等科目;将需要安装的设备交付承包企业进行安装时,应按该设备的成本,借记本科目,贷记产品物资等科目。与承包企业办理工程价款结算,补付的工程款,借记本科目,贷记银行存款、应付款等科目。

自营的工程,领用物资或产品时,应按领用物资或产品的实际成本,借记本科目,贷记产品物资等科目。工程应负担的员工工资等人员费用,借记本科目,贷记应付工资、成员往来等科目。

购建和安装工程完成并交付使用时,借记固定资产科目,贷记本科目。工程完成未形成固定资产时,借记其他支出等科目,贷记本科目。

(3)固定资产清理。本科目核算合作社因出售、捐赠、报废和毁损等原因转入清理的固定资产净值及其在清理过程中所发生的清理费用和清理收入。

出售、捐赠、报废和毁损的固定资产转入清理时,按固定资产账面净值,借记本科目,按已提折旧,借记累计折旧科目,按固定资产原值,贷记固定资产科目。

清理过程中发生的费用,借记本科目,贷记库存现金、银行存款等科目;收回出售固定资产的价款、残料价值和变价收入等,借记银行存款、产品物资等科目,贷记本科目;应当由保险公司或过失人赔偿的损失,应收款、成员往来等科目,贷记本科目。

清理完毕后发生的净收益,借记本科目,贷记其他收入科目;清理完毕后发生的净损失,借记其他支出科目,贷记本科目。

本科目应按被清理的固定资产设置明细科目,进行明细核算。本科目期末余额,反映合作社转入清理但尚未清理完毕的固定资产净值,以及固定资产法理过程中所发生的清理费用和变价收入等各项金额的差额。

【例 9-39】　某养猪合作社发生下列固定资产相关业务。

(1)新建猪舍 20 幢,购入红砖、钢筋、水泥等建筑材料一批,支付价款共计450000 元,全部用银行存款支付,建设过程中领用建筑材料 440000 元,猪栏建设应付劳务费用 50000 元,尚未支付,另以银行存款支付工程水电费 10000元。工程完工,验收并交付使用。会计处理如下。

①购入工程用建筑材料。

借:产品物资 450000

  贷:银行存款 450000

②工程开工,领用建筑材料。

借:在建工程——自营工程 440000

  贷:产品物资 440000

③应付建设工程劳务费用。

借:在建工程——自营工程 50000

  贷:应付款 50000

④支付工程水电费。

借:在建工程——自营工程 10000

  贷:银行存款 10000

⑤工程完工,验收合格后交付使用。

借:固定资产——猪舍 500000

  贷:在建工程——自营工程 500000

(2)猪舍预计可使用 15 年,残值为 50000 元,使用直线法计提折旧。会计处理如下。

每月计提的折旧＝(500000－50000)÷15÷12＝2500(元)

借:生产成本 2500

  贷:累计折旧 2500

(3)假设使用 10 年后在一次事故中猪舍坍塌,转入清理。

①注销原价及累计折旧。

借:固定资产清理 200000

累计折旧 300000

  贷:固定资产 500000

②对坍塌猪舍清理时发生清理费用 35000 元。

借:固定资产清理 35000

  贷:银行存款 35000

③坍塌猪舍产生的废料收入 20000 元。

借:银行存款   20000

 贷:固定资产清理   20000

④结转清理净损失。

借:其他支出   215000

 贷:固定资产清理   215000

【例 9-40】 合作社在财产清查中,盘亏柴油机一台,原价 1800 元,已提折旧 800 元。经查明属保管人员看护过失,决定由其赔偿现金 300 元。

借:成员往来—某成员   300

  其他支出   700

  累计折旧   800

 贷:固定资产   1800

(四)无形资产

无形资产科目核算合作社持有的专利权、商标权、非专利技术等各种无形资产的价值。合作社按下列原则确定取得无形资产的实际成本,登记入账。购入的无形资产,按实际支付的价款,借记本科目,贷记库存现金、银行存款等科目。

自行开发并按法律程序申请取得的无形资产,按依法取得时发生的注册费、律师费等实际支出,借记本科目,贷记库存现金、银行存款等科目。

接受捐赠的无形资产,按照所附发票所列金额加上应支付的相关税费,无所附单据的,按经过批准的价值,借记本科目,贷记专项基金、银行存款等科目。

投资者投入的无形资产,按照投资各方确认的价值,借记本科目,按经过批准的投资者所应拥有的以合作社注册资本份额计算的资本金额,贷记股金等科目,按两者之间的差额,借记或贷记资本公积科目。

无形资产从使用之日起,按直线法分期平均摊销,摊销年限不应超过 10 年。摊销时,借记管理费用科目,贷记本科目。

出租无形资产所取得的租金收入,借记银行存款等科目,贷记其他收入科目;结转出租无形资产的成本时,借记其他支出科目,贷记本科目。

出售无形资产,按实际取得的转让价款,借记银行存款等科目,按照无形资产的账面余额,贷记本科目,按应支付的相关税费,贷记银行存款"等科目,按其差额,贷记其他收入或借记其他支出科目。

本科目应按无形资产类别设置明细科目,进行明细核算,期末借方余额,反映合作社所拥有的无形资产摊余价值。

1.无形资产的取得

【例9-41】 某畜禽专业合作社自行研制一项饲料配方技术,研究费用15000元,其中,合作社固定技术人员工资5000元,材料费用10000元。按法律程序取得饲料配方专利权,支付注册费3000元,律师费1000元,以银行存款支付。合作社应做如下会计处理。

(1)结转研发期间发生的研发费用。

借:管理费用——研发费用   15000

  贷:应付工资——研发技术人员   5000

    产品物资——原材料   15000

(2)支付专利注册费、律师费。

借:无形资产——饲料配方专利权   4000

  贷:银行存款   4000

【例9-42】 某莲藕专业合作社员李大山以"藕莲牌"藕粉商标向本社入股。协议商标价值10000。李大山享有本社注册资本份额800 会计分录如下。

借:无形资产——"藕莲牌"藕粉商标   10000

  贷:股金——李大山   8000

    资本公积   2000

【例9-43】 某养鸡专业合作社接受某农业公司捐赠,评估批准确认价值10000元。会计分录如下。

借:无形资产——"凤栖牌"鸡蛋商标   10000

  贷:专项基金——他人捐赠   10000

2.无形资产的摊销

【例9-44】 某百禽专业合作社取得的饲料配方专利权4000元,按直线法分5年平均摊销,每年应摊销的价值为800元,每年摊销一次。年终结转时会计分录如下。

借:管理费用——无形资产摊销　　　　　　　　　　　　　800

　　贷:无形资产饲料配方专利权　　　　　　　　　　　　800

3.无形资产的出租和出售

【例9-45】　某蔬菜专业合作社出租本社"绿农牌"商标权给另一合作社,年租金3000元。款项收到存入信用社。年末按直线法摊销成本1000元。

(1)收到租金。

借:银行存款　　　　　　　　　　　　　　　　　　　3000

　　贷:其他收入商标出租　　　　　　　　　　　　　　3000

(2)年终摊销无形资产。

借:其他支出——无形资产摊销　　　　　　　　　　　　1000

　　贷:无形资产——"绿农牌"商标　　　　　　　　　　1000

【例9-46】　养蜂专业合作社转让"蜜花牌"商标,协议转让费18000元,款项收到,转存银行。该商标权账面余额16000元。

借:银行存款　　　　　　　　　　　　　　　　　　18000

　　贷:无形资产——"蜜花牌"商标　　　　　　　　　16000

　　　　其他收入——转让无形资产溢价　　　　　　　　2000

4.业务实训

(1)合作社将一台不用的载货汽车对外出售。其账面原值为60000元。累计已提折旧24000元,协议40000元,收到价款转存银行,另外以现金支付设备运杂费用500元。

①固定资产转入清理,注销原价及累计折旧。

借:固定资产清理　　　　　　　　　　　　　　　　36000

　　累计折旧　　　　　　　　　　　　　　　　　　24000

　　贷:固定资产　　　　　　　　　　　　　　　　　60000

②发生清理费用。

借:固定资产清理　　　　　　　　　　　　　　　　　500

　　贷:库存现金　　　　　　　　　　　　　　　　　　500

③出售汽车收入。

借：银行存款   40000

   贷：固定资产清理   40000

④结转该机器清理净收益。

借：固定资产清理   3500

   贷：其他收入   3500

(2)大华合作社自行研制一项果树嫁接栽培技术，研究费用20000元，支注册费5000元，律师费1000元，均以银行存款支付。

借：无形资产   6000

   贷：银行存款   6000

借：管理费用   20000

   贷：银行存款   20000

(3)合作社接受捐赠商标以12000元入账，按10年直线摊销。

计算每月应摊销的价值＝12000÷10÷12＝100(元)

借：管理费用   100

   贷：无形资产   100

二、农民专业合作社负债的核算

农民专业合作社的负债分为流动负债和长期负债。流动负债是指偿还期在1年以内(含1年)的债务，包括短期借款、应付款项、应付工资、应付盈余返还、应付剩余盈余等。长期负债是指偿还期超过1年以上的债务，包括长期借款、专项应付款等。

(一)流动负债的核算

1.短期借款

合作社的短期借款核算同农业企业总体相同，只是合作社发生的短期借款利息支出，直接计入当期损益，借记其他支出科目，货记库在现金、假行存款等科目。

【例9-47】 某花卉专业合作社向当地农村信用社借款10000元，借款合同物定，期限为6个月，年利率为4.5%。到期一次偿还本息。合作社的会计处理如下。

(1)借入。

借:银行存款　　　　　　　　　　　　　　　　　10000

　贷:短期借款　　　　　　　　　　　　　　　　　10000

(2)还本付息。

借:短期借款　　　　　　　　　　　　　　　　　10000

　其他支出——利息支出　　　　　　　　　　　　　225

　贷:银行存款　　　　　　　　　　　　　　　　　10225

2.应付款

应付款科目核算合作社与非成员之间发生的各种应付以及暂收款项,包括因购买产品物资和接受劳务、服务等应付的款项以及应付的赔款、利息等。

合作社发生以上应付以及暂收款项时,借记库存现金、银行存款、产品物资等科目,贷记本科目。合作社偿还应付及暂收款项时,借记本科目,贷记库存现金、银行存款等科目。合作社确有无法支付的应付款时,按规定程序审批后,借记本科目,贷记其他收入科目。本科目应按发生应付款的非成员单位和个人设置明细账,进行明细核算,期末贷方余额,反映合作社应付但尚未付给非成员的应付及暂收款项。

(1)应付及暂收款的发生。

【例9-48】　某果品产销合作社赊购非会员农户王朋的苹果1800千克,价款为5600元,款项暂欠。

借:产品物资苹果　　　　　　　　　　　　　　　5600

　贷:应付款——王朋　　　　　　　　　　　　　　5600

【例9-49】　某蔬菜产销合作社接受非成员农户李林委托,代购一批农药,合同约定价款为3800元,李林已以现金提前支付。

借:库存现金　　　　　　　　　　　　　　　　　3800

　贷:应付款——李林　　　　　　　　　　　　　　3800

【例9-50】　蜂产品专业合作社向农户收购一批原材料,价款10000元,增值税税率13%,材料入库,款项已经付清。

借:产品物资——蜂产品原料　　　　　　　　　　10000

应付——款增值税	1300
贷:银行存款	11300

【例9-51】 蜂产品专业合作社出售一批蜂产品给某超市。该专业合作社为一般纳税人,执行17%增值税税率。该批产品不含税售价30000元,货款收到存入银行。

借:银行存款	35100
贷:经营收入——蜂产品销售收入	30000
应付款——增值税	5100

(2)应付及暂收款的偿还。

【例9-52】 某果品产销合作社以现金偿还非成员户王朋苹果款5600元。

借:应付款——王朋	5600
贷:库存现金	5600

【例9-53】 某蔬菜产销合作社为非成员农户李林代购的农药已经到货,实际价款为3500元,代购费300元。农药已经交给李林。

借:应付款——李林	3800
贷:产品物资农药	3500
其他收入——代购农药	300

【例9-54】 上述**【例9-50】【例9-51】** 中蜂产品专业合作社上交增值税3800元,以银行存款付清。

借:应付款——增值税	3800
贷:银行存款	3800

(3)无法支付的应付及暂收款。

【例9-55】 某粮食产销合作社有一笔暂收非社员户张红代购商品款1200元,因张红出国定居,已失去联系,确实无法支付,经批准核销。

借:应付款——张红	1200
贷:其他收入——坏账核销溢价	1200

3.应付盈余返还

应付盈余返还是指农民专业合作可分配盈余中应返还给成员的金额。按

《农民专业合作社法》规定,可分配盈余按成员与本社交易量(额)比例返还给成员,返给成员的盈余总额不得低于可分配盈余的60%。具体返还比例和办法按照农民专业合作社章程规定或经成员大会决议确定。

为了核算合作社按成员与本社交易量(额)比例返还给成员的盈余,合作社应设置应付盈余返还科目。本科目应按成员设置明细账,进行明细核算。本科目期末贷方余额,反映合作社尚未支付的盈余返还。

合作社根据章程规定的盈余分配方案,按成员与本社交易量(额)提取返还盈余时,借记盈余分配科目,贷记应付盈余返还科目。实际支付时,借记应付盈余返还科目,贷记库存现金、银行存款等科目。

【例9-56】 2020年年末,某合作社将弥补亏损、提取公积金后的当年可分配盈余100000元按章程规定进行分配。合作社章程规定,每个会计年度内,将实现可分配盈余的80%返还给成员;返还时,以每个成员与本社的交易额占全部成员与本社交易总额的比重为依据。根据成员账户记载,当年成员与本社的交易总额为500000元,其中,甲、乙、丙、丁四个成员的交易额分别为20000元、30000元、50000元、60000元。

(1)合作社按规定返还盈余。

①计算出当年可分配盈余中应返还给与本社有交易的成员的金额$100000 \times 80\% = 80000$(元)。

②计算出每个成员的交易额占全部成员与本社交易总额的比重。

甲:$20000 \div 500000 \times 100\% = -4\%$

乙:$30000 \div 500000 \times 100\% = 6\%$

丙:$50000 \div 500000 \times 100\% = 10\%$

丁:$60000 \div 50000 \times 10\% = 12\%$

③计算出应返还给与本社有交易的成员的可分配盈余金额。

甲:$80000 \times 4\% = 3200$(元)

乙:$80000 \times 6\% = 4800$(元)

丙:$80000 \times 10\% = 8000$(元)

丁:$80000 \times 12\% = 96000$(元)

④依据盈余返还做相应会计分录。

借:盈余分配——各项分配   80000

  贷:应付盈余返还——甲   3200

              ——乙   4800

              ——丙   8000

              ——丁   9600

              ——其他成员   54400

（2）合作社兑现返还的盈余。

借:应付盈余返还——甲   3200

              ——乙   4800

              ——丙   8000

              ——丁   9600

              ——其他成员   54400

  贷:库存现金   80000

4.应付剩余盈余

应付剩余盈余是指返还给成员可分配盈余后,应付给成员的可分配盈余的剩余部分,分配时不再区分成员是否与本社有交易量（额）,人人有份,是合作社以成员账户中记载的出资额和公积金份额,以及本社接受国家财政直接补助和他人捐赠形成的财产平均量化到本社成员的份额,按比例分配给本社成员的剩余可分配盈余。

合作社按交易量（额）返还盈余后,根据章程规定或者成员大会决定分配剩余盈余时,借记盈余分配科目,贷记应付剩余盈余科目。实际支付时,借记应付剩余盈余科目,贷记库存现金、银行存款等科目。

【例9-57】 接上例,合作社将当年可分配盈余100000元的80%,按成员与本社的交易额返还给成员,剩余的20%按章程规定,全部对成员进行分配。当年末,合作社所有者权益总额为600000元,其中,股本500000元,专项基金50000元,公积金50000元（包括资本公积和盈余公积）。成员甲个人账户记载的出资额为10000元,专项基金1000元,公积金7000元。与合作社没有交易的成员戊个人账户记载的出资额为10000元,专项基金1000元,公积金

1000 元。

(1)合作社分配剩余盈余。

①计算出每个成员个人账户记载的出资额、专项基金、公积金占这三项总额的份额。

成员甲：(10000＋1000＋7000)÷(500000＋50000＋50000)×100％＝3％

成员戊：(10000＋1000＋1000)÷(500000＋50000＋50000)×100％＝2％

②计算出每个成员应分配的剩余盈余金额。

成员甲：100000×20％×3％＝600(元)

成员戊：100000×20％×2％＝400(元)

③做出分配剩余盈余的会计分录。

借：盈余分配——各项分配	20000
贷：应付剩余盈余——甲	600
——其他成员	19000
——戊	400

(2)合作社兑现应付剩余盈余。

借：应付剩余盈余——甲	600
——其他成员	19000
——戊	400
贷：库存现金	20000

5.业务实训

合作社当年可分配盈余 200000 元的 70％按交易额返还成员，剩余 30％全部对成员分配。年末合作社所有者权益总额为 1000000 元。其中，股本 800000 元、专项基金 100000 元、公积金 100000 元。成员王某个人账户记载出资额 30000 元、专项基金 3000 元、公积金 7000 元。

计算王某应分配的比例。

王：(30000＋3000＋7000)÷1000000＝4％

借：盈余分配——各项分配	60000
贷：应付剩余盈余——王	2400
——其他成员	57600

借：应付剩余盈余——王 2400

            ——其他成员 57600

  贷：库存现金 60000

(二)长期负债的核算

1.长期借款

合作社长期借款利息应按期计提,借记其他支出科目,贷记应付款科目。

【例9-58】 2019年7月1日,合作社向信用社贷款20000元,并已到户。贷款合同的定借款期限为2年,年利率为6%,每年末偿还一次利息,到期时偿还本金和剩余利息。合作社应做的会计处理如下。

借：银行存款 20000

  贷：长期借款——信用社 20000

(1)2019年年末,计提信用社贷款利息。

计算该项长期贷款利息：$20000 \times 6\% \times (6 \div 12) = 600$(元)

借：其他支出 600

  贷：应付款 600

(2)2019年12月31日,合作社按贷款合同约定支付信用社贷款利息。

借：应付款 600

  贷：银行存款 600

(3)待到2021年6月30日,合作社归还贷款本金及利息。

借：长期借款——信用社 20000

    其他支出 600

  贷：银行存款 20600

2.专项应付款

专项应付款是指农民专业合作社接受国家财政直接补助的资金。这部分资金具有专门用途,主要是扶持引导合作社发展,支持合作社开展信息、培训、农产品质量标准与论证、农业生产基础设施建设、市场营销和技术推广等服务。

为加强对专项应付款的管理,及时反映专项应付款的取得、使用和结存状况,合作社应设置专项应付款账户。该账户属负债类账户,贷方登记取得专项应付款的数额;借方登记使用专项应付款的数额和转入专项基金的数额;期末贷方余额反映结存专项应付款的数额。该账户应按国家财政补助资金项目设置明细科目,进行明细核算。

(1)农民专业合作社收到国家财政补助资金。

【例 9-59】 某生猪养殖专业合作社收到国家财政直接补助资金 300000元,其中,用于技术培训 20000 元,购买办公设备 50000 元,购建专用设备230000 元。款项已划转到合作社存款户。

借:银行存款	300000
贷:专项应付款——培训	20000
——办公设备	50000
——专用设备	230000

(2)国家财政补助资金的使用。

【例 9-60】 上例中生猪养殖专业合作社用财政补助资金支付该社成员外出培训学习费用 20000 元。

借:专项应付款——培训	20000
贷:银行存款	20000

【例 9-61】 上述【例 9-59】中,生猪养殖专业合作社按规定用财政补助资金购买办公用电脑 10 台,用银行存款支付设备款 50000 元,该设备验收后投入使用。

(1)支付款项。

借:固定资产——办公设备(电脑)	50000
贷:银行存款	50000

(2)结转专项应付款。

借:专项应付款办公设备(电脑)	50000
贷:专项基金国家财政补助	50000

【例 9-62】 上述【例 9-59】中,生猪养殖专业合作社,按国家补助资金项目规定,用专用设备款 230000 元建造冷库。合作社以此款项购买建设冷库用建筑材料 90000 元,制冷设备 100000 元。建设冷库过程中,领用建筑材料金额总计 90000 元,支付建筑外请工人工资 30000 元,冷库建设后期,支付制冷

设备安装费 4000 元,支付水费 6000 元,款项内以银行存款支付。冷库建设完毕验收合格,已投入使用。

(1)购买建筑材料。

借:产品物资——建筑材料 90000
　贷:银行存款 90000

(2)购买制冷设备。

借:产品物资——制冷设备 100000
　贷:银行存款 100000

(3)领用建筑材料。

借:在建工程——冷库及设备 90000
　贷:产品物资建筑材料 90000

(4)支付外请建筑工人工资。

借:在建工程——冷库及设备 30000
　贷:银行存款 30000

(5)领用制冷设备等待安装。

借:在建工程——冷库及设备 100000
　贷:产品物资制冷设备 100000

(6)支付工程安装费、水电费。

借:在建工程——冷库及设备 10000
　贷:银行存款 10000

(7)工程完工,验收合格交付使用。

借:固定资产——冷库及设备 230000
　贷:在建工程一冷库及设备 230000

(8)结转专项应付款。

借:专项应付款——专用设备 230000
　贷:专项基金——国家财政补助 230000

3.业务实训

(1)某林业合作社收到国家财政直接补助资金 150000 元。合作社用财政补助资金支付成员考察学习费用 25000 元。合作社按规定用财政补助资金购买专用设备,支付设备款 50000 元。

①收到补助资金。

借:银行存款   150000

  贷:专项应付款——××项目   150000

②合作社用财政补助资金支付成员考察学习费用。

借:专项应付款——××项目   25000

  贷:银行存款   25000

③合作社用财政补助资金购买专用设备。

借:固定资产   50000

  贷:银行存款   50000

借:专项应付款——××项目   50000

  贷:专项基金——国家财政补助   50000

(2)合作社接受国家补助资金项目 10000 元,项目规定该项资金全部用于建造冷库,合作社购买建设冷库用建筑材料 50000 元,制冷设备 80000 元,建设冷库过程中,领用建筑材料金额总计 50000 元,直接支付建筑工人劳务费 20000 元,冷库建设后期,领用制冷设备进行安装,并支付安装费用 10000 元,全部工程支付水电费 5000 元,冷库建设完毕验收合格,投入使用。

①收到国家补助资金。

借:银行存款   100000

  贷:专项应付款——冷库及设备   100000

②购买建筑材料。

借:产品物资——建筑材料   50000

  贷:银行存款   50000

③购买制冷设备。

借:产品物资——制冷设备   80000

  贷:银行存款   80000

④建设冷库,领用建筑材料。

借:在建工程   50000

  贷:产品物资——建筑材料   50000

⑤支付工人劳务费。

借:在建工程　　　　　　　　　　　　　　　20000

　　贷:银行存款　　　　　　　　　　　　　　20000

⑥领用并安装制冷设备。

借:在建工程　　　　　　　　　　　　　　　90000

　　贷:产品物资——制冷设备　　　　　　　　80000

　　　　银行存款　　　　　　　　　　　　　　10000

⑦支付工程水电费。

借:在建工程　　　　　　　　　　　　　　　5000

　　贷:银行存款　　　　　　　　　　　　　　5000

⑧工程完工,交付使用。

借:固定资产——冷库及设备　　　　　　　　165000

　　贷:在建工程　　　　　　　　　　　　　165000

借:专项应付款——冷库及设备　　　　　　　100000

　　贷:专项基金——国家财政补助　　　　　　100000

三、农民专业合作社所有者权益的核算

（一）股金

股金是农民专业合作社成员实际投入合作社的各种资产的价值。通过成员入社出资、投资入股、公积金转增等形成。它是合作社开展生产经营活动的前提,也是农民专业合作社成员分享权益和承担义务的依据。合作社社员应该认购合作社股金,合作社的注册资金实行实缴制,并与社员认购的股金总额相一致。社员增加或者减少股金,引起股金总额变化的,合作社注册资金应当作相应变更,社员可以以货币出资,也可以以实物、技术、土地承包经营权等出资。

合作社收到成员以货币资金投入的股金,按实际收到的金额,借记库存现金、银行存款科目,按成员应享有合作社注册资本的份额计算的金额,贷记本科目,按两者之间的差额,贷记资本公积科目。

合作社收到成员投资入股的非货币资产,按投资各方确认的价值,借记产

品物资、固定资产、无形资产等科目,按成员应享有合作社注册资本的份额计算的金额,贷记本科目,按两者之间的差额,贷记或借记资本公积科目。

合作社按照法定程序减少注册资本或成员退股时,借记本科目,贷记库存现金、银行存款、固定资产、产品物资等科目,并在有关明细账及备查簿中详细记录股金发生的变动情况。

成员按规定转让出资的,应在成员账户和有关明细账及备查簿中记录受让方。本科目应按成员设置明细科目,进行明细核算,期末贷方余额,反映合作社实有的股金数额。

1. 货币资金入股

【例 9-63】　某有机苹果专业合作社收到成员李林投入的现金 10000 元,成员王朋投入现金 10000 元,成员张华投入现金 13000 元,成员郭方投入现金 12000 元,全部款项已经转存当地信用社。按合作社规定,各成员应享有合作社注册资本的份额为 10000 元。

借:银行存款　　　　　　　　　　　　　　　　　　45000
　贷:股金——李林　　　　　　　　　　　　　　　10000
　　　——王朋　　　　　　　　　　　　　　　　10000
　　　——张华　　　　　　　　　　　　　　　　10000
　　　——郭方　　　　　　　　　　　　　　　　10000
　　资本公积　　　　　　　　　　　　　　　　　5000

2. 非倾向资产入股

【例 9-64】　某有机苹果专业合作社收到成员赵阳以自产种苗投资入社,评估确认的价值 14000 元,该成员应享有合作社注册资本的份额为 10000 元。

借:产品物资——种苗　　　　　　　　　　　　　　14000
　贷:股金——赵阳　　　　　　　　　　　　　　　10000
　　资本公积　　　　　　　　　　　　　　　　　4000

3. 退股

【例 9-65】　经批准,有机苹果专业合作社接受成员王朋的退股请求,以银行存款支付王朋退股款 10000 元。

借:股金——王朋　　　　　　　　　　　　　　　　10000

　贷:银行存款　　　　　　　　　　　　　　　　　　10000

【例 9-66】 成员华兴公司退社,合作社应退给股金50000元,决定以一台收割机和现金退还。收割机账面原值30000元,已提折旧6000元,余款以现金支付。

借:股金华兴公司　　　　　　　　　　　　　　　　50000

　累计折旧　　　　　　　　　　　　　　　　　　　6000

　贷:固定资产——收割机　　　　　　　　　　　　　30000

　　库存现金　　　　　　　　　　　　　　　　　　26000

4.股金转让

【例 9-67】 某农产品产销专业合作社社员李春已经享有注册资本份额的21%,为规范合作社的内部管理,经规定程序批准,将其超过20%的注册资本份额 20000 元转给本社成员孙红。由孙红给付李春现金或等价物20000 元。

借:股金——李春　　　　　　　　　　　　　　　　20000

　贷:股金　　　　　　　　　　　　　　　　　　　20000

【例 9-68】 合作社与李某约定,将农户投工 50 个作为股份入社。每个工日 35 元。

借:在建工程　　　　　　　　　　　　　　　　　　1750

　贷:股金——李某　　　　　　　　　　　　　　　1750

(二)专项基金

专项基金是农民专业合作社通过国家财政直接补助转入和他人捐赠形成的专用基金。

合作社使用国家财政直接补助资金取得固定资产、农业资产和无形资产等时,按实际使用国家财政直接补助资金的数额,借记专项应付款科目,贷记本科目。

合作社实际收到他人捐赠的货币资金时,借记库存现金、银行存款科目,贷记本科目。合作社收到他人捐赠的非货币资产时,按照所附发票记载金额加上应支付的相关税费,借记固定资产、产品物资等科目,贷记本科目;无所附发票的,按照经过批准的评估价值,借记固定资产、产品物资等科目,贷记本科目。

本科目应按专项基金的来源设置明细科目,进行明细核算,期末贷方余额,反映合作社实有的专项基金数额。

【例9-69】　合作社收到县农业局干部职工捐赠现金8000元。

借:库存现金　　　　　　　　　　　　　　　　　　　　　　　8000

　　贷:专项基金——个人捐赠　　　　　　　　　　　　　　　　8000

【例9-70】　合作社收到兴旺集团捐赠水果分离机一台,发票价12000元。

借:固定资产——水果分离机　　　　　　　　　　　　　　　12000

　　贷:专项基金——兴旺捐赠　　　　　　　　　　　　　　　12000

【例9-71】　果品户销合作社接受国家财政专项补助资金80000元,用于建造水果保鲜库房。建造过程中,购买使用专用物资50000元,支付本社固定员工工资10000元,支付外请临时工工资15000元,支付合作社社员工资5000元。工程验收完成后交付使用。合作社应做如下会计处理。

(1)库房建造时,结转发生的各项费用。

借:在建工程——水果保鲜库房　　　　　　　　　　　　　80000

　　贷:产品物资专用材料　　　　　　　　　　　　　　　　50000

　　　　应付工资——固定员工　　　　　　　　　　　　　　10000

　　　　应付款——各外请临时员　　　　　　　　　　　　　15000

　　　　成员往来——各成员　　　　　　　　　　　　　　　5000

(2)验收交付使用。

借:固定资产——水果保鲜库房　　　　　　　　　　　　　80000

　　贷:在建工程——水果保鲜库房　　　　　　　　　　　　80000

(3)结转专项基金。

借:专项应付款——水果保鲜库房　　　　　　　　　　　　80000

　　贷:专项基金——国家财政补助　　　　　　　　　　　　80000

(三)资本公积

资本公积是合作社用于扩大生产经营、承担经营风险及集体公益事业的专用基金。主要来源于股金溢价及实物资产的重估增值。

成员入社投入货币资金和实物资产时,按实际收到的金额和投资各方确认的价值,借记库存现金、银行存款、固定资产、产品物资等科目,按其应享有合作社注册资本的份额计算的金额,贷记股金科目,按两者之间的差额,贷记或借记资本公积科目。

合作社以实物资产方式进行对外投资时,按照投资各方确认的价值,借记对外投资科目,按投出实物资产的账面余额,贷记固定资产、产品物资等科目,按两者之间的差额,借记或贷记本科目。

合作社用资本公积转增股金时,借记本科目,贷记股金科目。

本科目应按资本公积的来源设置明细科目,进行明细核算,期末贷方余额,反映合作社实有的资本公积数额。

【例9-72】 某蔬菜产销合作社,以生产用温室大棚对蔬菜种植专业合作社投资,温室大棚账面原价50000元,已提折旧10000元。双方协商确认价值为45000元。

借:对外投资 45000
　　累计折旧 10000
　　贷:固定资产 50000
　　　　资本公积——资产溢价 5000

【例9-73】 某粮食种植专业合作社,经全体股东大会决议,将资本公积60000元,按成员原始股金比例转增股金。

借:资本公积——各社员 60000
　　贷:股金各社员 60000

(四)盈余公积

盈余公积是农民专业合作社按照章程规定或者成员大会决议从当年盈余中按一定比例提取公积金。盈余公积是合作社的公共积累,根据章程规定并经成员大会讨论决定,盈余公积可用于转增股金、弥补亏损等。

(1)盈余公积的提取。合作社年终从本年盈余中提取盈余公积时,借记盈余分配——各项分配账户,贷记盈余公积账户。

【例9-74】 年终,某乌鸡养殖合作社从当年盈余中提取盈余公积15000元。

借:盈余分配——各项分配　　　　　　　　　　　　15000

　　贷:盈余公积　　　　　　　　　　　　　　　　　　15000

（2）盈余公积转增股金或弥补亏损。合作社用盈余公积转增股金或弥补亏损等时,借记本科目,贷记股金、盈余分配等科目。

【例9-75】　年终,某蔬菜种植合作社经成员大会决定,将盈余公积20000元按原始投资比例转增股金。

借:盈余公积　　　　　　　　　　　　　　　　　　20000

　　贷:股金　　　　　　　　　　　　　　　　　　　　20000

【例9-76】　年终,某生猪养殖合作社发生亏损,经成员大会决定,将盈余公积40000元用于弥补当年亏损。

借:盈余公积　　　　　　　　　　　　　　　　　　40000

　　贷:盈余分配——未分配盈余　　　　　　　　　　40000

（五）本年盈余

本年盈余核算合作社本年度实现的盈余。

会计期末结转盈余时,应将经营收入、其他收入科目的余额转入本科目的贷方,借记经营收入、其他收入科目,贷记本科目;同时将经营支出、管理费用、其他支出科目的余额转入本科目的借方,借记本科目,贷记经营支出、管理费用、其他支出科目。投资收益科目的净收益转入本科目的贷方,借记投资收益科目,贷记本科目;如为投资净损失,转入本科目的借方,借记本科目,贷记投资收益科目。

年终,应将本年收入和支出相抵后结出的本年实现的净盈余,转入盈余分配科目,借记本科目,贷记盈余分配－未分配盈余科目;如为净亏损,做相反会计分录,结转后本科目应无余额。

（六）盈余分配

本科目核算合作社当年盈余的分配（或亏损的弥补）和历年分配后的结存余额。本科目设置各项分配和未分配盈余两个二级科目。

合作社用盈余公积弥补亏损时,借记盈余公积科目,贷记本科目（未分配盈余）。

按规定提取盈余公积时,借记本科目(各项分配),贷记盈余公积等科目。按交易量(额)向成员返还盈余时,借记本科目(各项分配),贷记应付盈余返还科目。

以合作社成员账户中记载的出资额和公积金份额,以及本社接受国家财政直接补助和他人捐赠形成的财产,平均量化到成员的份额,按比例分配剩余盈余时,借记本科目(各项分配),贷记应付剩余盈余科目。

年终,合作社应将全年实现的盈余总额,自本年盈余科目转入本科目,借记本年盈余科目,贷记本科目(未分配盈余),如为净亏损,做相反会计分录。同时,将本科目下的各项分配明细科目的余额转入本科目未分配盈余明细科目,借记本科目(未分配盈余),贷记本科目(各项分配)。年度终了,本科目的各项分配明细科目应无余额,未分配盈余明细科目的贷方余额表示未分配的盈余,借方余额表示未弥补的亏损。

本科目应按盈余的用途设置明细科目,进行明细核算,余额为合作社历年积存的未分配盈余(或未弥补亏损)。

【例 9-77】 合作社本年度实现盈余 12000 元,根据经批准的盈余分配方案,按本年盈余的 5% 提取公积金。提取盈余公积后,当年可分配盈余的 70% 按成员与本社交易额比例返还给成员,其余部分根据成员账户记录的成员出资额和公积金份额,以及国家财政直接补助和他人捐赠形成的财产按比例分配给全体成员。

(1)结转本年盈余。

借:本年盈余   12000

  贷:盈余分配——未分配盈余   12000

(2)提取盈余公积。

按规定比例计算出提取金额 12000×5%=600(元)

借:盈余分配——各项分配——提取盈余公积   600

  贷:盈余公积   600

(3)按成员与本社交易额比例返还盈余。

根据成员账户记录的成员与本社交易额比例,分别计算出返还给每个成员的金额和总额。

应付盈余返还总额＝(1200－600)×70％＝7980(元)

借:盈余分配——各项分配——盈余返还　　　　　　　　　　7980

　　贷:应付盈余返还——全体成员　　　　　　　　　　　　　7980

(4)分配剩余盈余。

根据成员账户记录的成员出资额和公积金份额,以及国家财政直接补助和他人捐赠形成的财产平均量化到成员的份额,按比例分别计算出分配给每个成员的金额和总额。

应付剩余盈余总额＝12000－600－7980＝3420(元)

借:盈余分配——各项分配——分配剩余盈余　　　　　　　　3420

　　贷:应付剩余盈余——全体成员　　　　　　　　　　　　　3420

(5)结转各项分配。

借:盈余分配——未分配盈余　　　　　　　　　　　　　　　12000

　　贷:盈余分配——各项分配　　　　　　　　　　　　　　　12000

(七)业务实训

(1)合作社接受某单位捐赠已使用过的地秤一台,原价4500元,目前市场同类产品估价3500元,合作社负担运费200元。

计算合作社接受捐赠产品成本,以市场同类产品估价加上由合作社负担的各项费用合计为3500＋200＝3700(元)。

借:固定资产——地秤　　　　　　　　　　　　　　　　　　3700

　　贷:专项基金　　　　　　　　　　　　　　　　　　　　　3500

　　　　库存现金　　　　　　　　　　　　　　　　　　　　　200

(2)合作社按规定用财政补助资金购买专用设备,支付设备款50000元。

借:固定资产　　　　　　　　　　　　　　　　　　　　　　50000

　　贷:银行存款　　　　　　　　　　　　　　　　　　　　　50000

借:专项应付款　　　　　　　　　　　　　　　　　　　　　50000

　　贷:专项基金——财政补助　　　　　　　　　　　　　　　50000

(3)根据合作社和某外单位签订的投资协议,该单位向合作社投资25000元,款项存入银行。协议约定入股份额占合作社股份的20％,合作社原有股金60000元。

该单位投入到合作社的资金为 25000 元,能够作为股金入账的数额是
6000×20%÷(1−20%)＝15000 元,其余的 10000 元,只能作为股金溢价,记
入资本公积账户。

借:银行存款   25000
　　贷:股金——法人股金   15000
　　　　资本公积   10000

(4)合作社收到成员投入材料一批。评估确认价 13000 元。

借:产品物资——原材料   13000
　　贷:股金——××成员   13000

(5)合作社付给某农户退股 5000 元。其中,库存现金 100 元,从开户行存
款支付 400 元。

借:股金——××成员   5000
　　贷:库存现金   1000
　　　　银行存款   4000

(6)合作社收到成员王一投入全新的设备一台,确认价格为 1000 元,经过
成员大会批准,王一拥有以合作社注册投资份额计算的资本金额 800 元。

借:固定资产——某设备   1000
　　贷:股金   800
　　　　资本公积   200

四、农民专业合作社损益的核算

(一)经营收入

经营收入是指合作社销售产品、提供劳务,以及为成员代购代销、向成员
提供技术、信息服务等活动取得的收入。

合作社实现经营收入时,应按实际收到或应收的价款,借记库存现金、银
行存款、应收款、成员往来等科目,贷记本科目。本科目应按经营项目设置明
细科目,进行明细核算。年终,应将本科目的余额转入本年盈余科目的贷方,
结转后本科目应无余额。

(二)其他收入

本科目核算合作社除经营收入以外的其他收入。

合作社发生其他收入时,借记库存现金、银行存款等科目,贷记本科目。

年终,应将本科目的余额转入本年盈余科目的贷方,结转后本科目应无余额。

（三）投资收益

本科目核算合作社对外投资取得的收益或发生的损失。

合作社取得投资收益时,借记库存现金、银行存款等科目,贷记本科目;到期收回或转让对外投资时,按实际取得的价款,借记库存现金、银行存款等科目,按原账面余额,贷记对外投资科目,按实际取得价款和原账面余额的差额,借记或贷记本科目。年终,应将本科目的余额转入本年盈余科目的贷方;如为净损失,转入本年盈余科目的借方,结转后本科目应无余额。

（四）经营支出

本科目核算合作社因销售产品、提供劳务,以及为成员代购代销,向成员提供技术、信息服务等活动发生的支出。

合作社发生经营支出时,借记本科目,贷记产品物资、生产成本、应付工资成负往来、应付款等科目,年终,应将本科目的余额转入本年盈余科目的借方,结转后本科目应无余额。

（五）管理费用

本科目核算合作社为组织和管理生产经营活动而发生的各项支出,包括合作社管理人员的工资、办公费、差旅费、管理用固定资产的折旧、业务招待费、无形资产摊销等。

合作社发生管理费用时,借记本科目,贷记应付工资、库存现金、银行存款、累计折旧、无形资产等科目。年终,应将本科目的余额转入本年盈余科目的借方,结转后本科目应无余额。

（六）其他支出

本科目核算合作社发生的除经营支出、管理费用以外的其他各项支出,如农业资产死亡毁损支出、损失、固定资产及产品物资的盘亏、损失、罚款支出、利息支出、捐赠支出、无法收回的应收款项损失等。

合作社发生其他支出时,借记本科目,贷记库存现金、银行存款、产品物资、累计折旧、应付款、固定资产清理等科目。年终,应将本科目的余额转入本年盈余科目的借方,结转后本科目应无余额。

五、农民专业合作社生产成本的核算

(一)生产成本

为了核算合作社直接组织生产或提供劳务服务所发生的各项生产费用和劳务服务成本,农民专业合作社设置生产成本会计科目。

合作社发生各项生产费用和劳务服务成本时,应按成本核算对象和成本项目分别归集,借记生产成本科目,贷记库存现金、银行存款、产品物资、应付工资、成员往来、应付款等科目。

会计期间终了,合作社已经生产完成并已验收入库的产成品,按实际成本,借记产品物资科目,贷记生产成本科目。

合作社提供劳务服务实现销售时,借记经营支出科目,贷记生产成本科目。

本科目应按生产费用和劳务服务成本种类设置明细科目,进行明细核算,期末借方余额,反映合作社尚未生产完成的各项在产品和尚未完成的劳务服务成本。

【例9-78】 某农民专业合作社统一组织香菇种植,领用种植温控设备2500元,种植原4000元,香菇种子6000元,共计16900元。

借:生产成本——香菇	16900
贷:产品物资各项物资	16900
借:产品物资——香菇	16900
贷:生产成本——香菇	16900

【例9-79】 某合作社收的社员王五黑木耳2吨,以单价10000元/吨销售后再支付货款。黑木耳的供销由合作社统一进行。支付运费1000元,领用包装盒1500元,精选人员工资5000元,车间设备折旧1000元,黑木耳包装完成入库。

借:产品物资——黑木耳	20000
贷:成员往来——王五	20000
借:生产成本——黑木耳	8500
贷:库存现金	1000

产品物资——包装盒	1500
应付工资	5000
累计折旧	1000
借：产品物资	8500
贷：生产成本——黑木耳	8500

【例 9-80】　某合作社为成员提供水稻收割劳务，按合同规定成员要支付合作社劳务费 10000 元。水稻收割期间，消耗燃油 5000 元，水稻收割机折旧 1000 元，人员工资 2500 元。

借：生产成本——水稻收割劳务	8500
贷：库存现金	5000
应付工资	2500
累计折旧	1000
借：银行存款	10000
贷：经营收入——水稻收割收入	10000
借：经营支出	8500
贷：生产成本——水稻收割劳务	8500

（二）业务实训

合作社本年应计提固定资产折旧 29600 元，其中，生产经营用固定资产折旧 21600 元，管理用固定资产折旧 3000 元，公益性固定资产折旧 5000 元。

借：生产成本	21600
管理费用	3000
其他支出	5000
贷：累计折旧	39600

第十章 农产品案例分析

第一节 种植业生产成本核算

一、种植业成本核算概述

(一)种植业范围

广义的农业包括农、林、牧、副、渔各业,狭义的农业主要指种植业。种植业包括大田作物栽培和蔬菜栽培,还有其他特殊的园艺栽培等。

大田作物栽培主要有小麦(冬小麦和春小麦)、其他麦类、水稻(早稻和晚稻)、大豆、杂豆、玉米、其他谷物、薯类作物、棉花、花生、油菜籽、其他油料作物、糖料、烟叶、剑麻、其他纤维作物、香料作物、人参、啤酒花、牧草等。

蔬菜栽培分为露天栽培和保护地(温床和温室)栽培两种,栽培种类如大白菜、菠菜、番茄、茄子、菜豆、茴香、金针菜、木耳、蘑菇等。

此外,还有特种园艺栽培,如灵芝、花卉等。

(二)种植业成本核算的组织

种植业成本核算一般有三种组织方式,主要是料、工、费三项账内、账外及其结合的核算组织方式。账内核算,要求在总账内设置相关的成本计算账户,并在明细账内按成本计算对象设置明细账户。所有生产费用的归集与分配,都必须通过总账和明细账记录反映,期末根据有关账户的记录计算生产成本。账外核算,就是不在账内设置成本计算账户,一切费用都是根据登记簿记录的资料,经过加工整理进而计算生产成本。账内、账外相结合核算,要求在分类账中核算物料费用,人工费用则是根据账外专设的用工登记簿所登记的用工数量和另外确定的工资率进行计算,然后分别按成本计算对象,将其账内核算的物料费用与账外核算的人工费用加总,并结合其他分配费用计算生产成本。

(三)种植业成本核算的对象

应根据种植业生产经营的特点和成本管理的要求,确定成本核算的重点和对象,按照"主要从细,次要从简"的原则,组织种植业的成本核算。

"主要从细,次要从简"原则,是指在会计核算时对主要作物的成本核算实行重点而详细的核算,这些作物在种植业生产中占有非常重要的地位,不仅播种面积大、产量高,而且播种范围广。而对于一些次要作物,在进行成本核算时实行非重点和简化的核算。由于这些作物播种面积少、产量低、地位相对次要,没必要按农产品品种单独组织成本核算,可合并核算其生产成本,这样便大大简化了会计核算手续,从而大大减轻了会计核算的工作量。

大田作物栽培,根据企业种植业生产的特点,国家会计制度将种植业成本核算的对象(主要产品)确定为小麦、水稻、大豆、玉米、棉花、糖料、烟叶、草、剑麻、纤维等。

蔬菜等种植业成本核算的对象(主要产品)由企业自行确定。

二、大田作物生产成本的核算

大田作物包括粮食作物和经济作物,需要计算其生产总成本、单位面积成本和主产品单位产量成本。

计算大田作物主要产品的生产成本应采用品种法,以主要农产品品种为成本计算对象,并按其设置生产成本明细账,归集各项生产费用。但是产品生产成本的计算要在产品产出月份进行,成本计算期与产品生产周期相一致。

某种作物的生产总成本,就是该种大田作物在生产过程中发生的生产费用总额,这一成本指标由农业生产成本明细账直接提供。

某种大田作物的单位面积成本,即公顷成本或亩成本,就是种植1公顷或1亩大田作物的平均成本。其计算公式如下:

某种作物单位面积成本=该种作物生产总成本÷该种作物播种面积

某种大田作物的主产品单位产量成本,也称每千克成本。大田作物在完成生产过程后,一般可以收获主、副两种产品。主产品是进行生产的主要目的,如小麦、棉花等;副产品是附带获得的产品,如麦秸、棉秆等。由于主、副产品是同一生产过程的成果,所以一种作物的全部生产费用,应由它的主、副产品共同负担。为了计算主产品单位成本,需从全部生产费用中扣除副产品价值。每千克成本的计算公式如下:

某种作物主产品单位产量(千克)成本=(该种作物生产总成本一副产品价值)÷该种作物主产品产量

现以冬小麦为例,按种植业生产流程发生的正常典型业务展开,详述大田作物生产成本的核算。可设农业生产成本——种植业生产成本(小麦)等科目。本书为方便,直接用"种植业生产成本"科目。

成本项目可设为直接材料费、直接人工费、机械作业费、其他直接费用(如灌溉费、运输费等)、共同费用。

(一)准备阶段的核算

小麦生产准备阶段的计算包括购买种子、种苗、肥料、地膜、农药等及进行土地平整业务的核算。

【例 10-1】 2020 年 8 月 2 日,农场购入种子 5000 千克,价款 45000 元,相关运输费和装卸费等采购成本的费用 670 元,上述款项已通过银行存款支付。

借:原材料——小麦种子　　　　　　　　　　　　　　　45670
　贷:银行存款　　　　　　　　　　　　　　　　　　　45670

【例 10-2】 8 月 18 日,农场购买化肥二铵,发生购买化肥价款和其他可归属于肥料采购成本的费用为 6270 元。共发生购买杀虫剂价款和其他可归属于农药采购成本的费用为 780 元,上述款项以银行存款支付。

借:原材料——化肥　　　　　　　　　　　　　　　　　6270
　　　　　　——农药　　　　　　　　　　　　　　　　　780
　贷:银行存款　　　　　　　　　　　　　　　　　　　7050

【例 10-3】 9 月 28 日,农场为种植小麦平整土地 50 亩,共发生机械作业费用为 3200 元,以现金支付。

借:种植业生产成本——小麦　　　　　　　　　　　　　3200
　贷:库存现金　　　　　　　　　　　　　　　　　　　3200

（二）种植阶段的核算

小麦种植阶段的核算包括机械作业费（耕耙播种）、消耗原材料（种子、种苗、肥料、地膜、拌种农药）、播种人员用工等业务的核算。

注：在当年能够产出产品的种植业消耗性生物资产的成本，如水稻等作物，也可以不结转到消耗性生物资产——水稻科目，而在收获时通过农业生产成本——种植业生产成本（水稻）科目直接结转到农产——水稻科目。

【例 10-4】　9 月 29 日，农场用自有播种机播种冬小麦 50 亩，应承担累计折旧费用为 1200 元。

　　借：种植业生产成本——小麦　　　　　　　　　　　　　1200
　　　贷：累计折旧　　　　　　　　　　　　　　　　　　　1200

【例 10-5】　9 月 29 日，农场因种植小麦共领用种子 875 千克，成本为 5000 元，地膜价值 1000 元，拌种农药 4500 元。

　　借：种植业生产成本——小麦　　　　　　　　　　　　 10500
　　　贷：原材料——种子　　　　　　　　　　　　　　　　5000
　　　　　　　——地膜　　　　　　　　　　　　　　　　1000
　　　　　　　——农药　　　　　　　　　　　　　　　　4500

【例 10-6】　根据工资分配表，应付种植小麦播种人员的工资 980 元。

　　借：种植业生产成本——小麦　　　　　　　　　　　　　 980
　　　贷：应付职工薪酬　　　　　　　　　　　　　　　　　 980

【例 10-7】　以银行存款支付小麦浇灌水电费 700 元。

　　借：种植业生产成本——小麦　　　　　　　　　　　　　 700
　　　贷：应付职工薪酬　　　　　　　　　　　　　　　　　 700

【例 10-8】　2013 年年末，将发生的冬小麦生产成本转入消耗性生物资——小麦科目。

　　借：消耗性生物资产——小麦　　　　　　　　　　　　 13380
　　　贷：农业生产成本——种植业生产成本——小麦　　　 13380

（三）管理阶段的核算

小麦生产管理阶段的核算包括施肥、喷药、除草、灌溉等发生的机械作业、消耗原材料、人员用工等业务的核算。此阶段和种植阶段的核算相同。

【例 10-9】 2020 年初,将已发生冬小麦的消耗性生物资产——小麦科目结转到种植业生产成本——小麦科目。

借:种植业生产成本——小麦   13380

  贷:消耗性生物资产——小麦   13380

【例 10-10】 2020 年,农场管理小麦发生喷药、除草等机械作业应分摊的累计折旧费用共计 1000 元。

借:种植业生产成本——小麦   1000

  贷:累计折旧   1000

(四)收获阶段的核算

小麦收获阶段的核算包括收获发生的机械作业、运输费、人员用工、晒场晾晒费、小麦产品入库等业务的核算。

【例 10-11】 2020 年 5 月,农场收获小麦共发生的机械作业 3190 元,发生运输费 1200 元,以现金支付。

借:种植业生产成本——小麦(机械作业费)   3190

    ——小麦(其他直接费用)   1200

  贷:库存现金   4390

【例 10-12】 根据工资分配表,应付收获小麦用工费 4600 元。

借:种植业生产成本——小麦(直接人工费)   4600

  贷:应付职工薪酬   4600

【例 10-13】 根据制造费用应分配摊销表,计算小麦晒场晾晒费共计 540 元。

借:种植业生产成本——小麦(制造费用)   540

  贷:种植业生产成本——小麦(共同费用)   540

【例 10-14】 小麦经验收合格入库,结转小麦生产成本。

借:农产品小麦   23910

  贷:种植业生产成本——小麦   23910

注意:如果农产品收获后留作自用,应当视同销售处理,借记原材料账户,按市场价格贷记主营业务收入,同时结转成本。

【例 10-15】 2020 年 10 月 15 日,东方农场将自产的玉米 200 千克入库留作种子,市价为每千克 10 元,该玉米生产成本为每千克 5 元。

借:原材料种子　　　　　　　　　　　　　　　　2000
　　贷:主营业务收入　　　　　　　　　　　　　　　2000
借:主营业务成本　　　　　　　　　　　　　　　　1000
　　贷:种植业生产成本——玉米　　　　　　　　　　1000

(五)出售阶段的核算

小麦出售阶段的核算包括出售小麦产品取得收入及结转成本、发生的运输费、人员用工消耗等,按实际支付的现金和工资表分配应付工资性全部金额计算。

【例 10-16】 2020 年 9 月,农场将所产小麦全部出售,实际收到销售款77890 元,存入银行。

借:银行存款　　　　　　　　　　　　　　　　　77890
　　贷:主营业务收入——小麦　　　　　　　　　　　77890

同时,按小麦产品入库账面价值结转小麦成本。

借:主营业务成本——小麦　　　　　　　　　　　23910
　　贷:农产品——小麦　　　　　　　　　　　　　　23910

【例 10-17】 2014 年 9 月,农场因出售小麦产品发生的用工资费 1300元,支付运输费 880 元。

借:销售费用　　　　　　　　　　　　　　　　　2180
　　贷:库存现金　　　　　　　　　　　　　　　　　880
　　　　应付职工薪酬　　　　　　　　　　　　　　1300

以上业务只是企业整个会计业务的一小部分。以种植冬小麦为例,按种植业生产流程发生的正常典型业务,讲了种植业有关生物资产和种植业生产成本的基本核算方法,掌握并透过种植业的核算方法,可以理解其基本核算原理,依此类推而运用于其他种植业生物资产的成本核算。

根据农业生产明细账以及农作物主产品和副产品资料,可以编制"种植业生产成本计算表",格式如表 10-1 所示。

表 10-1　种植业生产成本计算表

2020 年×月×日

项目	作物名称		
	小麦	玉米	棉花
直接材料费/元	60000		
直接工人费/元	70000		
其他直接费用/元	40000		
间接费用/元	150000		
生产费用合计/元	320000		
减:副产品成本/元	20000		
主产品成本/元	300000		
播种面积/公顷	300		
主产品总产量/千克	250000		
主产品单位成本/(元/千克)	1.2		
单位面积成本/(元/公顷)	1000		

三、蔬菜生产成本的核算

蔬菜按其栽培方式分为露天栽培和保护地栽培两种。露天栽培其费用汇集、成本计算方法同大田作物相似。保护地栽培的生产总成本包括直接计入蔬菜生产成本的费用、需要分配的温床和温室费用及其他间接费用。

首先,种植业生产成本——蔬菜成本的结转,蔬菜的生产成本按蔬菜的品种及批次进行成本的归集,在采收时根据技术部的估产产量,按估产单位成本进行成本的结转,在采收结束时进行一次性调整,也可根据采收产量情况随时调整。在采收结束之后发生的成本费用,归集在下一批次成本核算。

种植业生产成本——蔬菜(共同费用)是指种植分摊的间接成本费用,其归集的对象是那些不能直接分清使用对象的费用,其分摊的方法可按种植品种在地的天数乘以亩数来进行。因蔬菜的种植天数较短,一般一年内都能复种二至三茬,所以分摊有些困难。

其次,关于种植蔬菜基地空地成本的归集处理空地成本是指未种植农用作物。但还需要使用农用物资、人工费用,还有地租的支付等。根据会计核算的重要性原则,如果费用较少,可直接归集到生产成本;如果费用较多,要具体分析处理。如造成空地是自然原因不能种植,如休耕期、天气干旱缺水等,记入营业外支出或管理费用;如是生产必需的,可直接记入生产成本。

(一)露天栽培蔬菜生产成本的核算

对大宗的各主要的露天栽培蔬菜,应按每种蔬菜设置明细账,单独核算每种蔬菜的生产成本,其费用汇集、成本计算指标和计算方法与大田作物相同。对于小量的和次要的露天栽培蔬菜,可合并计算其生产成本。

核算成本首先要汇总某种蔬菜的生产总成本,在此基础上计算出种蔬菜的单位面积(亩)成本和单位质量(千克)成本。生产某种蔬菜所消耗掉的物质费用加上人工费用,就是某种蔬菜的生产总成本。如果某种蔬菜的副产品(如瓜果皮、茎叶)具有一定的经济价值,计算蔬菜主产品(如食用器官)的单位质量成本时,要把副产品的价值从生产总成本中扣除。

$$生产总成本＝物质费用＋人工费用$$

$$单位面积成本＝生产总成本÷种植面积$$

$$单位质量成本＝(生产总成本－副产品的价值)÷总产量$$

【例 10-18】 某蔬菜基地种植面积为 500 亩,其中,西蓝花种植 250 亩,甘蓝种植 200 亩,空地面积 50 亩,西蓝花、甘蓝的在地的天数 1 个月(按 30 天算),空地的天数 1 个月(按 30 天算),本月蔬菜基地的共同支出为 30000 元。

(1)会计核算如下。

借:种植业生产成本蔬菜(共同费用)   30000

  贷:银行存款   30000

(2)共同费用进行分配。

每亩每天分摊的共同费用＝$30000÷(250×30＋20×30＋50×30)＝2$(元)

西蓝花应分摊的共同费用＝$2×30×250＝15000$(元)

甘蓝应分摊的共同费用＝$2×30×200＝12000$(元)

空地应分摊的共同费用＝$2×30×50＝3000$(元)

（3）如空地未种植是天气干旱的原因，会计分录如下。

借：种植业生产成本——蔬菜（西蓝花）	15000
种植业生产成本——蔬菜（甘蓝）	12000
营业外支出	3000
贷：种植业生产成本——蔬菜（共同费用）	30000

（4）如空地是下次种植某种蔬菜必要的时间准备，会计分录如下。

借：种植业生产成本——蔬菜（西蓝花）	15000
种植业生产成本——蔬菜（甘蓝）	12000
种植业生产成本——××蔬菜	3000
贷：种植业生产成本——蔬菜（共同费用）	30000

【例 10-19】 某农场将豆角、茄子、黄瓜三种作物合并为一个成本计算，对成本明细账上归集的生产费用总额为 64000 元。豆角产量 20000 千克，每千克平均售价 2.5 元；黄瓜产量 50000 千克，每千克平均售价 1.4 元；要求以蔬菜的销售额为标准分配成本费用，具体数据如表 10-2 所示。

表 10-2　蔬菜生产成本计算表

产品	产量/千克	单位售价/元	销售额/元	分配率/%	总成本/元	单位成本/元
栏次	①	②	③=①×②	④	⑤	⑥=⑤÷①
豆角	20000	2.5	50000	33	21120	1.06
茄子	20000	1.5	30000	20	12800	0.64
黄瓜	50000	1.4	70000	47	30080	0.60
合计	90000	—	150000	—	64000	—

（二）保护地栽培蔬菜生产成本的核算

保护地栽培蔬菜就是利用温床和温室进行蔬菜栽培。一般是先用温床育苗，然后移栽至温室。因此，保护地栽培蔬菜的生产总成本包括三大部分：直接计入蔬菜生产成本的费用、需要分配的温床和温室费用和其他间接费用。

直接计入蔬菜生产成本的费用是指耗用的种子、肥料、农药、生产工人的工资及福利费等；需要分配的温床、温室的费用是指温床、温室的发热材料费、燃料费、供水费、管理温床和温室的工人工资及福利费、温床和温室的折旧费、修理费等;其他间接费用是指保护地栽培蔬菜应负担的制造费用等。

温床和温室费用应按照各种蔬菜占用的温床格日数或温室平方米日数,分配计入各种蔬菜的生产成本。

注:温度格日数是指某种蔬菜占用的温度格数和在温床生长日数的乘积。温室平方米日数是指某种蔬菜占用的温室平方米数和在温室生长日数的乘积。

按格日数或平方米日数分配温床,温室费用的计算公式如下:

菜应分配的温床(温室)费用总额＝温床(温室)费用总额÷实际使用的格日(平方米日)总数×该蔬菜占用的格日(平方米日)数

【例 10-20】 甲农场利用温床培育丝瓜、西红柿两种秧苗,温床费用为3200 元,其中丝瓜占用温床 40 格,生长期 30 天;西红柿占用 10 格,生长期 40天。秧苗育成移到温室栽培后,发生温室费用 1520 元其中丝瓜占用温室1000 平方米,生长期 70 天;西红柿占用温室 1500 平方米,生长期 80 天。两种蔬菜发生的直接生产费用为 300 元,其中丝瓜 1300 元,西红柿 1640 元。应负担的间接费用共 4500 元,采用直接费用比例法分配,丝瓜和西红柿两种蔬菜的产量分别为 38000 千克和 29000 千克。

(1)共同费用发生时财务处理如下。

借:种植业生产成本——蔬菜(共同费用)——温床　　　　　3200

　　　　　　——蔬菜(共同费用)——温室　　　　　15200

　　　　　　——蔬菜(共同费用)　　　　　　　4500

　　贷:银行存款　　　　　　　　　　　　　　22900

(2)共同费用分配如下。

丝瓜应分配的温床费用＝3200(40×30＋10×40)×40×30＝240(元)

丝瓜应分配的温室费用＝15200÷(1000×70＋1500×80)×1000×70＝5600(元)

丝瓜应分配的间接费用＝4500÷3000×1360＝2040(元)

西红柿应分配的温床费用＝3200÷(40×30＋10×40)×10×40＝800(元)

西红柿应分配的温室费用＝15200÷(1000×70＋1500×80)×1500×80

＝9600（元）

西红柿应分配的间接费用＝4500÷3000×1640＝2460（元）

（3）共同费用分配账务处理如下。

借：种植业生产成本——蔬菜（丝瓜）	10040
——蔬菜（西红柿）	12860
贷：种植业生产成本——蔬菜（共同费用）——温床	3200
蔬菜（共同费用）——温室	15200
蔬菜（共同费用）	4500

根据以上资料，编制"蔬菜生产成本计算表"，如表10-3所示。

表 10-3　蔬菜生产成本计算表

2020 年×月×月

产品	产品/千克	直接费用/元	温床费用/元	温室费用/元	间接费用/元	生产总成本/元	单位成本/元
丝瓜	38000	1360	2400	5600	2040	11400	0.30
西红柿	29000	1640	800	9600	2460	14500	0.50
合计	—	3000	3200	15200	4500	25900	—

第二节　林业生产成本的核算

一、林业生产成本的核算概述

营林企业是以森林资源再生产和扩大再生产为基础，从事造林、育林、森林经营管理、保护和利用的林业经济组织，是相对独立的商品生产者和经营者，承担着生态建设和林产品供给的重要任务。

营林企业主要的生产有种苗的生产、林木的培育、森林的经营管理和森林资源的保护。

（一）成本核算对象

林业生产包括种子、苗木、木材生产等，其主要产品有种子、苗木、原木、原竹、水果、干果、干胶(或浓缩胶乳)、茶叶、竹笋等。林木按用途一般可分为用材林、经济林、防护林、薪炭林和特种用途林五类,不同用途、不同产品的林木应分别核算成本。林木按生产阶段一般可分为种苗、造林抚育、采割三个阶段,不同阶段的林木也应分别核算其成本。

1.种苗成本核算对象

种子应按树种分别归集费用,核算种子成本;育苗阶段应按树种、有苗方式、播种年份分别归集费用,核算育苗成本。

2.造林抚育成本核算对象

消耗性林木资产和公益林根据企业管理的需要,可按照小班、树种等归集费用,核算造林抚育成本。

3.木材生产成本核算对象

按木材采伐运输方式、品种、批别及其生产过程等,根据企业管理的需要归集费用,核算木材生产成本。

4.其他林产品成本核算对象

按照收获的品种、批别、生产过程等,根据企业管理的需要归集费用,核算收获品的成本。

林木资产有其明显的特点,表现为林木资产的依附性、林木资产价值的不确定性、生产周期的长期性及林木资产效益的多样性(生态性、社会性、经济性)。

(二)成本计算期

各阶段林木成本计算的截止时间不同。有苗阶段算至出圃时;造林抚育阶段,消耗性林木资产和公益林算至郁闭成林前;采制阶段,林木采伐算至原木产品,橡胶算至干胶或浓缩胶乳,茶算至各种毛茶,其他收获活动算至其他林产品入库。

二、营林生产成本核算

(一)营林生产成本核算概述

1.营林生产成本的概念

营林生产成本是指为当年造林、抚育、次生低产林改造、营林设施、森林管护及调查设计等各项营林生产作业所耗费的生产费用,包括直接人工、直接材料、委托生产费、其他直接生产费。根据规定,营林成本按制造成本法核算,不包括场部管理费用和财务费用。它是进行林木资产价值量核算的基础。

2.营林生产成本的核算对象和内容

营林生产成本对象应分为用材林、经济林、竹林、薪炭林、特种用途林、防护林等,并进一步以营林生产造林、抚育生产的作业项目及林木管护的管护项目为对象,分别核算各生产作业项目、作业成本和各管护项目的年度费用。

营林生产成本核算的具体内容,区分为造抚作业成本和森林管护费用两类。

(1)造抚作业成本。分设林种核算,林种以下分造林和抚育归集有关作业项目的生产费用,计算作业成本。

①造林指当年完工的造林作业,按下列作业项目归集费用,计算作业成本。

A.整地(亩)。包括劈山、炼山等各种类型的整地,如带状整地、块(穴)状整地、全面整地等。按机械、畜力、人力分别核算。

B.栽植(亩)。包括飞播、直播和定植。消耗的种子和苗木应列入此项目。

C.补植(折合亩)。包括补苗及必要时的整地费。

②抚育按下列项目归集费用,计算作业成本。

A.幼林抚育(亩)。指新造林开始至林木郁闭成林时止的除草、松土、施肥、灭萌作业等。

B.中成林抚育(亩)。指林木郁闭成林后发生的各项抚育作业,不包括成林后正式投产的经济林、一般性经营的竹林抚育。

C.次生低产林改造(亩)。指以抚育为主、不减小原林地面积的林改造。成片采伐更新的应列造林作业核算。

(2)森林管护费用。以费用项目为核算对象,分为森林保护费、营林设施费、良种试验费、调查设计费及其他管护费用五个项目,分项核算。

3.营林生产成本的成本计算期

营林生产作业是一种季节性的生产作业,如秋整地、春植苗等,每年规律性地重复进行。因此,营林生产作业成本计算应按年度进行,分别核算各年度营林生产作业项目的成本。

(二)营林生产成本核算

营林生产成本的核算要在消耗性生物资产、生产性生物资产、公益性生物资产和农业生产成本等科目中进行,并且应根据成本核算对象的内容设置明细分类科目。企业营林生产所负担的管理费用、经济林培育达到预定生产经营目的后再发生的林木管护支出,不计入营林生产成本。

营林生产的造林、抚育、低产林改造等作业项目,是按所培育的林种、树种进行明细核算的,根据明细核算资料就可归类计算林种、树种的本年造抚成本。营林生产的管护费用,是企业为管护全部林木而发生的支出,应区分不同情况,按本年所管护的各类各种林木的面积比例分配。表 10-4 为某林场于2014 年发生的营林生产费用。

表 10-4　某林场于 2020 年发生的营林生产费用

林种	树种	作业项目	直接材料/元	直接人工费/元	其他直接费/元	其他间接费/元
用材林	杉木	造林	50000	42000	5000	
用材林	杉木	抚育		40000	2000	
×	×	森林保护		300000	30000	
×	×	营林设施	100000	20000	20000	
×	×	良种试验	3000	1000		
×	×	护林防火宣传				3100
		合计	153000	403000	57000	31000

2020 年,某林场登记营林生产成本明细账的有关会计分录如下。

(1)发生材料费用。

借:消耗性生物资产——杉木(造林)　　　　　　　　　　50000

　　农业生产成本——共同费用(营林设施)　　　　　　　100000

　　　　　　　　　——共同费用(良种试验)　　　　　　　3000

　　贷:原材料　　　　　　　　　　　　　　　　　　　153000

（2）发生工资等职工薪酬。

借：消耗性生物资产——杉木（造林）   42000

               ——杉木（抚育）   4000

   农业生产成本——共同费用（森林保护）   300000

               ——共同费用（营林设施）   20000

               ——共同费用（良种试验）   1000

    贷：应付职工薪酬   403000

（3）发生作业费用。

借：消耗性生物资产——杉木（造林）   5000

               ——杉木（抚育）   2000

   农业生产成本——共同费用（森林保护）   30000

               ——共同费用（营林设施）   20000

    贷：银行存款   57000

（4）发生其他间接费用。

借：农业生产成本——共同费用（护林防火宣传费）   31000

    贷：银行存款   31000

（5）分配间接费用。

该林场于 2020 年管护林木中的未郁闭用材林 5000 公顷，其中，杉木 4000 公顷，松木 1000 公顷，防护林 40 公顷，未成熟柑橘林 10 公顷。

根据以上资料，编制营林管护费用分配表（见表 10-5）、营林成本汇总表（见表 10-6）、林木资产年度成本计算汇总表（见表 10-7）。

表 10-5 营林管护费用分配表

林种	树种	面积/公顷	分配率/(元/公顷)	分配金额/元
用材林	杉木	4000	100	400000
用材林	松木	1000	100	100000
防护林		40	100	4000
经济林	柑橘	10	100	1000
合计		5050	×	505000

借:消耗性生物资产——杉木(管护费用)   400000

    松木(管护费用)   100000

    公益性生物资产——防护林   4000

    生产性生物资产——未成熟生产性生物资产(柑橘)   1000

  贷:农业生产成本——共同费用   505000

表 10-6 营林成本汇总表

林种	树种	作业项目	计量单位	数量	单位成本/元	总成本/元
用材林	杉木	造林	公顷	100	970	97000
用材林	杉木	抚育	公顷	140	300	42000
×	×	森林保护				330000
×	×	营林保护				140000
×	×	良种试验				4000
×	×	护林防火宣传费				31000
		合计	×	×	×	644000

表 10-7 林木资产年度成本计算汇总表

林种	树种	造抚成本/元	管护费用/元	总成本/元
用材林	杉木	139000	400000	539000
用材林	杉木		100000	100000
防护林			4000	4000
经济林	柑橘		1000	1000
合计		139000	505000	644000

三、种苗生产成本核算

(一)林木种子生产成本核算

林木种子是育苗造林的物质基础。种子的质量和数量直接影响更新造林的进展和成效。林木种子生产一般包括种子收购、自营采集加工和在良种基地(种子园或母树木)培育三种方式。

1. 核算内容

林木种子生产成本核算自原果采集到原果加工完成的生产费用，以及应负担的林木良种基地的培育成本和采收期的管护费用。这个过程可以分为原果采集（含收购）和原果加工两个阶段。

原果采集（含收购）阶段，核算由结实调查到果实验收入库（或到晾晒场）前各生产工序发生的费用，及负担的林木良种基地的培育成本和果收期的管护费用。

原果加工阶段，核算包括干燥脱光，精选包装到纯子入库各工序发生的费用。

林木种子生产成本，应按树种区分生产阶段进行核算。

2. 林木种子生产成本核算方法

林木种子生产以生产周期为成本计算期，以千克为计量单位，采用分批法计算产品成本。产品完成验收入库后，其成本由原果采集和原果加工两个阶段平行转入完工产品成本。

3. 原果采集阶段

（1）支付、分配原果采集工资并计提福利费。

借：林业生产成本——杉木（原果采集）	11400
贷：应付职工薪酬	11400
借：应付职工薪酬	11400
贷：银行存款	11400

（2）领用或购买耗用的材料费。

①领用材料。

借：林业生产成本杉木（原果采集）	1600
贷：原材料	1600

②购买材料直接用于种子生产。

借：林业生产成本杉木（原果采集）	1600
贷：银行存款	1600

(3)计提当年母树木折旧、支付当年管护费用。

当年母树木折旧＝200000÷10＝20000元

借:林业生产成本——杉木（原果采集）	21000
贷:生产性生物资产累计折旧	20000
银行存款	1000

(4)收购种子成本的核算。

借:林业生产成本——杉木（原果采集）	16000
——红松（原果采集）	30000
贷:银行存款	46000

4.原果加工阶段

(1)支付、分配原果加工工资并计提福利费。

借:林业生产成本——杉木（原果加工）	2280
贷:应付职工薪酬	2280
借:应付职工薪酬	2280
贷:银行存款	2280

(2)领用或购买耗用的材料费。

①领用材料。

借:林业生产成本——杉木（原果加工）	1720
贷:原材料	1720

②购买材料直接用于种子生产。

借:林业生产成本——杉木（原果加工）	1720
贷:银行存款	1720

(3)支付委托加工费。

借:林业生产成本——杉木（原果加工）	1000
贷:银行存款	1000

(二)苗木生产成本核算

种苗通常作为苗木产品出售或用于本企业营林抚育阶段的的木生产按照"生物资产准入"的规定,应划分为消枛性生物的产进行会计核算。

1.苗木生产成本核算的对象与内容

苗木生产成本核算,以育苗方式(大田、温室、容器、苗床、换床、有大苗等)区分树种为成本核算对象,核算由整地作床起至苗木出圃止的累计生产成本。出圃苗木的选苗、查数、打小捆、临时假植的费用计入苗木成本。捆包、运输的费用由用苗单位负责。

越冬窖藏、假植的苗木仍在原树种的账面上反映,视同在床苗木,不计算完工产品成本。所发生的入窖、运沙、出入土和临时假植的费用等,仍计入该树种成本。第二年苗木出窖出圃时,再计算和结转完工产品成本。

2.苗木的会计核算特点

苗木产品与一般企业产品不同,具有以下主要特点。

(1)在未出圃前,始终处于在产品状态,品种多(一般中型企业约有200个品种),而且同一品种规格多样,数量也多,生产费用持续投入,具有季节性,不均衡,除购入各种苗木支出时可单独计入相应品种、规格采购成本外,日常管理的公共性抚育成本占很大一部分。

(2)始终处于动态生长过程中,受自然气候影响大。例如,二年生的苗木中会有一小部分比三年生的苗木规格大。抚育时间越长,区别越大,而苗木一般是按规格大小出售的。当年新栽植的苗木,有时成活率并不是很高。

(3)面积大,费用繁杂,而且为了提高土地利用率,常常对乔木、灌木、喜阳耐阴等品种进行套种。

(4)绝大部分苗木并非整体或规律性出售,多数是根据客户需要零散出售。苗圃地里的苗木会逐渐变得没有规律性,品种混杂、参差不齐,各地块间相互移补。

以上这些特点决定了苗木成本核算的复杂性,核算工作量大,计算成本时难以做到完全意义上的准确成本。在进行苗木成本核算时应统筹考虑其合理性及工作效率,根据职业判断,用经济、合理的方式,在适当的时间对苗木成本进行追溯调整。

(三)苗木生产成本的核算要点

(1)苗木初始建园时,为了账务处理清晰,可增设"特摊费用"科目进行建园费用的归集。除初始购入的种苗支出直接计入相应的品种成本外,其余发生的所有与建园有关的费用计入"待摊费用"。"待摊费用"可根据企业实际费用项目情况设立相应的二级科目(如土地费、整地费、肥料费、栽植除草费等)进行明细核算,建园结束时由该科目转入"农业生用成本——苗木(共同费用)"科目进行正常生产投入核算。会计处理如下。

  借:待摊费用——土地费、整地费、栽植除草费
   贷:库存现金或银行存款
  借:农业生产成本——苗木(共同费用)
   贷:待摊费用

【例 10-22】 某林业公司于 2013 年 2 月苗木初始建因时,发生的所有与建国有关的共同费用共计 223360 元,其中,土地费 200000 元,整地费 18000 元,肥料费 3200 元,栽植除草费 2160 元,以银行存款支付。

  借:待摊费用——土地费   200000
       ——整地费   18000
       ——肥料费   3200
       ——栽植除草费   2160
   贷:银行存款   223360

5 月,建园结束,将待摊费用转入"农业生产成本——苗木(共同费用)"科目进行正常生产投入核算。

  借:农业生产成本——苗木(共同费用)   223360
   贷:待摊费用   223360

5 月,苗圃建园后正常生产投入的费用,当期发生公共性抚育成本 4680 元,可直接进入杉木苗木的抚育费为 7800 元。

  借:农业生产成本——苗木(共同费用)   4680
       ——杉木苗木   7800
   贷:银行存款   12480

(2)苗木日常发生的育苗作业成本首先计入"农业生产成本——××苗木"科目,苗木出圃时转入"消耗性生物资产"科目。

一年生苗木,采用简单法计算育苗作业成本和出圃苗木成本。按树种、苗

方式归集的年度总费用,即是该首木的总成本,其单位成本的计算公式为:

某树种苗木单位面积培育成本＝该树种生产费用÷该树种苗木面积 (公顷)

某树种出圃苗木单位(单株或千株)成本＝该树种出圃苗木总成本÷ 该树种苗木产量(株或千株)

多年生苗木,采用近年累计平均法计算育苗作业累计总成本和单位成本。 生产费用在各育苗方式间采用分项结转方式结转,起用苗木和在床苗木用约 当产量进行分配,其计算公式如下:

某树种起用苗木千株成本＝该树种育苗总费用÷该树种起用苗木产 量(千株)＋在床苗木约当产量(千株)

某树种起用苗木种苗总成本＝该树种起用苗木种苗数量(千株)×某 树种起用苗木种苗千株成本在床苗木种苗约当产量＝在床苗木种苗数量 ×约当比例

约当比例可采用培育年限系数法、定额成本法、计划成本法等方法计算, 其公式为:

约当比例＝在床苗木实际培育年限(或在床苗木定额成本、计划成 本)÷起用苗木培育年限(或在床苗木定额成本、计划成本)

对于一年插条多年割条的母本林苗木生产,第一年在产品只计算直接材 料费,其他费用均由完工苗木(萌条)负担,第二年培育成本及上年转来的种苗 费,均由完工产品负担,掘根整地费由最后年度完工产品负担。

【例 10-23】 某林场以大田生产的方式培育杉木苗。2020 年 5 月该场大 田培有杉木苗木累计生产费用表。该场本年出圃三年生杉木 900 千株,年末 在床杉木苗:一年生 1170 千株,二年生 1065 千株。该场采用年限系数法计算 在床苗木的约当产量。杉木苗木生产费用的直接材料费,按实际产量比例在 出圃苗木与在床苗木之间进行分配;其他费用按约当产量比例分配。其苗木 生产成本明细账如表 10-8 所示。

表 10-8　苗木生产成本明细账

| 2020 年 | | 凭证号 | 摘要 | 直接采集/元 | 直接人工费用/元 | 其他直接费用/元 | 制造费用/元 | 合计/元 |
月	日							
5			期初结转	12400	14000	3300	9500	39200
5			种子费	2606	—	—	—	2606
5			材料费	1450	—	—	—	1450
5			肥料农药	900	—	—	—	900
5			育苗工资等	—	14820	—	—	14820
5			种子处理费	164	—	—	—	164
5			委托灌机费	—	—	1500	—	1500
5			分配间接费用	—	—	—	1500	1500
5			本期发生额	5120	14820	1500	1500	22940
5			生产费用合计	17520	28820	4800	11000	62140
5			完工产品成本	5031	12969	2160	4995	25155
5			期末结存	12489	15851	2640	6005	36985

(1)计算在床苗木的约当产量。

一年生在床苗木的约当产量＝1170×1÷3＝390(千株)

二年生在床苗木的约当产量＝1065×2÷3＝710(千株)

2020 年 5 月登记苗木生产成本明细账的会计分录为：

借：消耗性生物资产——林业(杉木苗木)　　　　　　　　　　21440

　　贷：原材料——种子　　　　　　　　　　　　　　　　　2606

　　　　　　　——材料　　　　　　　　　　　　　　　　　1450

　　　　　　　——肥料　　　　　　　　　　　　　　　　　900

　　　　　　　——种子处理　　　　　　　　　　　　　　　164

　　　应付职工薪酬　　　　　　　　　　　　　　　　　　14820

　　　银行存款　　　　　　　　　　　　　　　　　　　　1500

借：消耗性生物资产——林业(杉木苗木)　　　　　　　　　　1500

　　贷：农业生产成本——共同费用　　　　　　　　　　　1500

（2）根据大田杉木"苗木生产成本明细账"的成本费用以及产量等资料编制"杉木苗木成本计算单"（见表10-9），计算出苗圃杉木苗木成本。

表10-9　杉木苗木成本计算单

项目	实际产量/千株	约当产量/千株	直接材料/元	直接人工/元	其他直接费用/元	间接费用/元	合计/元
期初在产成本			12400	14000	3300	9500	39200
本期生产费用			5120	14820	1500	1500	22940
生产费用合计	3135	2000	17520	28820	4800	11000	62140
单位成本（千株）			5.59	14.41	2.4	5.55	27.95
完工产品成本	900	900	5031	12969	2160	4995	25155
期末在产品成本	2235	1100	12489	15851	2640	6005	36985

借：农产品——林业（杉木苗木）　　　　　　　　　　　　　　25155

　　贷：消耗性生物资产——林业（杉木苗木）　　　　　　　　　25155

（四）业务实训

某林业局种子站于2014年8月在种子林采集杉木原果50000千克至晾晒场，支付采集工资11600元，耗用材料1400元。杉木原果经干燥脱壳、精选包装，生产种子4000千克，验收入库，支付工资费用2380元，耗用材料1620元，以银行存款支付委托生产费1000元。该种子林培育总成本（成熟生产性生物资产账面原值）210000元，按预计采收10年平均计提折旧。当年发生种子林管护费2000元，以银行存款支付。同时，该种子站收购红松种子2000克，支付收购款32000元；收购杉木种子1000千克，支付收购教16000元，该站当年发生各项管理费用（间接费用）16000元。

要求：归集种子生产费用，登记"林木种子生产费用明细账"，根据种子生产直接成本比例分配种子站管理费用，结转入库产品成本。

四、经济林采收成本核算

（一）经济林成本核算概述

1.经济林核算的特点

经济林，又称特种经济林，是以生产果品、油料、工业原料和药材、树叶等产品为主要目的的林木,如以生产苹果、山楂、核桃、油茶、橡胶、桑叶等产品为优势树种的林木。

经营经济林具有不同于用材林和公益林的特点。具体表现为以下几个方面。

(1)经营目的不同。经济林的经营目的是为了生产各种果品、油料或为其他林产品提供生产基地,因此,营造经济林必须要考虑市场需求和价格变动等因素,进行投资预算和经济效益测算等,经过充分的可行性认证后,方能营造。

(2)生产工艺不同。经济林的生产工艺要求标准更高,集约经营程度高。因此,营造经济林比一般更新造林核算项目多,作业次数多,经济业务发生频繁。

(3)投入产出核算的特殊性。经济林一般3~5年可达到生产经营目的,然后进入采收期。一次性种植,多年管理,多年收益。因此,必须高度重视经济林的抚育管理,正确归集经济林的培育成本和林产品采收期间的生产费用,合理摊销经济林的培育成本,正确计算林木产品成本。

(4)资金渠道不同于育林基金。有的是多种经营生产单位营造,其资金来源于自有资金、集资或贷款;有的则是个人出资营造。根据不同的资金来源,正确组织经济林的培育成本核算以及收益分配的核算等。

2.经济林成本核算办法

农业企业是作为生产性生物资产进行核算和管理,其营造培育支出在"生产性生物资产——未成熟生产性生物资产"科目核算,到经济林采收时列转"生产成熟生产性生物资产"科目。在经济林采收期间,按采收期计提经济林折旧。经济林报废时,比照消耗性生物资产处置处理。部分营林企业比照农业企业关于经济林的会计核算办法,将经济林作为固定资产管理和核算。

(二)果树产品成本核算

以果树业为主的企业,应按每种果树产品为核算对象分别计算其产品成本。果树开采期间的抚育管理成本计入果品产品成本,共同性生产费用应按受益对象进行分配,在果树行间种蔬菜或其他作物所发生的费用,应由蔬菜或其他作物的产品负担。

由于果树的果品成熟时间不同,同类果树的果品收获期也不一样。总收获量一直要到果品全部收获完毕才能确定。果树产品的大小及质量有很大的差异,所以在出售前必须按一定的标准对果品进行分级。因此,果树产品的总成本还需要按比率法在各级产品间进行分配。

【例 10-24】 某林场生产国光苹果,上年转入的产品成本 10000 元,本年发生的生产费用及有关账务处理如下。

(1)施肥和灭虫投入化肥和农药 2000 元,发生人工费用 9200 元。

借:农业生产成本——苹果　　　　　　　　　　　　　　　11200
　　贷:原材料　　　　　　　　　　　　　　　　　　　　　2000
　　　　应付职工薪酬　　　　　　　　　　　　　　　　　　9200

(2)浇水、除草和剪枝等支出材料费 1000 元,发生人工工资 4500 元。

借:农业生产成本——苹果　　　　　　　　　　　　　　　5560
　　贷:原材料　　　　　　　　　　　　　　　　　　　　　1000
　　　　应付职工薪酬　　　　　　　　　　　　　　　　　　4560

(3)采摘苹果支出人工费 1140 元,领用苹果框 400 元。

借:农业生产成本——苹果　　　　　　　　　　　　　　　1540
　　贷:原材料　　　　　　　　　　　　　　　　　　　　　400
　　　　应付职工薪酬　　　　　　　　　　　　　　　　　　1140

(4)提取苹果树累计折旧 3000 元。

借:农业生产成本——苹果　　　　　　　　　　　　　　　3000
　　贷:生产性生物资产累计折旧　　　　　　　　　　　　　3000

(5)采摘苹果后发生的抚育材料费 1000 元,人工费 6840 元。

借:农业生产成本——苹果　　　　　　　　　　　　　　　7840
　　贷:原材料　　　　　　　　　　　　　　　　　　　　　1000
　　　　应付职工薪酬　　　　　　　　　　　　　　　　　　6840

(6)分配制造费用 1000 元。

借:农业生产成本——苹果　　　　　　　　　　　　　　　1000
　　贷:制造费用　　　　　　　　　　　　　　　　　　　　1000

(7)计算产品成本。

本年产品应负担的费用=10000+11200+5560+1540+3000+1000=

32300 元。

本年采摘苹果 13450 千克,其中,一级品 4000 千克,二级品 8000 千克,三级品 750 千克,等外品 700 千克。一级品批发价 2.80 元,二级品批发价 2.60 元,三级品批发价 2.40 元,等外品批发价 2.20 元,计算各等级品成本。

①按售价计算分配系数,求得标准产量。

一级品批发价 2.80 元,系数 1,标准产量 4000 千克。

二级品批发价 2.60 元,系数 0.9286,标准产量 7428.5 千克。

三级品批发价 2.40 元,系数 0.8571,标准产量 643 千克。

等外品批发价 2.20 元,系数 0.7857,标准产量 550 千克。

②计算分配率。

分配率=32300÷(4000+7428.5+643+550)=32300÷12621.5=2.56

③计算各等级品成本。

一级产品本=256×4000=10240 元,单位成本 2.56 元。

二级品成本=2.56×7428.5=19016 元,单位成本 2.38 元。

三级品成本=2.56×643=1646 元,单位成本 2.20 元。

等外品成本=2.56×550=1408 元,单位成本 2.00 元。

五、公益林管护成本核算

(一)公益林核算的特点

公益林是以满足国土安全和改善生态环境的公益事业需要为主要目的的林木,公益林包括水源涵养林、水土保持林、防风固沙林、沿海防护林和农场牧场保护林,以及实验林、风景林、名胜古迹和革命圣地的林木等特种用途林。公益林经营的最终目标是发挥最大的生态效益和社会效益,促进社会经济的可持续发展,为人类创造最佳的生态环境。

在商品经济条件下,公益林也具有价值和使用价值的二重属性。一般情况下,只要生产者的产品能够被社会承认,经济补偿也就能实现。只有实现经济补偿,再生产才能得以进行。对于一般商品来说,生产者通过市场让渡商品的使用价值而取得与该商品价值相符的收入,生产者的经济补偿得以实现,同时,还有一定的剩余价值实现。但公益林使用价值的让渡却具有特殊性。公益林生产的多种公益功能,即其产品,虽然是具有巨大的生态效益和社会效益,但这种功能中凝结的一般无差别的人类劳动不明确,无法准确计量和反映。特别是公益林生产的功能(产品),企业没有驾驭它的能力和手段,其功能(产品)每时每刻都在自然产出,社会各方无须买入即可使用这种产品,公益林生产的具有经济上的正外部性的产品,至今尚不能通过市场进行流通,完成交换行为。

公益林这种特殊商品的价值量的计算是一项十分复杂的工作,目前,世界上有许多国家在进行这方面的研究和探讨,但至今还没有成熟的经验。本书认为公益林的计价,应根据公益林核算的特点,对投入公益林的社会必要劳动进行计价,核算公益林的生产成本,进行资产化核算和管理,并严格公益林的日常管护成本核算。

(二)公益林工程项目的核算

天然林资源保护工程公益林项目建设资金的来源是国家预算内基本建设拨款。《天然林资源保护工程公益林项目会计核算办法(试行)》定了全国统一的核算项目和会计核算办法,要求项目单位财务管理和会计核算的原则是单独设账、专项管理、单独核算、单独开户、专款专用、专户存储。本书根据《企业会计准则第 5 号——生物资产》的有关规定,对天然林资源保护工程公益林项目经营企业的会计核算进行了修订。

1. 项目单位

(1)项目单位收到国家拨入公益林项目本年国债专项资金拨款及地方配套资金拨款。

借:银行存款——本年国债专项资金拨款户
　　　　　——地方配套资金拨款户
　　贷:专项应付款——本年国债专项资金拨款
　　　　　　　——地方配套资金拨款

(2)项目单位拨付所属单位公益林项目建设资金,分别由本年国债专项资金拨款户和地方配套资金拨款户付出。

借:拨付所属公益林资金——某林场
　　贷:银行存款——本年国债专项资金拨款户
　　　　　——地方配套资金拨款户

(3)所属单位通过项目单位在企业物资供应部门领用材料。

借:拨付所属公益林资金——某林场

　　贷:原材料

(4)以银行存款归还材料供应商的材料款,分别由本年国债专项资金拨款户和地方配套资金拨款户支付。

借:应付账款

　　贷:银行存款——本年国债专项资金拨款户

　　　　　　　　——地方配套资金拨款户

(5)收到银行存款利息收入。

借:银行存款——本年国债专项资金拨款户

　　　　　　——地方配套资金拨款户

　　贷:财务费用

(6)所属单位结转公益林项目建设支出。

借:农业生产成本——公益林生产成本——××项目

　　　　　　　　　　——××项目

　　在建工程

　　贷:拨付所属公益林资金

(7)结转公益林支出。

①结转形成资产的工程支出。

借:公益性生物资产人工造林

　　固定资产

　　贷:农业生产成本——公益林生产成本——××项目

　　在建工程

②结转除人工造林外形成资产的支出。

借:公益性生物资产——飞播造林

　　　　　　　　　　——封山育林

　　贷:农业生产成本——公益林生产成本——××项目

(8)营林企业根据决算批复,项目单位将公益林项目完成所形成各项资产部分的项目资金转入资本公积。

借：专项应付款

　　贷：资本公积——拨款转入

2. 所属单位

(1)所属单位发生公益林项目调查工资。

借：农业生产成本——公益林生产成本——××项目

　　贷：应付职工薪酬

(2)所属单位收到公益林项目资金。

借：银行存款(或库存现金)

　　贷：上级拨入公益林资金

(3)所属单位以现金购买材料,直接用于公益林项目。

借：农业生产成本——公益林生产成本——××项目

　　贷：库存现金

(4)所属单位以现金购买种子。

借：原材料

　　贷：库存现金

(5)所属单位发生固定资产变价收入。

借：银行存款

　　贷：营业外收入——固定资产变价收入

(6)所属单位以银行存款支付营林道路工程款、购置苗圃设备、购置防火设备等。

借：在建工程

　　贷：银行存款

(7)所属单位根据生产验收单、劳动定额计算工资。

借：农业生产成本——公益林生产成本——××项目

　　贷：应付职工薪酬

(8)所属单位按规定扣职工造林质量保证金。

借：应付职工薪酬

　　贷：其他应付款——职工造林质量保证金

(9)所属单位公益林项目各产量已经项目单位验收合格。营林道路、苗圃设备、苗圃改土及施肥、防火设备设施等已办妥竣工验收。根据验收单将公益林项目建设支出转项目单位。

借：公益性生物资产
    固定资产
  贷：农业生产成本——公益林生产成本——××项目
    在建工程
借：专项应付款
  贷：资本公积——拨款转入

（三）公益林会计的核算

目前，由于我国对公益林的调节机制还没有正式建立起来，在现实工作中并不承认公益林的价值，也没有对其价值进行科学的评估，所以并没有对公益林给予应有的经济补偿。因此，公益型林业单位多采取事业单位的预算会计核算组织形式，在账面上只有投入，而没有产出。在具体会计核算形式上，很少有经营收入或没有经营收入的单位。一般采取全额拨款的形式，对于有部分经营收入的单位采取差额拨款的形式，对于有经营收入的单位采取自收自支的预算管理办法。

公益型林业单位虽然以国家拨款和社会投资为主，但作为营林企业的重要组成部分，有别于森林资源调查、森林病虫害防治和林业科技推广等林业事业单位，是以公益林为劳动对象，而公益林又是公益性生物资产（林木资产）的组成部分。因此，公益型林业单位也应改革传统的预算制的会计核算方法，采取生产型的林业会计核算方法，严格成本费用核算和管理，核算完整的公益林生产成本，形成公益林和商品林有机结合的完整的林木资产核算体系。

第三节　畜牧养殖业生产成本的核算

一、畜牧养殖业成本核算概述

（一）畜牧养殖业生产成本核算对象

确定畜牧养殖业成本核算的对象，必须先考虑其成本核算的方法。畜牧养殖业的成本核算有其独特的核算方法,通常有两种方式:一是分群核算制,二是混群核算制。分群核算是将各种不同畜禽按畜禽类别,并按畜禽畜龄不同分为若干群别,分群饲养管理,以不同群别的畜禽作为成本核算对象,按群别设置畜牧业生产成本明细账,归集生产费用,采用分步法计算群别产品的生产成本及单位成本的一种核算方法。它适用于生产规模较大、饲养管理要求较高的专业畜牧生产企业。分群核算有利于加强管理,提高畜禽成活率,降低生产成本。混群核算是直接以各种畜禽作为成本核算对象,畜牧业生产成本明细账按畜禽种类设置,采用品种法计算各种产品的生产总成本和单位总成本。没有分群饲养或核算条件较差的可混群饲养管理。

畜牧养殖业的成本核算对象是畜(禽)群及其产品。主要畜(禽)产品有牛奶、羊毛、肉类、禽蛋、蚕茧等。畜(禽)饲养可实行分群饲养,也可实行混群饲养。实行分群饲养的主要畜(禽)群别划分如下。

(1)养猪业。基本猪群(包括母猪、种公猪、检定母猪、2个月以内的未断奶仔猪);2~4个月幼猪群;4个月以上幼猪和育肥猪群。

(2)养牛业。基本牛群(包括母牛和公牛);6个月以内的犊牛群;6个月以上的幼牛群。

(3)养马业。基本马群(包括母马、种公马、未断奶的马驹);当年生幼马;二年生幼马;三年生幼马。

(4)养羊业。基本羊群(包括母羊、种公羊、未断奶的羔羊);当年生幼羊;往年生幼羊;去势羊和非种用公羊。

(5)养禽业。基本禽群(包括成龄禽);幼禽和育肥禽;人工孵化群。

(二)畜牧养殖业成本项目

畜牧养殖业成本项目如下。

(1)直接材料是指畜牧养殖业生产耗用的饲料、燃料、动力、畜禽医药费等。

(2)直接人工是指直接从事畜牧养殖业生产人员的工资、工资性津贴、奖金、福利费。

(3)其他直接费用是指除直接材料、直接人工以外的其他直接费用。

(4))间接费用是指应摊销、分配计入各群别的间接生产费用,如生产过程中发生的管理人员工资及福利费、防疫费、产畜和役备折旧、照明电费等。

二、养猪业生产成本的核算

（一）养猪业成本核算对象

通常养猪业的生物资产主要包括母猪、公猪、仔猪、幼猪、育肥猪等。

（1）"基本猪群"包括产母猪和种公猪，检定母猪，未满 2 个月的仔猪。

（2）"2～4 个月的幼猪群"（简称"幼猪群"指出生后 2 个月断乳到 4 个月的幼猪群。

（3）"4 个月以上的育肥猪群"（简称"育肥猪群"包括育肥猪、后备猪和被淘汰的基本猪等。

养猪业的群别，除了根据生产管理的需要划分，也可以按生产周期、批次划分。

养猪业生产成本核算的对象主要指承担发生各项生产成本的仔猪、幼猪和育肥猪等。

（二）科目设置

为了核算养猪业生物资产有关业务，应设置的主要科目如下。

（1）"生产性生物资产"科目。本科目核算养猪企业持有的生产性生物资产的原价。即"基本猪群"中包括产母猪和种公猪，检定母猪的原价。本科目可按"未成熟生产性生物资产（检定母猪）"和"成熟生产性生物资产（产母猪或种公猪）"，分别进行明细核算。

（2）"消耗性生物资产"科目。本科目核算养猪企业持有的消耗性生物资产的实际成本。即"2～4 个月的幼猪群""4 个月以上的有肥猪群"的实际成本。本科目可按猪的消耗性生物资产的群别进行明细核算。

（3）"农业生产成本——畜牧业——养猪业"科目。本科目核算养猪企业进行养猪生产发生的各项生产成本，分别按养猪业确定成本核算对象和成本项目，进行费用的归集和分配。本书中为了方便，使用"养猪业生产成本"科目。可接猪群设置明细科目，分别为"养猪业生产成本——基本猪群；养猪业生产成本——幼猪群""养猪业生产成本——育肥猪群"，对于不能明确分群核算的费用设置"养猪业生产成本——共同费用"。

（三）养猪业生产成本核算方法

生猪资产的生长具有一定的周期性,其生长过程是非常复杂和微妙的。考虑到企业持有生猪资产的目的和生猪资产计量的特殊性,结合生物资产会计计量阶段过程,本书从生猪发育的几个阶段入手对其成本核算进行讲解。

1.养猪的饲养准备阶段的核算

包括发生购买饲料、防疫药品、产母猪和种公猪、检定母猪及幼猪或育肥猪,猪舍的建造、维护及卫生等业务的核算。

【例 10-25】 天宝养殖公司于 2013 年 2 月 1 日以银行存款支付购入饲料款,包括饲料的购买价款、相关税费、运输费、装卸费、保险费以及其他可归属于饲料采购成本的费用,共计 10000 元。饲料已验收入库。

借:原材料——××饲料　　　　　　　　　　　　　　　　10000

　贷:银行存款　　　　　　　　　　　　　　　　　　　　10000

【例 10-26】 天宝养殖公司于 2013 年 2 月 3 日以现金支付兽药和防疫品费 600 元。

借:原材料——××药品　　　　　　　　　　　　　　　　600

　贷:库存现金　　　　　　　　　　　　　　　　　　　　600

【例 10-27】 天宝养殖公司于 2013 年 2 月 5 日购入幼猪 10 头,单价 200元/头;购入育肥猪 50 头,单价 40 元/头;另支付相关税费、运输费、保险费2000 元。全部以银行存款支付。

借:消耗性生物资产——幼猪群　　　　　　　　　　　　20000

　　　　　　　　　——育肥猪群　　　　　　　　　　　20000

　养猪业生产成本——共同费用　　　　　　　　　　　　2000

贷:银行存款　　　　　　　　　　　　　　　　　　　　42000

【例 10-28】 天宝养殖公司于 2013 月 3 月 15 日购入产母猪 10 头和种公猪3 头,单价分别为 600 元和 1000 元,另相关税费、运输费、保险费以及可直接归属于购买产母猪和种公猪、检定母褚该项资产的其他支出 3000 元。货款未付。

借:生产性生物资产——基本猪群　　　　　　　　　　　9000

　养猪业生产成本——共同费用　　　　　　　　　　　　3000

　贷:应付账款　　　　　　　　　　　　　　　　　　　12000

2.幼猪和育肥猪群饲养的核算

幼猪和育肥猪群饲养的核算包括直接使用的人工、直接消耗的饲料和直接消耗的药品等业务的核算，以及猪舍的折旧费以及水、电、汽等开支。发生支出时在"养猪业生产成本——幼猪群（或育肥猪群）"核算，出售前按"养营业生产成本——幼猪群（或育肥猪群）"账户金额转入"消耗性生物资产——幼猪（或育肥猪）"。

【例10-29】 天宝养殖公司于2013年2月饲养幼猪共发生直接人工费3000元，饲料6000元，药品400元，猪舍折旧费500元。

借：养猪业生产成本——幼猪群　　　　　　　　　　9900
　贷：应付职工薪酬　　　　　　　　　　　　　　　3000
　　原材料——饲料　　　　　　　　　　　　　　6000
　　　　——药品　　　　　　　　　　　　　　400
　　累计折旧　　　　　　　　　　　　　　　　500

【例10-30】 天宝养殖公司2020年2月共发生水电费3000元，以银行存款支付。

借：养猪业生产成本——共同费用　　　　　　　　　3000
　贷：银行存款　　　　　　　　　　　　　　　　3000

【例10-31】 上例中应由幼猪群负担的水电费为500元。

借：养猪业生产成本——幼猪群　　　　　　　　　　500
　贷：养猪业生产成本——共同费用　　　　　　　　500

3.猪的转群的核算

猪的转群是指猪群达到预定生产经营目的，进入又一正常生产期，包括"仔猪群"成本的结转、"仔猪群"转为"幼猪群"、"幼猪群"转为"育肥猪群"、"育肥猪群"转为"基本猪群"、淘汰的"基本猪群"转为"育肥猪群"的核算等。转群应按账面价值计算，已计提减值准备或累计折旧的，应该同时结转。

【例10-32】 天宝养殖公司在2020年4月1日将100头幼猪转为有肥猪，累计发生的饲养成本为50000元。

（1）先结转"幼猪群"的全部成本，包括"幼猪群"结转前发生的通过"养猪业生产成本——幼猪群"科目核算的饲料费、人工费和应分摊的间接费用等必要支出。

借：消耗性生物资产——幼猪群   50000

 贷：养猪业生产成本——幼猪群   50000

  然后进行转群。

借：消耗性生物资产——育肥猪群   50000

 贷：消耗性生物资产——幼猪群   50000

（2）可以直接结转。

借：消耗性生物资产——育肥猪群   50000

 贷：养猪业生产成本——幼猪群   50000

【例10-33】 天宝养殖公司在2020年5月1日将50头育肥猪转为基本猪群，累计成本共30000元。

借：消耗性生物资产——育肥猪群   30000

 贷：养猪业生产成本——育肥猪群   30000

借：生产性生物资产——成熟生产性生物资产 30000

 贷：消耗性生物资产——育肥猪群   30000

【例10-34】 天宝养殖公司在2020年8月将淘汰的两头产母猪（基本猪群）转为育肥猪，其账面原值1200元，已提折旧400元。

借：消耗性生物资产——育肥猪群   800

 生产性生物资产累计折旧   400

 贷：生产性生物资产——成熟生产性生物资产 1200

【例10-35】 天宝养殖公司在2020年10月使一批仔猪断奶，从基本猪群转出单独饲养，应由该批仔猪负担的饲养成本为10000元。

借：消耗性生物资产——幼猪群   10000

 贷：养猪业生产成本基本猪群（未满2个月的仔猪） 10000

4.基本猪群饲养费用的核算

包括产母猪和种公猪、检定母猪在内的全部饲养费用，由"未满2个月的仔猪"承担，不再构成基本猪群内产母猪、种公猪或检定母猪的自身价值。

【例10-36】 天宝养殖公司2020年9月基本猪群的饲养费用：饲料费

15000 元,药品费 1500 元,直接人工费 8000,应分摊的猪舍折旧费 600 元。按实际消耗数额结转。

借:养猪业生产成本——基本猪群(未满 2 个月的仔猪群)　　25100

　　贷:应付职工薪酬　　　　　　　　　　　　　　　　　　8000

　　　原材料——饲料　　　　　　　　　　　　　　　　　15000

　　　　　　——药品　　　　　　　　　　　　　　　　　1500

　　　养猪业生产成本——共同费用　　　　　　　　　　　600

5.猪(生物资产)及其产品猪肉出售的核算

包括育肥猪屠宰收获的猪肉产品出售的核算,育肥猪群出售,幼猪群、淘汰产母猪(基本猪群)出售的核算。幼猪和育肥猪群出售前在账上作为消耗性生物资产,淘汰产母猪(基本猪群)出售前在账上作为生产性生物资产,这两种出售交易可视同"销售"对待。

【例 10-37】　2020 年 12 月,天宝养殖公司的一批育肥猪达到屠宰标准,其账面价值25000 元,猪肉产成品入库,支付屠宰费 1000 元。

借:消耗性生物资产——育肥猪　　　　　　　　　　　　25000

　　贷:养猪业生产成本——育肥猪群　　　　　　　　　　25000

借:农产品——猪肉　　　　　　　　　　　　　　　　　26000

　　贷:消耗性生物资产——育肥猪　　　　　　　　　　　25000

　　　银行存款　　　　　　　　　　　　　　　　　　　1000

【例 10-38】　天宝养殖公司于 2020 年 12 月出售一批育肥猪,实际售价40000 元,成本 32000 元。款项已存入银行。

借:银行存款　　　　　　　　　　　　　　　　　　　　40000

　　贷:主营业务收入——育肥猪　　　　　　　　　　　　40000

　　　　同时,育肥猪账面价值结转成本。

借:主营业务成本——育肥猪　　　　　　　　　　　　　32000

　　贷:消耗性生物资产——育肥猪　　　　　　　　　　　32000

【例 10-39】　猪肉全部出售,收到现金实际金额 3400 元。现金已存入银行。

借:库存现金　　　　　　　　　　　　　　　　　　　　34000

　　贷:主营业务收入——猪肉　　　　　　　　　　　　　34000

借:主营业务成本猪肉　　　　　　　　　　　　　　　26000
　　贷:农产品——猪肉　　　　　　　　　　　　　　　26000
借:银行存款　　　　　　　　　　　　　　　　　　　34000
　　贷:库存现金　　　　　　　　　　　　　　　　　　34000

【例 10-40】　天宝养殖公司在 2013 年 12 月沟汰 3 头产母猪(基本猪群),直接出售,收到价款 1500 元。其账面原值 3000 元,已计提减值准备 300 元,不计折旧 1000 元。

借:银行存款　　　　　　　　　　　　　　　　　　　1500
　　贷:主营业务收入——产母猪(基本猪群)　　　　　1500
借:主营业务成本——产母猪(基本猪群)　　　　　　　1700
　　生产性生物资产累计折旧　　　　　　　　　　　　1000
　　生产性生物资产减值准备　　　　　　　　　　　　300
　　贷:生产性生物资产——成熟生产性生物资产　　　3000

6.养猪业共同费用的处理

生产过程中发生的应由幼猪和育肥猪、基本猪群共同负担的费用,按实际消耗数额计算,先在"养猪业生产成本——共同费用"中核算。

借:养猪业生产成本——共同费用
　　贷:库存现金、银行存款、原材料、应付职工薪酬等
期(月)末,可按一定的分配标准对上述共同负担的费用进行分配。

借:养猪业生产成本——基本猪群、幼猪群、育肥猪群
　　贷:养猪业生产成本——共同费用

(四)养猪业主要产品成本的计算

下面用两个具体的例子来说明莱省猪群中离乳幼猪活重单位成本及群增重。

【例 10-41】　某农场本期"养猪业生产成本——基本猪群"明细账有关资料:本期饲养费用为 42630 元,假定包括饲料费 30000 元、人员工资 12630 元,副产品价值 280 元;期初结存未断乳仔猪 50 头,活重 350 千克,成本 1890 元;本期繁殖仔 600 头,出生活重及增重 8400 千克;本期转群 2 个月仔猪 500 头,

活重 7700 千克,死亡 2 个月内仔猪 20 头,活重 100 千克;期末结存未断乳仔猪 130 头,活重 950 千克。

(1)根据上述资料计算成本如下。

离乳幼猪(仔猪)活重单位成本＝(42630－280)÷7700＝5.5(元/千克)

①发生饲养费用时。

借:养猪业生产成本——基本猪群(未满 2 个月的仔猪)　　　42630

　　贷:原材料——饲料　　　　　　　　　　　　　　　　30000

　　　　应付职工薪酬　　　　　　　　　　　　　　　　12630

②如果畜群副产品(厩肥)供本农场农作物使用,结转其价值。

借:种植业生产成本——××作物　　　　　　　　　　　　280

　　贷:养猪业生产成本——基本猪群(未满 2 个月的仔猪)　　280

③如果副产品直接对外出售。

借:库存现金(银行存款)　　　　　　　　　　　　　　　280

　　贷:养猪业生产成本基本猪群(未满 2 个月的仔猪)　　　　280

④离乳幼猪转群时(假设企业用于将来出售)。

借:消耗性生物资产——幼畜及育肥畜(2~4 个月幼猪)　　42350

　　贷:养猪业生产成本——基本猪群(未满 2 个月的仔猪)　　42350

2~4 个月幼猪、4 个月以上幼猪及育肥猪的主产品是其本身的增重量,副产品是指厩肥、猪鬃及死猪的残值。将幼猪或育肥猪本期发生的饲养费用扣除副产品价值后的余额,即为幼猪或育肥猪增重总成本,然后加上各该猪群期初成本以及繁殖、购入、转入的幼猪成本,即为该猪群的活重总成本。将总成本在各猪群的期末结存和期内离群的活重量之间分配后,即得出各群活重单位成本。

某畜群增重量(千克)＝该群期末存栏活重＋本期离群活重(不包括死畜重量,下同)－期初结转、期内购入和转入的活重

幼畜或育肥畜增重单位成本(元/千克)＝(该群本期饲养费用－副产品价值)÷该群增重数

某群幼畜或育肥畜活重单位成本(元/千克)＝(期初活重总成本＋本期增重总成本＋购入、转入总成本－死畜残值)÷(期末存存栏活重＋期内离群活重)

某群转出总成本(元)＝该群本期离群活重×该群活重单位成本

某群期末存栏总成本(元)＝该群期末存栏活重×该群活重单位成本

【例 10-42】 某农场畜牧业采用分群核算制,本期"消耗性生物资产幼畜及育肥畜(2～4 个月幼猪)"明细账有关资料如下:本期饲养费 117680 元,其中,饲料费 106280 元,饲养人员工资 11400 元,副产品价值 1100 元;期初结存 20 头,活重 1000 千克,成本 4500 元;本期转入仔猪 500 头,活重 700 千克,成本 42350 元;购入幼猪 50 头,活重 700 千克,成本 3780 元;本期转出 540 头,转为"4 个月以上幼猪及育肥猪",活重 35100 千克;死亡 2 头,活重 90 千克;期末结存 28 头,活重 1300 千克。

(1)根据上述资料计算幼猪成本如下。

幼猪增重量＝(1300＋35100)－(1000＋700＋7700)＝27000(千克)

幼猪增重单位成本＝(117680－1100)÷27000＝4.32(元/千克)

幼猪活重单位成本＝(4500＋42350＋3780＋117680－1100)÷(1300＋35100)＝4.59(元/千克)

幼猪群期末存栏总成本＝1300×4.59≈5967(元)

幼猪群转出总成本＝35100×4.59≈161109(元)

(2)相关的账务处理。

借:养猪业生产成本——幼猪群	117680
贷:原材料饲料	106280
应付职工薪酬	11400

(3)如果畜群副产品(厩肥)供本农场农作物使用,结转其价值。

借:种植业生产成本——××作物	1100
贷:养猪业生产成本——幼猪群	1100

(4)如果副产品直接对外出售。

借:库存现金(银行存款)	1100
贷:养猪业生产成本——幼猪群	1100

(5)幼猪转为育肥猪时。

借:消耗性生物资产——幼猪群	161109
贷:养猪业生产成本——幼猪群	161109

借：消耗性生物资产——有肥猪群　　　　　　　　　　161109

　　贷：消耗性生物资产——幼猪群　　　　　　　　　　161109

（五）业务实训

（1）延庆养殖场2013年7月的"养猪业生产成本——基本猪群"明细账户资料如下：期初在产品母猪照管下产仔猪250头，活重250千克，成本为1175元；本月基本猪群共繁殖仔猪3250头，出生时活重为12500千克；本月内将满2个月的仔猪2750头，转入2～4个月内的幼猪群，转群时的活重为9000千克；期内死亡2个月内的仔猪250头，计625千克；期末仔猪出生后2个月内的增重量为7500千克；期末结存2个月内仔猪为500头，活重为625千克；本期发生的饲养费用为20200元，取得副产品价值为200元。根据上列资料计算仔猪出生活重和2个月内增重的单位（千克）成本、仔猪活重单位成本、断奶仔猪单位成本和未断奶仔猪单位成本。

根据上列资料计算成本如下：

仔猪出生活重和2个月内增重的单位（千克）成本＝（20200－200）÷（2500＋7500）＝2（元）

仔猪活重单位（千克）成本＝（1175＋20200－200）÷（625＋9000）＝2.2（元）

断奶仔猪的总成本＝2.2×9000＝19800（元）

未断奶仔猪的总成本＝2.2×625＝1375（元）

每头未断奶仔猪的成本＝1375÷500＝2.75（元）

每头断奶仔猪的成本＝19800÷2750＝7.2（元）

（2）延庆养殖场2020年9月的"养猪业生产成本——幼猪群"明细账户资料如下：2～4个月幼猪饲养费用为10000元，厩肥价值为460元；期初结转幼猪10头，活重200千克，成本580元；期内由2个月内仔猪群转入40头，活重560千克，成本2000元；购入幼猪20头，活重300千克，成本1800元；转出60头，活重5400千克；死亡2头，活重30千克；期末结存8头，活重400千克。计算2—4个月幼猪群的增重成本。

根据上列资料计算成本如下：

2～4个月幼猪增加重量＝400＋5400＋30－（200＋560＋300）＝4770（千克）

2～4个月幼猪增重总成本＝10000－460＝9540(元)

2～4个月幼猪增重单位成本＝9540÷4770＝2(元)

2～4个月幼猪活重量 400＋5400＝5800(千克)

2～4个月幼猪活重量的单位(千克)成本＝(580＋2000＋1800＋10000－460)÷5800＝2.4(元)

2～4个月幼猪转出活重总成本＝5400×2.4＝12960(元)

2～4个月幼猪期末存栏活重总成本＝400×2.4＝960(元)

三、养牛业生产成本的核算

(一)养牛业成本核算对象

通常养牛业的生物资产主要包括奶牛和肉牛,还有使役牛、其他特殊牛等,这里讲解的养牛业生物资产核算的牛种类主要指奶牛和肉牛。

为便于分群管理和核算,把养牛业划分为以下几种:一是"基本牛群"包括产母牛和种公牛。二是"犊牛群"指出生后到6个月断乳的牛群,又称"6月以内犊牛"。三是"幼牛群"指6个月以上断乳的牛群,又称"6月以上幼牛",包括育肥牛等划分养牛业的群别,除了根据生产管理的需要划分,也可以按生产周期、批次划分。

养牛业生物资产核算的对象主要指牛的种类(奶牛和肉牛)和群别,具体对象主要指承担发生各项生产成本的牛奶、犊牛、幼牛等。

(二)科目设置

为了核算养牛业生物资产有关业务,应设置的主要科目如下。

1."生产性生物资产"科目

本科目核算养牛企业持有的生产性生物资产的原价。即"基本牛群",包括产母牛和种公牛,以及待产的成龄牛的原价。本科目可按"未成熟生产性生物资产——待产的成龄母牛群"和"成熟生产性生物资产——产母牛和种公牛群"进行明细核算。也可以根据责任制管理的要求,按所属责任单位(人)等进行明细核算。

2."消耗性生物资产"科目

本科目核算养牛企业持有的消耗性生物资产的实际成本。即"犊牛群"

"幼牛群"的实际成本。

本科目可按牛的消耗性生物资产的种类(奶牛和肉牛等)和群别等进行明细核算。也可以根据责任制管理的要求,按所属责任单位(人)等进行明细核算。

3."农业生产成本——养牛业生产成本"科目

本科目核算养牛企业进行养牛生产发生的各项生产成本,包括:为生产"牛奶"的产母牛和种公牛、待产的成龄母牛的饲养费用,由"牛奶"承担的各项生产成本;为生产肉用"犊牛"的产母牛和种公牛、待产的成龄母牛的饲养费用,肉用"犊牛"承担的各项生产成本;由"犊牛群"和"幼牛群"承担的各项生产成本。本书中为了方便,使用"养牛业生产成本"科目,可按牛群设置明细科目,分别为"养牛业生产成本——基本牛群""养牛业生产成本——犊牛群""养牛业生产成本——幼牛群",对于不能明确分群核算的费用设置"养牛业生产成本——共同费用"。

(三)养牛业生产成本核算方法

本书以养奶牛为例,讲解按生产流程发生的正常典型业务的账务处理。

1.奶牛的饲养准备阶段的核算

该阶段核算同养猪业准备阶段核算类似,这里不再详述。

2.犊牛和幼牛饲养的核算

该阶段核算同养猪业准备阶段核算类似,这里不再详述。

3.牛的转群的核算

指牛群达到预定生产经营目的,进入又一正常生产期,包括犊牛群转为幼牛群、幼牛群转为基本牛群、淘汰的基本牛群转为育肥牛群(幼牛群)的核算。

(1)犊牛群转为幼牛群。

【例10-43】 天宝养殖公司在2020年2月1日将50头幼牛转为犊牛群的饲养成本为75000元。

借:消耗性生物资产——犊牛群　　　　　　　　　　　　　　　75000
　　贷:养牛业生产成本　　　　　　　　　　　　　　　　　　　75000
借:消耗性生物资产——幼牛群　　　　　　　　　　　　　　　75000
　　贷:消耗性生物资产——犊牛群　　　　　　　　　　　　　　75000

也可以直接处理为：

借：消耗性生物资产——幼牛群　　　　　　　　　　　　　　75000

　　贷：养牛业生产成本——犊牛群　　　　　　　　　　　　　75000

（2）幼牛群转为基本牛群。

【例10-44】　天宝养殖公司在2020年5月1日将50头幼牛转为基本牛群，累计成本150000元。

借：消耗性生物资产——幼牛群　　　　　　　　　　　　　150000

　　贷：养牛业生产成本——幼牛群　　　　　　　　　　　　150000

借：生产性生物资产——成熟生产性生物资产（奶牛）　　　150000

　　贷：消耗性生物资产幼牛群　　　　　　　　　　　　　　150000

（3）淘汰的基本牛群转为育肥牛群（幼牛群）。

【例10-45】　天宝养殖公司在2020年8月将淘汰的两头奶牛（基本牛群）转为育肥牛，其账面原值60000元，已提折旧35000元。

借：消耗性生物资产——幼牛群　　　　　　　　　　　　　　25000

　　生产性生物资产累计折旧　　　　　　　　　　　　　　　35000

　　贷：生产性生物资产——成熟生产性生物资产（奶牛）　60000

4. 基本牛群饲养费用的核算

基本牛群的主产品是牛奶和繁殖的牛犊，副产品是厩肥和脱落的牛毛。因此基本牛群全部的饲养费用减去副产品价值，即为主产品成本，由牛奶和犊牛（联产品）共同承担，不再构成基本牛群自身的价值。主产品的成本需要在牛奶和牛犊之间进行分配，分配的方法一般采用牛奶价值法。牛奶价值法是将一头牛犊的价值折合为若干千克牛奶的价值。根据测算，母牛在生产牛犊前100天内消耗在牛转发育上的饲料单位，相当于母牛正常生长状况下生产100千克牛奶消耗的饲料单位，所以通常将一头牛犊折合为100千克牛奶。牛奶产品成本，应通过农业生产成本——牛奶科目核算。

牛奶单位成本（元/千克）=（基本牛群饲养费用-副产品价值）÷（牛奶总户量+初生牛犊头教×100）

每头牛犊成本（元/头）=100×每千克牛奶成本

牛奶总成本(元)＝牛奶总产量×每千克牛奶成本

牛犊总成本(元)＝初生牛犊头数×每头牛犊成本

【例 10-46】 2020 年 8 月,天宝养殖公司的基本牛群饲养成本为 500000 元。其中,饲料及药品等原材料费 200000 元,养牛人员工资 1000000 元,应承担的牛含折旧费 30000 元,应分配的其他共同费用 100000 元。另外,基本牛群计提的生产性生物资产累计折旧 70000 元。8 月,基本牛群产生的厩肥价值 2000 元,期内共生产牛奶 400000 千克,产牛犊 50 头。

(1)发生成本时的账务处理。

借:养牛业生产成本——基本牛群	500000
贷:应付职工薪酬	100000
原材料	200000
累计折旧	30000
养牛业生产成本——共同费用	100000
生产性生物资产——累计折旧	70000

(2)计算并结转牛奶和牛犊生产成本。

(3)计算成本。

牛奶单位成本＝(500000－2000)÷(40000＋50×100)＝1.23(元/千克)

每头牛犊成本＝100×1.23＝123(元/头)

牛奶总成本＝400000×1.23＝492000(元)

牛犊总成本＝123×50＝6150(元)

【例 10-47】 2020 年 8 月,天宝养殖公司的基本牛群饲养成本为 500000 元。其中,饲料及药品等原材料费 200000 元,养牛人员工资 1000000 元,应承担的牛含折旧费 30000 元,应分配的其他共同费用 100000 元。另外,基本牛群计提的生产性生物资产累计折旧 70000 元。8 月,基本牛群产生的厩肥价值 2000 元,期内共生产牛奶 400000 千克,产牛犊 50 头。

(1)发生成本时的账务处理。

借:养牛业生产成本——基本牛群	500000
贷:应付职工薪酬	100000
原材料	200000

累计折旧	30000
养牛业生产成本——共同费用	100000
生产性生物资产——累计折旧	70000

（2）计算并结转牛奶和牛犊生产成本。

①计算成本。

牛奶单位成本＝（500000－2000）÷（40000＋50×100）＝1.23（元/千克）

每头牛犊成本＝100×1.23＝123（元/头）

牛奶总成本＝400000×1.23＝492000（元）

牛犊总成本＝123×50＝6150（元）

②结转牛奶生产成本。

借：农业生产成本——牛奶 492000

　　贷：养牛业生产成本——基本牛群 492000

③结转牛犊生产成本。

借：生产性生物资产——未成熟生产性生物资产 6150

（6个月内牛犊）

　　贷：养牛业生产成本——基本牛群 6150

（3）农作物使用厩肥或对外出售。

借：种植业生产成本——××作物（或库存现金科目） 2000

　　贷：养牛业生产成本——基本牛群 2000

犊牛群和幼牛群的主产品是增重，副产品是厩肥及死后的皮毛等。计算这两个牛群的成本，要分别计算增重成本、活重成本和饲养成本，其计算方法与幼猪和育肥猪基本相同。

【例10-48】 牛奶成品入库，结转牛奶成本。

借：农产品牛奶 492000

　　贷：农业生产成本——牛奶 492000

5.牛（生物资产）和牛奶（产品）出售的核算

包括犊牛、幼牛出售，牛奶出售的核算和淘汰产母牛（基本牛群）出售的核算。幼牛出售前在账上作为消耗性生物资产，淘汰产母牛（基本牛群）出售前在账上作为生产性生物资产，而这两种出售交易可视同产成品出售对待。

【例 10-49】 天宝养殖公司在 2020 年 12 月出售幼牛 100 头,单价 1500 元,单位成本 1100 元。货款已收,存入银行。

(1)账务处理。

借:银行存款 150000

　　贷:主营业务收入——幼牛(育肥牛) 150000

(2)按幼牛账面价值结转成本。

借:主营业务成本幼牛(育肥牛) 110000

　　贷:消耗性生物资产——幼牛(育肥牛) 110000

【例 10-50】 天宝养殖公司在 2020 年 12 月出售牛奶 400000 千克,单价 3 元,单位成本 1.23 元。货款尚未收到。

(1)账务处理。

借:应收账款 1200000

　　贷:主营业务收入——牛奶 1200000

(2)按牛奶账面价值结转成本。

借:主营业务成本牛奶 492000

　　贷:库存商品(农产品)——牛奶 492000

【例 10-51】 天宝养殖公司在 2020 年 12 月淘汰产母牛(基本牛群)5 头.直接对外出售,取得 10000 元,账面原值 17000,已提折旧 6000 元,计提减值准备 2000 元。

(1)账务处理。

借:银行存款 10000

　　贷:主营业务收入—产母牛(基本牛群) 10000

(2)按产母牛(基本牛群)账面价值结转成本。

借:主营业务成本——产母牛(基本牛群) 9000

　　生产性生物资产累计折旧 6000

　　生产性生物资产减值准备 2000

　　贷:生产性生物资产——产母牛 17000

(四)业务实训

(1)甲企业是以奶牛养殖为主并发展种植业的综合生产基地。2013 年种植 40 公顷小麦，玉米 60 公顷，本年发生种子费 24600 元，其中，小麦种子 15600 元，玉米种子 9000 元。共发生人工费 240000 元，化肥及农药费 90000 元，浇水灌溉应付账款 20000 元，小麦、玉米收获后全部加工成饲料。

①计算成本。

共同费用的分配率＝（240000＋9000＋20000）÷（40＋60）＝3500（元/公顷）

小麦总成本＝15600＋40×3500＝155600（元）

玉米总成本＝9000＋60×3500＝219000（元）

②费用发生时。

借：种植业生产成本——小麦	155600
——玉米	219000
贷：原材料——小麦种子	15600
——玉米种子	9000
——化肥及农药	90000
应付职工薪酬	240000
应付账款	20000

③小麦、玉米收获并验收入库时。

借：原材料——小麦	155600
——玉米	219000
贷：消耗性生物资产——小麦	155600
——玉米	219000

（2）甲企业于 2020 年 5 月在饲料加工车间（榨油车间）领用黄豆 82200 千克，单价 0.71 元，发生的修理费（机物料）175 元，折折旧费 434 元。豆饼、豆油完工入库。黄豆加工中可以产出约 14% 的豆油、86% 的豆饼等联产品。

①榨油车间领用黄豆时。

借：生产成本——饲料	58362
贷：原材料——黄豆	58362

②榨油车间发生修理费、折旧费时。

借：制造费用——榨油车间	609

贷：原材料——机物料 175

  累计折旧 434

③期末结转制造费用。

借：生产成本——饲料 609

  贷：制造费用——榨油车间 609

④豆饼、豆油完工入库时。

借：原材料——豆饼（如果按 14% 的豆油、86% 的豆饼） 50715

    ——豆油 8256

  贷：生产成本——饲料 58971

（3）某牧场共饲养奶牛 95 头，其中成年奶牛 41 头。2020 年 1 月牛奶总产量为 170300 千克，繁殖小牛犊 19 头。牛犊本月发生饲料费 32123.91 元，牛奶 13003.20 元，人工费 8571.99 元，以银行存款支付医疗防疫费等费用 55692.21 元。成母牛（已进入产奶期）发生的饲养费用如下：饲料 145203.59 元，人工费 16735.84 元，以银行存款支付防疫费 8069 元，奶牛的折旧费为 17823.60 元。

①未成熟牛发生养牛费用时。

借：养牛业生产成本——犊牛群 109391.31

  贷：原材料——饲料 32123.91

  农产品——牛奶 13003.20

  应付职工薪酬 8571.99

  银行存款 55692.21

②成母牛发生养牛费用时。成母牛属于成熟性生物资产，饲养成母牛发生的饲料费、人工费、防疫费等费用应停止资本化，不再计入成母牛的成本中，应分别计入所产鲜奶及繁殖牛犊的成本中。

A.发生成本时的账务处理。

借：养牛业生产成本——基本牛群（成母牛） 187832.03

  贷：应付职工薪酬 16735.84

  原材料 145202.59

  银行存款 8069

生产性生物资产累计折旧　　　　　　　　　　　17823.60

B.计算并结转牛奶和牛犊生产成本。

牛奶单位成本＝187832.03÷(170300＋19×100)＝1.0908(元/千克)

每头牛犊成本＝100×1.0908＝109.08(元/头)

牛奶总成本＝170300×1.0908＝185763.24(元)

牛犊总成本＝187832.03－185763.24＝2068.79(元)

C.结转牛奶生产成本。

借:农业生产成本——牛奶　　　　　　　　　　185763.24

　　贷:养牛业生产成本——基本牛群(成母牛)　　　　185763.24

D.结转牛犊生产成本。

借:生产性生物资产——未成熟生产性生物资产(6个月内牛犊)2068.79

　　贷:养牛业生产成本——基本牛群(成母牛)　　　　2068.79

③鲜奶验收入库时。

借:农产品——牛奶　　　　　　　　　　　　　185763.24

　　贷:农业生产成本——牛奶　　　　　　　　　　185763.24

综上所述,除以上讲到的养猪业和养牛业外,还有养马业、养羊业、养禽业、水产业等,不同的养殖业业体不同,分群不太一样,基本的成本核算原理是一致的,可以举一反三,灵活运用。

第四节　课后训练

一、种植业生产成本核算

(1)2020年8月2日,农场购入种子5300千克,价款63000元,相关运输费和装卸费等采购的费用883元,上述款项已通过银行存款支付。

(2)11月25日用自有播种机播种冬小麦56亩,应承担累计折旧费用为1880元。

(3)2014年管理小麦发生喷药、除草等机械作业应分摊的累计折旧费用共计5320元。

（4）根据工资分配表，应付收获小麦用工费7732元。

（5）2019年12月因出售小麦产品发生的用工费1520元，运输费752元。

（6）某农业企业种植两百亩果树，准备在果树成熟以后的年份销售果品获得收益，发生的种苗费、运输费、保险费等共计350000元，应付工人工资45000元，企业应作的会计分录为：

二、林业生产成本的核算

（1）某农业企业按规定，每月核算一次生物资产的自然增值，其持有未成熟的两百亩苹果树累计实际成本发生额即"未成熟生产性生物资产（历史成本）"的账面价值为450000元，"未成熟生产性生物资产（自然增值）"的账面价值为200000元，4月份发生的实际成本为23000元，5月份实际成本为8800元，地方财政部门规定林业的利润率（r_i）是每月1%。计算自然增值的会计处理如下。

（2）某林业公司2020年5月苗木初始建成时，发生的所有与建园有关的共同费用共计325687元，其中，土地费210020元，整地费17056元，肥料费2563元，栽植除草费1889元，以银行存款支付。

三、畜牧养殖业生产成本的核算

（1）某养殖公司于2020月6月16日购入产母猪16头和种公猪5头，单价分别为605元和1120元，另相关税费、运输费、保险费以及可直接归属于购买产母猪和种公猪、检定母猪该项资产的其他支出4452元。货款未付。

（2）某养殖公司于2019年12月将一批育肥猪达到屠宰标准，其账面价值32502元，猪肉产成品入库，支付屠宰费1105元。

（3）某养殖公司于2020年6月1日将53头幼牛转为犊牛的饲养成本为86520元。

第十一章 结 语

　　农业会计是我国会计体系的重要组成部分,对促进我国农业经济发展和农业企业与国际接轨有着至关重要的作用,它同时也是会计界的一个难点问题,这是因为农业活动的多样性和特殊性决定了农业会计核算具有区别于工商企业会计核算的差异性和复杂性。本书以农业会计准则为切入点结合我国农业会计运行现状进行论述,既有理论的分析,又有实例的论证,力求多角度、多层次、系统地探讨我国的农业企业会计问题。文章不仅针对我国目前农业企业会计运行中产生的问题进行研究分析,而且突出了加强我国目前农业企业会计理论对农业会计实务指导、制定出高质量的农业会计规范的研究。本书主要研究结论如下。

　　第一,农业会计制度的含义、农业会计制度变迁的经济学原理、以及中外农业会计准则或相关规定的比较研究。农业会计是一种以货币为主要计量单位,以国家有关法律法规为依据,运用会计的专门方法,对农业企业的经济活动进行系统、连续、全面、综合的反映和监督,以加强农业企业经济管理、提高经济效益的一种经济管理活动。其制度变迁的动因为交易费用理论和会计制度博弈理论等经济学原理。农业会计的核心问题是农业生物资产的会计计量,国际上主要采用公允价值计量市场净值、现值和历史成本计量两种主要形式。本书认为,进一步推行公允价值计量模式在我国是可行的。因为这既符合与国际惯例接轨的要求,也符合建立国际评估体系的需要。更为重要的是,农业会计的特殊性决定了历史成本的局限性和其对公允价值的适应性。诚然,我国目前的具体国情决定了公允价值计量不可能一蹴而就,但随着市场经济条件、人员条件、运行环境的改善和会计国际化进程的推动,在农业会计准则中采用公允价值市场净值计量生物资产是可行的。

　　第二,重塑农业企业会计制度环境。会计环境变更制约着会计理论的发展与改革,而会计理论的改革与发展又能动地反作用于会计环境的变更。因此,要实现农业会计目标,除了需要科学的会计准则对农业会计活动进行技术层面的规范外,还必须对诸如会计行为职业责任、职业道德等会计行为主体的行为本身进行规范,并同时重视相关环境的改善。忽视农业会计发展的内部、外部环境研究不利于企业提供真实、可靠和可比的农业会计信息,不利于农业企业自身的发展。本书认为,应当加快营造有效的资本市场体系和加速培养高素质的会计人才,为农业会计的发展提供相应的环境支持。一方面,尽快发展证券市场,扩大证券规模,分散股权结构,从而尽快建立有效的资本市场,培育理性的投资者群体,这有利于促进有效农业会计信息市场的形成。另一方面,建立面向知识经济的教育和培训模式,用新方式、新理念培养人才,注重会计基本理论和会计实践能力,加强会计职业道德和会计职业判断的培养,弱化专业界限,培养出专业基础扎实、适用能力强的会计人员。

第三,严格执行和逐步完善农业会计处理规范。高质量的农业会计信息需要有高质量的农业会计处理规范。我国原农业会计制度的实施和新农业会计准则的颁布,在一定程度上大大规范了农业企业会计核算。但是我国的农业会计准则存在的缺乏对生物资产的明确界定和价值计量、评估,不重视土地和农业无形资产的研究等问题,导致农业会计实务缺乏相应高标准、高质量的理论指导。为此,本书认为生物资产应该全面定义为"有生命的动物、植物和微生物"。对农业无形资产的处理,除了应扩大其核算范围外,还应充分重视土地和其他无形资产的确认、计量、记录和报告问题,同时应加强对农业无形资产的评估等,并且关于农业无形资产的核算应当明确体现在相关的农业会计准则或制度中,以增强农业行业会计的逻辑一体性。

第四,改进农业会计处理手段。针对农业会计处理手段相对落后问题,可以通过会计电算化来实现对其的改进。农业的特殊性决定了农业会计的确认、计量、记录和报告的复杂性以及农业成本核算的困难性。对于编制会计报表、运用移动平均法进行成本计算等非常复杂且时间性要求很高的会计核算工作,传统的手工会计核算已远不能适应农业核算新形势发展的这些需要了。利用电子计算机进行会计核算和会计管理,实现会计电算化,是农业会计工作的发展趋势。农业企业通过实施会计电算化和信息化项目,不仅能提供及时、真实的农业会计信息,实现准确的成本核算,还便于加强生物资产和存货的价值管理,使财务管理成为企业管理的核心,大大节约人力物力。并且国际互联网络已经走进入们的生活,传统行业的会计不可避免地受其冲击,会计界应对会计系统进行主动性革命,对会计理论、对会计信息及其安全性、会计业务流程的重组、会计法规、会计系统标准化等都要进行研究创新,以迎接网络会计时代的来临。本书认为,应该不断提高会计人员的素质,加快会计核算软件的开发进程,最终走向与国际联网,为农业会计的国际接轨打下坚实的基础。

本书力求在理论论述并结合实例分析的基础上对我国农业企业会计核算问题进行探索,但由于知识积累的不足以及时间有限,加之农业会计问题毕竟具有其自身的特点、难度和广度,因此,对于我国农业企业会计发展和完善的思路不能面面俱到,也没有机会在具体的案例中去论证,这都是本书的遗憾所在,也将是我们以后继续研究的方向。

主要参考文献

[1] 张志刚.农业在产品会计处理的探讨[J].中国农业会计,2001,(9):
   32-33.

[2] 李江萍.划分收益性支出与资本性支出原则的应用研究[J].中国农业会
   计,2003,(9):8-10.

[3] 孟全省.生物资产融资问题的探讨[J].中国林业企业,2004,(1):27-29.

[4] 简·莫瑞·格德弗蕾.谈生物农业资产会计[J].会计之友,2002,(7):
   4-6.

[5] 王德发.制定统一企业会计制度刍议[J].中国农业会计,2001,(2):
   18-19.

[6] 龚菊芳.认真执行企业会计制度和农业企业会计核算办法,全面提高财务
   管理水平[J].中国农业会计,2004,(11):4-5.

[7] 中国农业会计编辑部.深化农业会计改革的重大举措[J].中国农业会计,
   2004,(11):1.

[8] 王治安,华金秋.WTO与我国会计改革[J].财经科学,2001,(1):93-97.

[9] 姜丹.中国加入WTO后的会计改革问题[J].上海会计,2001,(2):
   20-21.

[10] 刘培胜.会计改革如何应对WTO[J].西北农林科技大学学报(社会科学
    版),2003,(3):93-96.

[11] 栾甫贵,柳婷.关于农业会计制度体系的探讨[J].中国农业会计,2003,
    (11):28-31.

[12] 王良玉,董雪艳.制定农业专业会计核算办法的几点思考[J].中国农业
    会计,2003,(10):4-6.

[13] 任恒祺,魏远竹,等.关于森林资源资产化管理若干问题的思考.农林经

济管理理论与实践研究[A],北京:北京林业大学经济管理学院,2003.

[14] 张心灵,王平心.农业生物资产会计若干问题的研究[J].当代财经,2004,(10):111-113.

[15] 张心灵,王平心.生物资产计量模式选择的思考[J].会计研究,2004,10(10):33-35.

[16] 周琼芳,徐鸿.新存货的准则的主要变化及其影响[J].财会月刊,2006,2(12):12-18.

[17] 孙晓宁.存货计价方法的改变对企业会计核算结果的影响[J].商业会计,2008,9(7):23-25.

[18] International Accounting Standard Committee. Exposure Draft Standard on Agriculture-International Accounting Standards-Exposure Draft 65[D]. 2000.

[19] K. H. Spencer. Accounting Standard AASB1037. Accounting for self-generating Assets [D] ,1998.

[20] 游相华.历史成本会计面临的冲击和发展趋势[J].上海会计,1999,(8):11-12.

[21] 宋德亮.公允价值的相关性和可靠性的理论分析[J].上海会计,2002,(4):44-46.

[22] 财政部注册会计师考试委员会办公室.财务管理[M].北京:经济科学出版社,2002.

[23] 吴丹.略谈公允价值对会计计量观念的革新[J].财会月刊(会计),2000,(18):16.

[24] 财政部.农业企业会计核算办法—生物资产和农产品.[DB/OL]. http://dongaoacc.com，2004-06.

[25] 贺仲雄.模糊数学及其应用[M].天津:天津科学技术出版社,1983.

[26] 唐建新.资产评估[M].武汉:武汉大学出版社,2002.

[27] 王伟.资产评估方法与实务[M].成都:西南财经大学出版社,2003.

[28] 刘绍收.成本法中各种贬值俄的关系及计算[J].中国资产评估,2002,(6):18-19.

[29] 孙英.浅论会计信息可靠性和相关性[J].吉林省经济管理干部学院学报,2002,(4):24-25.

[30] 朱元午.会计信息质量:相关性和可靠性的两难选择——兼论我国现行财政报告的改进[J].会计研究,1999,(7):9-14.

[31] 李希富.论会计信息相关性和可靠性的两难选择[J].商业研究,2002,(7):28-29.

[32] 李书锋,谢建宏,李孟青.生物资产的确认与计量研究(上)[J].中国农业会计,2004,(10):18-20.

[33] 孟全省.生物资产会计的探讨[J].中国农业会计,2002,(7):20-22.

[34] 乔旭东.试论会计确认标准的创新[J].四川会计,2000,(8):5-7.

[35] 方正生.会计的确认与计量[J].中南财经大学学报,2000,(3):95-98.

[36] 王竹泉,游群林.会计要素理论的发展及其对会计确认的影响[J].四川会计,2000,(9):15-16.

[37] 孟凡利,王翠春.试论会计确认[J].四川会计,1997,(8):21-23.

[38] 潘立新.会计计量变革中的会计观念变革[J].当代财经,2000,(7):58-61.

[39] 李明辉.试论会计确认[J].中国农业会计,2000,(12):4-6.

[40] 赵春光,赵洪艳.论会计信息的相关性和可靠性[J].财会月刊(会计),2000,(14):6-7.

[41] 税小华.农业生物资产价值核算办法探讨[J].中国农业会计,2003,(10):16-18.

[42] 杨成文,吴涛.生物资产会计政策探讨[J].农村财务会计,2004,(10):42-45.

[43] 李寿文.知识经济与成本核算.财务与会计,2000(7):17-19.

[44] 张心灵,王平心.生物资产计量模式选择的思考[J].会计研究,2004,10(10):33-35.

[45] 周琼芳,徐鸿.新存货的准则的主要变化及其影响[J].财会月刊,2006,2(12):12-18.

[46] 孙晓宁.存货计价方法的改变对企业会计核算结果的影响[J].商业会

计,2008,9(7)：23-25.

[47] 高建国,赵义军.我国农业上市公司财务信息披露现状[J].中国农业会
计,2008,12(8)：12-19.

[48] 杨丽霞,彭玉珊.农业上市公司会计信息披露质量影响研究[J].山东商
学院学报 ,2009,10(1)：81-85.

[49] 刘卫华.完善生物资产会计准则之对策研究[J].西南大学学位论文,
2011,9(1):26-29.

[50] 苏永玲.浅析农业企业生物资产的会计核算[J].农业经济,2008.

[51] 纪金莲,黄慧.实施生物资产准则应注意的两个问题[J].中国农业会计,
2008,9(9)：19-20.

[52] 刘国平.企业会计准则第5号——生物资产的实施[J].会计之友,2006,
8(4)：19-20 .

[53] 丁邦宇.生物资产准则与会计核算办法比较分析[J].会计之友,2007,5
(2)：80-81 .

[54] 余桂娥.生物资产准则计量属性及经济后果[J].中国农业会计,2009 ,12
(6)：21-25.

[55] 何国权.生物资产规范信息披露[N].中国证券报,2005,7(6):56 -58.

[56] 张运坤.农业企业生物资产账面价值的确定[J].西北农林科技大学学
报,2005,5(3)：16-18.